鼇頭 市制町村制略解
附 理由書

生稲道蔵　略解

地方自治法研究
復刊大系〔第二三〇巻〕

鼇頭　市制町村制略解

附理由書

日本立法資料全集　別巻 1030

信山社

生稲道藏略解

鼇頭

市制町村制略解

附理由書

尚古堂藏版

東京 尚古堂 書肆

生稲道蔵略解

鼇頭 市制町村制略解

附理由書

尚古堂蔵版

東京 尚古堂 書肆

朕地方共同の利益を發達せしめ衆庶臣民の幸福を增進することを欲し隣保團結の舊慣を存重して益之を擴張し更に法律を以て都市及町村の權義を保護するの必要を認め茲に市制及町村制を裁可して之を公布せしむ

御名　御璽

明治廿一年四月十七日

内閣總理大臣伯爵伊藤博文
内務大臣伯爵山縣有朋

緒言

頃日市制町村制度ノ發布アリシヨリ以來之レカ解釋ヲ爲スノ書續出スルヿ幾數種ナルヲ知ル可ラス然レ𪜈簡便ニシテ完キヲ備フルノ書稀ナリ一日書肆尙古堂該書ヲ懷ニシ來ツテ余ニ解釋センヿヲ托ス余輩多忙艮ク盡ス能ハズ以テ辭謝スルモ肯セズ已ム無クシテ遂ニ之レカ略解ヲ爲ス此書素ヨリ初學者ノ爲メニシテ敢テ大方識者ノ目ヲ煩スルニアラズ觀者宜敷之ヲ諒セヨ其詳細ノ如キハ他日將ニ日ヲ得テ之レヲ爲サントス

明治二十二年一月　註解者識

○鼇頭略解〔市制〕市街地ノ制度〔總則〕スベテノ規則ナリ〔市及其區域〕市街地ノ制バカリニテ郡ノ區域ニ屬セズ〔市住民〕市住民トハ我國人民ニシテ公權ヲ有スル獨立ノ男子二年以上其市ノ住民トナリ其市ノ負擔ヲ分任シ及其市内ニ於テ地租ヲ納メ若クハ直接國稅年々二圓以上ヲ納ムル者ヲ云フ〔市條例〕市街地ノ條例〔市會〕市會議員ノ定員ハ人口五萬未滿ノ市ハ三十人五萬以上ノ市ハ三十六人拾萬以上ノ

鼇頭略解 市制《し せい》町村《ちやう そん》制《せい》略解《りやく かい》 及理由書

生稻道藏 略解

法律《はうりつ》第《だい》一號《がう》

市《し》制《せい》

第一章 總則《そうそく》

第《だい》一款《くわん》 市及其區域《しおよびそのくゐき》

第二款 市住民及其權利義務《しぢうみんおよびそのけんりぎむ》

第三款 市條例《しでうれい》

第二章 市會《しくわい》

第一款 市及其區域《しれよびそのくゐき》

第二款 市住民及其權利義務《しぢうみんれよびそのけんりぎむ》

第三款 市條例《しでうれい》

第二章 市會《しくわい》

第一款 組織《そしよく》及撰擧《せんきよ》

市ハ人口五萬ヲ加フル毎ニ廿萬以上ノ市ハ人口拾萬ヲ加フル毎ニ議員三人ヲ増シ六十人ヲ定限トス〔市住民其權利義務〕市住民ハ此法律ニ從ヒ公共ノ營造物並ニ市有財產ヲ共用スルノ權利ヲ有シ市ノ負擔ヲ分任スルノ義務ヲ有スルモノトス〔撰擧〕市會議員ノ撰擧ハ其市ノ撰擧人其被撰權アル者ヨリ之ヲ撰擧ス〔市行政〕市ニ市參事會ヲ置キ吏員ヲ以テ之ヲ組織ス〔市有財產ノ管理〕市有財產ハ全市ノ爲メニ

之レヲ管理シ及ビ共用スルモノトス〔特別ノ財產ヲ有スル市區ノ行政〕市内ノ一區ニシテ特別ニ財產ヲ所有シ其ノ區限リ特ニ其費用ヲ負擔スルトキハ區會ヲ設クルコトヲ得〔市行政ノ監督〕第一次ニ於テ府縣知事之ヲ監督シ第二次ニ於テ內務大臣之ヲ監督ス第一章〔市及其區域〕前ニアリ第二條〔一個人ト均シク〕一人ノ人ト同シク區ヲ一個人ト見ナスナリ〔權利ヲ有シ〕其公權アルヲ云フ〔義務

市制《しせい》

第一章　總則《そうそく》

第一款　市《し》及其區域《そのくいき》

第一條《だいいちでう》　此法律《このはうりつ》は市街地《しがいち》にして郡《ぐん》の區域《くいき》に屬《ぞく》せず別《べつ》に市《し》と爲《な》すの地に施行《しかう》するものとす

第二條　市《し》は法律上一個人《はうりつじやういつこにん》と均《ひと》しく權利《けんり》を有し義務《ぎむ》を負擔《ふたん》し凡市《およそし》の公《こう》共事務《きようじむ》は官《くわん》の監督《かんとく》を受けて自《みづか》ら之を處理《しより》するものとす

第三條　凡市《およそし》は從來《じゆうらい》の區域《くいき》を存《そん》して之を變更《へんかう》せず但將來其變更《しやうらいそのへんかう》を要《えう》することあるときは此法律《このはうりつ》に準據《じゆんきよ》す可《べ》し

第四條　市《し》の境界《けいがい》を變更《へんかう》し又《また》は町村《ちやうそん》を市《し》に合併《がつぺい》し及《および》市の區域《くゐき》を分割《ぶんかつ》することあるときは町村制《ちやうそんせい》第四條を適用《てきよう》す

第五條　市《し》の境界《けいかい》に關《くわん》する爭論《さうろん》は府縣參事會《ふけんさんじくわい》之《これ》を裁決《さいけつ》す其府縣參事《そのふけんさんじ》會《くわい》の裁決《さいけつ》に不服《ふふく》ある者は行政裁判所《ぎやうせいさいばんしよ》に出訴《しゆつそ》することを得《う》

第二款　市住民《しぢゆうみん》及其權利義務《そのけんりぎむ》

第六條　凡市內《およそしない》に住居《ぢうきよ》を占《し》むる者は總《すべ》て其市住民《そのしぢうみん》とす

ヲ負擔シ）政府ニ對シ人ニ對シ務ムベキ義理ヲ引受テスルコト（公共事務）相互ニ團結シテ行フ事務ヲ云フ（監督）メツケタヾス（處理）事ヲ計ラヒオサメル第三條（從來ノ區域ヲ存シ）是迄定メアル區ノカギリヲ其儘オク（變更セズ）カヘズ（將來）今ヨリサキ（準據）シタガイヨル第四條（境界）サカヒ（適用）モチユル第五條（爭論）アラソヒ（裁決）サバク第六條（公共ノ營造物）瓦斯局

凡《およそ》市住民《しぢうみん》たる者は此法律《このはうりつ》に從《したが》ひ公共《こうきよう》の營造物《えいざうぶつ》並《ならび》市有財産《しいうざいさん》を共用《きようよう》するの權利《けんり》を有し及《および》市の負擔《ふたん》を分任《ぶんにん》するの義務《ぎむ》を有するものとす但特《とく》に民法上《みんぱうじやう》の權利《けんり》及義務《ぎむ》を有する者ある時《とき》は此限《このかぎり》に在《あ》らず

第七條　凡帝國臣民《ていこくしんみん》にして公權《こうけん》を有する獨立《どくりつ》の男子《だんし》二年以來《ねんいらい》（一）市の住民《ぢうみん》となり（二）其市《そのし》の負擔《ふたん》を分任《ぶんにん》し及（三）其市《そのし》内《ない》に於て地租《ちそ》を納《をさ》め若《もし》くは直接國税年額《ちよくせつこくぜいねんがく》二圓以上を納《おさ》むる者は其市《そのし》公民《こうみん》とす其公《そのこう》費《ひ》を以て救助《きうじよ》を受《う》けたる後《のち》二年を經《へ》ざる者は此限《このかぎり》に在《あ》らず但場合《たゞしばあひ》に依《よ》り市會《しくわい》の議決《ぎけつ》を以て本條《ほんでう》に定《さだ》むる二ケ年の制限《せいげん》を特免《とくめん》することを得《う》此法律《このはうりつ》に於て獨立《どくりつ》と稱《しよう》するは滿《まん》二十五歳以上《いじやう》にして一戸《いつこ》を構《かま》へ且《かつ》治産《ぢさん》の禁《きん》を受《う》けざる者を云《い》ふ

第八條　凡市公民《およそしこうみん》は市の選擧《せんきよ》に參與《さんよ》し市の名譽職《めいよしよく》に選擧《せんきよ》せらるゝの權利《けんり》あり又其名譽職《またそのめいよしよく》を擔任《たんにん》するは市公民《しこうみん》の義務《ぎむ》なりとす

左《さ》の理由《りゆう》あるに非《あら》ざれば名譽職《めいよしよく》を拒辭《きよじ》し又は任期中退職《にんきちうたいしよく》することを得ず

一　疾病《しつぺい》に罹《かゝ》り公務《こうむ》に堪《た》へざる者

水道公立病院ナドヲ云フ〔市ノ負擔〕市住民ノ引受べキ權利義務ヲ云
第七條〔公權〕我國人民ノ所有スべキ權利〔其市ノ負擔〕市住民ノ引受べキ權利義務ナリ〔直接國稅〕酒造稅煙草稅菓子稅ノ如キ者ヲ云〔年額〕一ケ年ノダカ〔其公費〕市住民公共ノ費用ヲ云フナリ〔救助〕スクヒタスケ〔經ザル〕タヽザル〔特免〕トクベツニユルスコ〔獨立〕ヒトリタツ〔一戸ヲ構ヘ〕一家ヲ爲シ居ルモノ〔治産ノ禁ヲ受

二　營業《えいげふ》の爲《た》めに常《つね》に其市內《そのしない》に居《を》ることを得《え》ざる者

三　年齡滿《ねんれいまん》六十歲《さい》以上の者

四　官職《くわんしよく》の爲《た》めに市の公務《こうむ》を執《と》ることを得《え》ざる者

五　四年間無給《ねんかんむきふ》にして市吏員《しりゐん》の職《しよく》に任《にん》じ爾後《じご》四年を經過《けいくわ》せざる者

及六年間市會議員《ねんかんしくわいぎゐん》の職に居《を》り爾後《じご》六年を經過《けいくわ》せざる者

六　其他《そのた》市會《しくわい》の議決《ぎけつ》に於て正當《せいたう》の理由《りいう》ありと認《みと》むる者

前項《ぜんかう》の理由《りいう》なくして名譽職《めいよしよく》を拒辭《きよじ》し又は任期中退職《にんきちうたいしよく》し若くは無任期《むにんき》の職務《しよくむ》を少《すく》なくも三年間擔當《かんたんたう》せず又は其職務《そのしよくむ》を實際《じつさい》に執行《しつこう》せざる者は市會《しくわい》の議決《ぎけつ》を以て三年《ねん》以上六年以下《いか》其市公民《そのしこうみん》たるの權《けん》を停止《ていし》し且《かつ》同年期間其負擔《きかんそのふたん》すべき市費《しひ》の八分一《ぶいち》乃至《ないし》四分一《ぶいち》を增課《ぞうくわ》することを得

前項《ぜんかう》市會の議決《ぎけつ》に不服《ふふく》ある者は府縣參事會《ふけんさんじくわい》に訴願《そぐわん》し其府縣參事會《そのふけんさんじくわい》の裁決《さいけつ》に不服《ふふく》ある者は行政裁判所《ぎやうせいさいばんしよ》に出訴《しゆつそ》することを得

第九條　市公民《しこうみん》たる者《もの》第七條に揭載《けいさい》する要件《えうけん》の一を失《うしな》ふときは其公《こう》民《みん》たるの權《けん》を失《うしな》ふものとす市公民《しこうみん》たる者身代限處分中《しんだいかぎりしよぶんちう》又は公權《こうけん》の剝奪若《はくだつもし》くは停止《ていし》を附加《ふか》す可き重輕罪《ぢゆうけいざい》の爲《た》め裁判上《さいばんじやう》の訊問若《じんもんもし》くは拘《こう》

ザル者〕身代ノサハイヲ止メラレタルコトナキモノ第八條〔撰擧ニ參與シ〕撰擧ニアヅカルコト〔名譽職〕無給ニテ役ヲツトメル人〔拒辭〕コバミ辭タイスル〔任期中〕ツトメノ年限ウチ〔退職〕ツトメヲシリゾク〔疾病〕ヤマヒ〔官職〕政府ノ役人府縣廳ノヤク人〔爾後〕ソノノチ〔議決〕相談ノヿ〔理由〕ワケガラ〔無任期〕年限ナシ〔職務〕ツトメ〔擔當〕ヒキウケルコト〔實際ニ執行セサル者〕其場ニ臨シテ

留中《りうちう》又は租《そ》税滞納處分中《ぜいたいなふしよぶんちう》は其公民《そのこうみん》たるの權《けん》を停止《ていし》す
陸海軍《りくかいぐん》の現役《げんえき》に服《ふく》する者は市の公務《こうむ》に參與《さんよ》せざるものとす
市公民《しこうみん》たる者に限《かぎ》りて任《にん》すべき職務《しよくむ》に在《あ》る者本條《ほんでう》の場合《ばあひ》に當《あた》るときは其職務《そのしよくむ》を解《と》く可《べ》きものとす

第三款 市條例《しでうれい》

第十條 市《し》の事務《じむ》及市住民《しぢうみん》の權利義務《けんりぎむ》に關《くわん》し此法律中《このはうりつちう》に明文《めいぶん》なく又は特例《とくれい》を設《まう》くることを許《ゆる》せる事項《じかう》は各市《かくし》に於て特《とく》に條例《でうれい》を設《まう》けて之を規定《きてい》することを得《う》
市《し》に於ては其市《そのし》の設置《せつち》に係《かゝ》る營造物《えいざうぶつ》に關《くわん》し規則《きそく》を設《まう》くることを得《う》
市條例《しでうれい》及規則《きそく》は法律命令《はふりつめいれい》に抵觸《ていしよく》することを得《え》ず且《かつ》之を發行《はつかう》するときは地方慣行《ちはうくわんかう》の公告式《こうこくしき》に依《よ》る可《べ》し

第二章 市會《しくわい》

第一款 組織《そしよく》及撰擧《せんきよ》

第十一條 市會議員《ぎゐん》は其市《そのし》の撰擧人《せんきよにん》其被撰擧權《そのひせんきよけん》ある者より之を撰擧《せんきよ》す其定員《そのていゐん》は人口《じんこう》五萬未滿《まんみまん》の市に於ては三十人《にん》とし人口《じんこう》五萬《まん》以上の

行ナハヌモノ〳〵〔停止シ〕トヾメル〔市費〕市區内ノ入費即チ市民ヨリ出スベキ費用ヲ云ナリ〔増課〕マシ課スル〔不服〕腹ニ落入ラヌモノ〔訴願〕ウッタヘル第九條〔掲載〕カヽゲノスル〔要件〕カナメノコト〔公權ノ剝奪〕日本國人ノ權利ヲハギトラル〔訊問〕トヒタヅ子〔拘留中〕トメオキチウ〔租税滯納〕ゼイ金ヲオサメヌ〔停止〕トヾメル〔陸海軍ノ現役ニ服スル者〕現在ヘイ役ニアルモノ〔參與〕アヅカル

市《し》に於ては三十六人《にん》とす
人口《じんこう》十萬以上の市に於ては人口《じんこう》五萬を加《くは》ふる毎《ごと》に人口二拾萬以上の市《し》に於ては人口拾萬を加《くは》ふる毎《ごと》に議員《ぎいん》三人を増《ま》し六十人を定限《ていげん》とす
議《ぎ》員《ゐん》の定員《ていゐん》は市《し》條例《でうれい》を以て特《とく》に之を増減《ぞうげん》することを得《う》但《たゞし》定限《ていげん》を超《こ》ゆることを得《え》ず

第十二條　市《し》公民《こうみん》（第七條）は總《すべ》て撰擧權《せんきよけん》を有す但其公民權《たゞしそのこうみんけん》を停止《ていし》せらるゝ者（第八條《でう》第三項《かう》第九條第二項）及陸海軍《りくかいぐん》の現役《げんえき》に服《ふく》する者は此限《このかぎり》に在《あ》らず
凡内國人《ないこくじん》にして公權《こうけん》を有し直接市税《ちよくせつしぜい》を納《をさ》むる者其額市《そのがくし》公民《こうみん》の最多《もつともおほ》く納税《なふぜい》する者三名中《めいちう》の一人よりも多《おほ》きときは第七條の要件《えうけん》に當《あた》らずと雖《いへど》も撰擧權《せんきよけん》を有す但公民權《たゞしこうみんけん》を停止《ていし》せらるゝ者及陸海軍《りくかいぐん》の現役《げんえき》に服《ふく》する者は此限《このかぎり》に在《あ》らず
法律《はふりつ》に從《したが》つて設立《せつりつ》したる會社其他法人《くわいしやそのたはふじん》にして前項《ぜんかう》の場合《ばあひ》に當《あた》るときも亦同《またおな》じ

第十條（特例）別ニ設ケタル條例ヲ云フ（規定）サダメル（設置ニ係ル營造物）市住民ガ立テ設ケタル會社ナド共同團結ニヨリテナルモノヲ云フ（法律命令ニ抵觸スルコトヲ得ズ）法律ニアタリフレルガデキヌ（發行）ハッシ行フ（地方慣行）其地方デ從來シキタリニ行ナフコト（公告式）揭示場ニハリ出ス等ノヿヲ云フ　第二章　第一款（組織）クミ立テカタ（撰擧）エラミアゲル　第十一條（被撰擧權）エラマレ

第十三條　撰擧人《せんきよにん》は分《わか》つて三級《きふ》と爲《な》す

撰擧人中直接市税《せんきよにんちうちよくせつしぜい》の納額《なふがく》最《もつとも》多《おほ》き者を合《あは》せて撰擧人總員《ぞうゐん》の納《をさ》むる總額《そうがく》の三分《ぶん》一に當《あた》る可き者を一級《いつきふ》とす一級《きふ》撰擧人の外直接市税《ほかちよくせつしぜい》の納額《なふがく》多《おほ》き者を合《あは》せて撰擧人總員《そうゐん》の納《をさ》むる總額《そうがく》の三分《ぶん》一に當《あた》る可き者を二級《きふ》とし爾餘《じよ》の撰擧人を三級《きふ》とす各級《かくきふ》の間《あひだ》納税額《なふぜいがく》兩級《りやうきふ》に跨《またが》る者あるときは上級《じやうきふ》に入《い》る可し又兩級《またりやうきふ》の間《あひだ》に同額《どうがく》の納税者《なふぜいしや》二名以上あるときは其市《そのし》に住居《ぢうきよ》する年數《ねんすう》の多《おほ》き者を以て上級《じやうきふ》に入《い》る若し住《ぢう》居《きよ》の年數《ねんすう》に依《よ》り難《かた》きときは年齢《ねんれい》を以てし年齢《ねんれい》にも依《よ》り難《かた》きときは市町抽籤《しちやうちうせん》を以て之を定《さだ》む可《べ》し

撰擧人毎級各別《まいきふかくべつ》に議員《ぎゐん》の三分一を撰擧《せんきよ》す其被《そのひ》撰擧人は同級内《どうきふない》の者に限《かぎ》らず三級《きふ》に通《つう》じて撰擧《せんきよ》せらるゝことを得

第十四條　區域廣濶《くゐきくわうくわつ》又は人口稠密《じんこうちうみつ》なる市に於ては市條例《しでうれい》を以て撰擧《せんきよ》區《く》を設《まう》くることを得但特《ただしとく》に二級若《きふもし》くは三級《きふ》撰擧の爲《た》め之を設《まう》くるも妨《さまた》げなし

撰擧區《せんきよく》の數《すう》及其區域並各撰擧區《そのくゐきならびにかくせんきよく》より選出《せんしゆつ》する議員《ぎゐん》の員數《ゐんすう》は市條例《しでうれい》

テ議長又ハ議員等ニナルベキ身分アル人ヲ云フナリ〔定員〕サダマルカズ〔人口〕ヒトノカズ〔定限〕サダメル〔特に〕別ニ〔増減〕マストヘラストノヿナリ
第十二條〔選擧權ヲ有ス〕エラミアゲル權利アルモノ〔内國人〕日本ノ人民〔直接市税ヲ納ムル者〕直チニ大藏省ヘ税金ヲオサムルモノ〔其額〕ソノタカ〔納税〕税ヲオサムル〔公民權〕日本人民ノ權利〔設立〕モウケタテル
第十三條 此條ハ選擧人ヲ三段

を以て撰擧人の員數《いんすう》に準《じゆん》じ之を定《さだ》む可《べ》し
撰擧人は其住居《そのぢうきよ》の地《ち》に依《よつ》て其所屬《そのしよぞく》の區《く》を定《さだ》む其市內《そのしない》に住居なき者は課税《くわぜい》を受《うけ》たる物件《ぶつけん》の所在《しよざい》に依《よつ》て之を定《さだ》む若し數《す》撰擧區《せんきよく》に亘《わた》り納《なふ》税《ぜい》する者ハ課税《くわぜい》の最《もつとも》多《おほ》き物件《ぶつけん》の所在《しよざい》に依《よつ》て之を定《さだ》む可し撰擧區《せんきよく》を設《まう》くるときは其撰擧區《そのせんきよ》に於て撰擧人の等級《とうきよ》を分《わか》つ可し被《ひ》撰擧人は其撰擧區《そのせんきよく》內《ない》の者に限《かぎ》らざるものとす

第十五條 撰擧權《けん》を有する市《し》公民《こうみん》（第十二條第一項《こう》）は總《すべ》て被《ひ》撰擧權を有《いう》す
左《さ》に揭《かゝ》ぐる者は市會議員《しくわいぎゐん》たることを得《え》ず
一 所屬府縣《しよぞくふけん》の官吏《くわんり》
二 有給《いうきふ》の市吏員《しりゐん》
三 撿察官《けんさつかん》及警察官吏《けいさつくわんり》
四 神官僧侶《しんくわんそうりよ》及其他《そのた》諸宗敎師《しよしうけうし》
五 小學校敎員《せうがくかうけうゐん》
其他《そのた》官吏《くわんり》にして當撰《たうせん》し之に應《おう》ぜんとするときは所屬長官《しよぞくちやうくわん》の許可《きよか》

ニ分チ其中ニテ直接市税ヲ納ムル額一番多キモノヲ合セタル選擧人總員ノ納ムル總額ノ三分一ニ當ルベキ者ヲ一級トシ此一級ノ選擧人ヲ除ノ外直接市税ヲ納ムル額ノ多キモノヲ合セテ選擧人總員ノ納ムル總額ノ三分一ニ當ルベキモノヲ二級トシ此餘ノ選擧人ヲ三級トスルナリ（三級）三ダン（直接）スグニト云フガゴトクナリ（總額）ソウタカ（納額）オサメダカ（爾餘）ソノヨ（抽籤）クジヲヒク第十四條（區域

を受《う》く可《べ》し
代言人《だいげんにん》に非《あら》ずして他人《たにん》の爲めに裁判所又は其他《そのた》の官廳《くわんてう》に對《たい》して事を辨《べん》ずるを以て業《げふ》と爲す者は議員《ぎゐん》に撰擧せらるゝことを得ず
父子《ふし》兄弟《けいてい》たるの縁故《えんこ》ある者は同時《どうじ》に市會議員《ぎゐん》たることを得ず其同《そのどう》時《じ》に撰擧せられたるときは投票《とうへう》の數《すう》に依《よつ》て其多《そのおほ》き者一人を當撰《たうせん》とし若し同數《どうすう》なれば年長者《ねんちやうじや》を當撰《たうせん》とす其時を異《こと》にして撰擧せられたる者は後者議員《こうしやぎゐん》たることを得ず
市《し》參事會員《さんじくわいゐん》との間《あひだ》父子《ふし》兄弟《けいてい》たるの縁故《えんこ》ある者は之と同時《どうじ》に市會議《ぎ》員《ゐん》たることを得ず若《も》し議員との間《あひだ》に其縁故《そのえんこ》ある者市參事會員の任《にん》を受《う》くるときは其縁故《そのえんこ》ある議員は其職《しよく》を退《しりぞ》く可し

第十六條　議員は名譽職《めいよしよく》とす其任期《にんき》は六年とし毎《まい》三年各級《かくきふ》に於て其半數《はんすう》を改進《かいしん》す若し各級《かくきふ》の議員二分し難《がた》きときは初回《しよくわい》に於て多數《たすう》の一半《ぱん》を解任《かいにん》せしむ初回《しよくわい》に於て解任《かいにん》す可き者は抽籤《ちうせん》を以て之を定《さだ》む
退任《たいにん》の議員は再撰《さいせん》せらるゝことを得

第十七條　議《ぎ》員中闕員《ゐんちうけついん》あるときは毎《まい》三年定期《ていき》改撰《かいせん》の時に至り同時《どうじ》に

廣狹〕市町ノサカヒロキトセマキト〔人口稠密〕ヒトノ家ガタクサンアルコト〔選擧區〕人員チエラビ出スニハ其區域ガ立テアル其中ヨリエラミ出スナリ〔所屬ノ區〕選擧人ニ屬スル區域〔物件所在〕物ガヲノアル土地ニツキテ所屬ノ區ヲ定ム〔課税ノ最モ多キ〕税ガ一番多クカヽルコト〔選擧人ノ等級〕ヲサメモノヽ多分ナルト小ナルトニヨリテ人ヲエラブノ上下ヲサダメル〔所屬府縣〕ソノトチノ縣府ノカ

補闕《ほけつ》撰擧を行《おこな》ふ可し若し定員《ていゐん》三分の一以上闕員《けついん》あるとき又《また》は市會、市《し》參事會《さんじくわい》若くは府《ふ》縣知事《けんちじ》に於て臨時《りんじ》補闕《ほけつ》を必要《ひつえう》と認《みと》むるときは定期《ていき》前《せん》と雖《いへど》も其補闕《ほけつ》撰擧を行《おこな》ふ可し

補闕議員《ほけつぎゐん》は其前任者《ぜんにんしや》の殘任期間在職《ざんにんきかんざいしよく》するものとす

定期《ていき》改選《かいけん》及補闕《ほけつ》選擧とも前任者《ぜんにんしや》の撰擧せられたる撰擧等級《とうきう》及撰擧區に從《したが》て之か撰擧を行《おこな》ふ可し

第十八條　市長《しちやう》は撰擧を行《おこな》ふ毎《ごと》に其撰擧前《ぜん》六十日を限《かぎ》り撰擧原簿《げんぼ》を製《せい》し各撰擧人《かくせんきよにん》の資格《しかく》を記載《きさい》し此原簿《このげんぼ》に據《よ》りて撰擧人名簿《めいぼ》を製《せい》す可し但《たゞし》撰擧區を設《まう》くるときは毎區《まいく》各別《かくべつ》に原簿《げんぼ》及名簿《めいぼ》を製《せい》す可し撰擧人名簿《めいぼ》は七日間《かん》市《し》役所《やくしよ》又は其他《そのた》の場所《ばしよ》に於て之を關係者《くわんけいしや》の縱《じゆう》覽《らん》に供《きよう》す可し若し關係者《くわんけいしよ》に於て訴願《そぐわん》せんとすることあるときは同《どう》期限內《きげんない》に之を市長《しちやう》に申立《まをした》つ可し市長は市會の裁決《さいけつ》（第三十五條第一項）に依《よ》り名簿《めいぼ》を修正《しうせい》す可きときは撰擧前《ぜん》十日を限《かぎ》りて之に修《しう》正《せい》を加《くは》へて確定名簿《くわくていめいぼ》と爲し之に登錄《とうろく》せられざる者は何人《なにびと》たりとも撰擧に關《くわん》することを得《た》ず

ンイン〔有給ノ吏員〕給料ヲモラウヤクニン〔檢察官〕檢事ノコト〔神官〕カンヌシ〔僧侶〕ボウズ〔當選〕エラバレタルモノ〔宗教師〕諸宗ノ教師ナリ〔許可〕ユルシ〔官廳〕府縣廳諸省官衙ナヅ〔投票〕入札スル〔縁故〕血縁又ハ知巳ナドヲ云フ〔當選〕入札ノ多キニヨリエラバレタルモノ〔名譽職〕ホマレノヤクガラ〔改選〕アラタメエラブ〔任期〕ソノシヨクニ居ル年期ナリ議員ニモ議長ニモ各々何年ト云テ年期ガアル

本條に依《よ》り確定《くわくてい》したる名簿《めいぼ》は當撰《たうせん》を辭《じ》し若くは撰擧の無效《むかう》となりたる場合《ばあひ》に於て更《さら》に撰擧を爲すときも亦之《またこれ》を適用《てきよう》す

第十九條　撰擧を執行《しつかう》するときは市長《しちやう》は撰擧の場《ば》所日時《しよじつじ》を定め及撰擧す可き議員《ぎゐん》の數《すう》を各級各區に分《わか》ち撰擧前《せん》七日を限《かぎ》りて之を公告す可し

各級《かくきふ》に於て撰擧を行ふの順序《じゆんじよ》は先《ま》づ三級の撰擧を行ひ次《つぎ》に二級の撰擧を行ひ次《つぎ》に一級の撰擧を行《おこな》ふ可し

第二十條　撰擧掛《かゝり》は名譽職《めいよしよく》とし市長に於て臨時《りんじ》に撰擧人中より二名若くは四名を撰任《せんにん》し市長若くは其代理者《そのだいりしや》は其掛長《かゝりちやう》となり撰擧會を開閉《かいへい》し其會場《くわいじやう》の取締《とりしまり》に任《にん》ず但撰擧區を設《まう》くるときは毎區《まいく》各別《かくべつ》に撰擧掛《がゝり》を設《まう》く可し

第二十一條　撰擧開會中《かいくわいちう》は撰擧人の外何人《ほかなにびと》たりとも撰擧會場に入《い》ることを得《ね》ず撰擧人は撰擧會場に於《れい》て協議《けふぎ》又は勸誘《くわんいう》を爲すことを得ず

第二十二條　撰擧は投票《とうへう》を以て之を行ふ投票《とうへう》には被《ひ》撰擧人《せんきよにん》の氏名を

〔半數〕十ノモノナレハ五ツヲ半數ト言フ〔市參事會〕市ニチイテイロイロノコトヲヒヤウギスルトコロ〔多數〕オヽクノカズ〔解任〕ヤクヲヤメル〔初回〕ハシメテ〔抽籤〕クヂノコト〔再選〕フタヽビイラブ〔闕員〕人ノ不足スルナリ〔補闕選擧〕ソノタラヌヲオギナフ〔定員〕サダマリタルヒト〔必要ト認ム〕コレハコウナケレバイケントチモウトキ〔殘任期間〕ノコリノ年期ノアイダ〔前任者〕サキニ議員ニナリ

記《しる》し封緘《ふうかん》の上《うへ》撰擧人自ら掛長《かゝりちやう》に差出《さしいだ》す可し但撰擧人の氏名は投票《とうへう》に記入《きにふ》することを得ず

撰擧人投票《とうへう》を差出すときは自已《じこ》の氏名及住所《ぢうしよ》を掛長《かゝりちやう》に申立て掛長れ選擧人名簿《めいぼ》に照《てら》して之を受け封緘《ふうかん》の儘《まゝ》投票函《とうへうばこ》に投入す可し

但《たゞし》投票函《とうへうばこ》は投票を終《おは》る迄《まで》之を開《ひら》くことを得ず

第二十三條　投票に記載《きさい》の人員《じんゐん》其選擧す可き定數《ていすう》に過《す》ぎ又は不足《ふそく》あるも其投票を無效《むかう》とせず其定數《ていすう》に過《す》ぐるものは末尾《まつび》に記載《きさい》したる人名を順次《じゆんじ》に棄却《きゝやく》す可《べ》し

左《さ》の投票は之を無效《むかう》とす

一　人名を記載《きさい》せず又は記載せる人名《じんめい》の讀《よ》み難《がた》きもの

二　被《ひ》選擧人《せんきよにん》の何人たるを確認《くわくにん》し難《がた》きもの

三　被選擧權なき人名《じんめい》を記載《きさい》するもの

四　被選擧人氏名《しめい》の外他《はかた》事《じ》を記入《きにふ》するもの

投票の受理《じゆり》並《ならびに》效力《かうりよく》に關する事項《じこう》は選擧掛假《がゝりかり》に之を議決《ぎけつ》す可否《かひ》同數なるときは掛長《かゝりちやう》之を決《けつ》す

ヌルモノ〔原簿〕モトテフ〔資格〕ミブンナリ〔記載〕テフメンニカキノスルコト〔定期〕キマツテヲルジブン〔市役所〕マチヤクシヨ〔關係者〕カヽリアイノアルモノ〔縱覽〕タレニテモミルコトガデキル〔裁決〕キツトシタキメ〔名簿〕ナマヱテフ〔修正〕タヾシナホス〔確定名簿〕チヤントキマツテカワラヌナリ〔登錄〕カキノスル〔本條〕コノデフ〔無効〕ソノコトガヤクニタヽヌ〔適用〕コレヲアテハメテモチユル〔執行〕

第二十四條　選擧《せんきよ》は選擧人自ら之を行《おこな》ふ可し他人《たにん》に託《たく》して投票を差出すことを許《ゆる》さず

第十二條第二項《かう》に依《よ》り選擧權を有《いう》する者は代人《だいにん》を出して選擧を行《おこな》ふことを得若し其獨立《そのどくりつ》の男子《だんし》に非《あら》ざる者又は會社其他《そのた》本人《ほんにん》に係《かゝ》るときは必《かなら》ず代人を以てす可し其代人《そのだいにん》は内國人にして公權《こうけん》を有する獨立《どくりつ》の男子に限《かぎ》る但一人にして數人《すにん》の代理《だいり》を爲すことを得ず且代人は委任狀《ゐにんじやう》を選擧掛《がゝり》に示《しめ》して代理《だいり》の證《しるし》とす可し

第二十五條　議員《ぎゐん》の選擧は有效《いうかう》投票の多數《たすう》を得る者を以て當選《たうせん》とす

投票の數相同《すうあひおなじ》きものは年長者を取《と》り同年《どうねん》なるときは掛長《かゝりちやう》自《みづか》ら抽《ちう》籤《せん》して其當選《そのたうせん》を定《さだ》む

同時《どうじ》に補闕員數《ほけつゐんすう》名《めい》を選擧するときは〔第十七條〕投票《とうへう》數の最《もつとも》多《おほ》き者を以て殘人《ざんにん》期の尤《もつと》長《なが》き前人者の補闕《ほけつ》と爲し其數相同《そのすうあひおなじ》きときは抽《ちう》籤《せん》を以て其順序《そのじゆんじよ》を定む

第二十六條　選擧掛《がゝり》は選擧錄《ろく》を製《せい》して選擧の顚末《てんまつ》を記錄《きろく》し選擧を終りたる後《のち》之を朗讀《らうどく》し選擧人名簿《めいぼ》其他關係書類《そのたくわんけいしよるい》を合綴《がふせつ》して之に署名《しよめい》

ソノコトヲオコナフ（各級各區）イクダンニモワカツナリ（公告）高札場ナヅヘカヽゲル（順序）ツギヽヽニナス（選擧）ヨリヌク（市長）一市ノヲサナリ（選擧會）ヨリアツマツテ人ヲエラブ所（協議）マウシアハセ（勸誘）人ヲスヽメミチビクコト（投票）イラブヒトヲカキタルフダ（封緘）フウジ（記入）カキノスル（住所）スマイシテヲルトコロ（投票函）入札ヲイレルハコ（名簿）人々ノナマヘヲカキタルテフメン（開閉）

す可し

投票《とうへう》は之を選擧錄に附屬《ふぞく》し選擧を結了《けつれう》するに至る迄《まで》之を保存《ほぞん》す可し

第二十七條　選擧を終《をは》りたる後《のち》選擧掛長《かゝりちやう》は直《たゞち》に當選者《たうせんしや》に其當選の旨を告知《こくち》すべし其當選を辭《じ》せんとする者は五日以內《いない》に之を市長に申《まうし》立《た》つ可し

一人にして數級《すきふ》又は數區の選擧に當《あた》りたるときは同期《どうき》限內《げんない》何れの選擧に應《おう》ず可きことを申立《まをした》つ可し其期《き》限內《げんない》に之を申立《まをした》てざる者は總《すべ》て其選擧を辭《じ》する者となし第八條の處分《しよぶん》を爲す可し

第二十八條　選擧人選擧の効力《かうりよく》に關《くわん》して訴願《そぐわん》せんとするときは選擧の日より七日以內《いない》に之を市長に申立《まをした》つることを得（第三十五條第一項《かう》）市長は選擧を終《おは》りたる後《のち》是を府縣知事《ふけんちじ》に報《はう》告し府縣知事に於て選擧の効《かう》力に關し異議《いぎ》あるときは訴願《そぐわん》の有無《うむ》に拘《かゝは》らず府縣參事會に付《ふ》して處分《しよぶん》を行ふことを得

選擧の定規《ていき》に違背《ゐはい》することあるときは其《その》選擧を取消《とりけ》し又被選擧人

アケタリトヂタリ〔定數ニ過ギ〕タアタリマヘノ數ヨリオホシ〔末尾〕イチバンシマイ〔棄却〕ステヽシマウ〔無效〕ヤクニタヽヌ〔受理並効力〕入札ヲウケツケ又ハソノ入札ノチカラガイクホドアルナヅナリ〔議決ス〕議會ニ於テキメル〔可否〕ヨシアシ〔之チ決ス〕ドチラガヨキカヲトリキメル〔許サス〕サシイダスコトチサセナイ〔獨立ノ男子〕他人ノセハニナラズヒトリニテ世活スルヲ得可キモノ也〔法人〕法律

中其資格《しかく》の要件《えうけん》を有せざる者あるときは其人《そのひと》の當選を取消《とりけ》し更《さら》に選擧を行《おこな》はしむ可し

第二十九條　當選者《たうせんしや》中其資格《しかく》の要件《えうけん》を有せざる者あることを發見《はつけん》し又は就職後《しうしよくご》其要件を失ふ者あるときは其人《そのひと》の當選《たうせん》は效力を失ふものとす其要件《そのえうけん》の有無《うむ》は市會之を議決《ぎけつ》す

第二款　職務權限《しよくむけんげん》及處務《しよむ》規程《きてい》

第三十條　市會は其市《そのし》を代表《だいへう》し此法律に準據《じゆんきよ》して市に關《くわん》する一切《いつさい》の事件《じけん》並從前特《じゆぜんとく》に委任《ゐにん》せられ又は將來法律勅令《しやうらいはうりつちよくれい》に依て委任《ゐにん》せらるゝ事件《じけん》を議決《ぎけつ》するものとす

第三十一條　市會の議決《ぎけつ》す可き事件《じけん》の概目《がいもく》左の如し

一　市條例《しでうれい》及規則《きそく》を設《まう》け並改正《かいせい》する事

二　市費《しひ》を以て支辨《しべん》す可き事業《じげう》但第七十四條に揭《かゝ》ぐる事務《じむ》は此限に在《あ》らず

三　歳入出豫算《さいにふしゆつよさん》を定め豫算外《よさんぐわい》の支出《しゝゆつ》及豫算超過《よさんてうくわ》の支出を認定《にんてい》する事

上ノ見テ以テ一個人トナス所ノモノニテ市町村又ハ寺院ノ如キモノ也〔代人〕本人ニ代テ事ヲナス〔顛末〕コトノ始終ヲ言フ〔朗讀〕ヨミアゲル〔合綴〕マトメル〔署名〕ジブンデ姓名ヲ書ク〔結了〕選擧ガスムマデ〔保存〕大切ニシマイヲク〔當選〕クジニアタル〔告知ス〕シラセル〔期限内〕日限内〔處分〕第八條ニ規定シアル通ニ處置スル也〔市長ニ云々〕七日以内ナレバ市長ニ其事實ヲ申立ツルヲ得〔選擧ノ效力〕選

四 決算報告《けつさんはう》を認定《にんてい》する事

五 法律勅令《はうりつちよくれい》に定むるものを除《のぞ》くの外《ほか》使用料《しようれう》、手數料《てすう》、市税《しぜい》及夫役現品《げんぴん》の賦課徴收《ふくわちようしう》の法を定むる事

六 市有不動産の賣買《ばいヽ》交換讓受讓渡並質入書入《いれかきいれ》を爲《な》す事《こと》

七 基本財産《きほんざいさん》の處分《しよぶん》に關する事

八 歳入出豫算《さいにふしゆつよさん》を以《もつ》て定《さだ》むるものを除《のぞ》くの外新《ほかあらた》に義務《ぎむ》の負擔《ふたん》を爲し及權利《およびけんり》の棄却《きヽやく》を爲す事

九 市有の財産及《ざいさんおよび》營造物の管理方法《くわんりはうはふ》を定むる事

十 市吏員《しりゐん》の身元《みもと》保證金を徴し並《ならびに》其金額《そのきんがく》を定むる事

十一 市《し》に係《かヽ》る訴訟及和解《わかい》に關する事《こと》

第三十二條 市會は法律《はふりつ》勅令に依《よ》り其《その》職權《けん》に屬する市吏員《しりゐん》の選擧を行《おこな》ふ可《べ》し

第三十三條 市會は市《し》の事務《じむ》に關する書類及計算書《しよるゐおよびけいさんしよ》を撿閲《けんえつ》し市長の報告を請求して事務《じむ》の管理《かんり》の議決《ぎけつ》の施行並收入支出《しヽゆつ》の正否を監査《かんさ》するの職權《しよくけん》を有す

舉ノ事柄ニ付テ思フ所ガアル時ニハ選擧人ヨリ訴願ガアルトナキトニ拘ハラズ府縣參事會ニ出シテ是非ノ處分ヲ行フヿガ出來ル〔定規ニ違背〕兼テ定マリ在ル規則ニソムク〔資格ノ要件〕議員タルニハ何年以上其地ニ住居シ又ハ地租何圓以上チ納ムルモノ又ハ丁年以上ノ男子ニアラサレバ議員タルヿガデキナイ其ノ要件ノ内一ツデモナキトキニハ選舉スルモ無効ニ屬ス〔第二欵市會〕市會ハ本文ニモアルガ如ク

市會は市《し》の公益に關する事件《じけん》に付《つき》意見書《しよ》を監督官廳に差出すことを得

第三十四條　市會は官廳の諮問《しもん》あるときは意見を陳述《ちんじゆつ》す可《べ》し

第三十五條　市住民及《みんおよび》公民《みん》たる權利《けんり》の有無、選擧權《せんきよけん》及被選擧權の有無、選擧人名簿《せんきよにん》の正否並其等級《そのとうきふ》の當否、代理を以《もつ》て執行《しつ》する選擧權《せんきよけん》（第十二條第二項）及《およびし》市會議員《ぎゐん》選擧《せんきよ》の効力（第二十八條）に關する訴《そ》願《ぐわん》は市會之《これ》を裁決す

市會の裁決に不服ある者《もの》は府《ふ》縣參事《けんさんじ》會に訴願《そぐわん》し其府縣參事會の裁決《けつ》に不服ある者《もの》は行政裁判所《ばんしよ》に出訴《しゆつそ》することを得

本條の事件《じけん》に付《つひ》ては市長よりも亦訴願及訴訟《またそぐわんおよびそしよう》を爲《な》すことを得

本條の訴願《そぐわん》及訴訟の爲《た》めに其執行《そのしつ》を停止することを得《え》ず但判決《はんけつ》確定するに非《あら》ざれバ更《さら》に選擧を爲《な》すことを得《え》ず

第三十六條　凡議員《およそぎゐん》たる者《もの》は選擧人の指示《しじ》若《もし》くは委囑を受く可《べ》からざるものとす

第三十七條　市會は毎暦年《れきねん》の初《はじ》め一周年《ねん》を限《かぎ》り議長及其代理者各一

無形人ノ市ヲ代表スルモノニテ一市内ノ利害得失其他種々ノ事件ヲ會議スルモノナリ〔勅令〕ミコトノリ〔概目〕アラマシ〔支弁〕市ノ費用ヲ以テ支出スベキモノ〔預算外〕アラカジメ勘定シタヨリ多クナルブン〔超過〕スギコス〔認定〕見定メキメル〔決算報告〕精算シタルモノヲ其筋ヘ知セル〔不動産〕土地家屋土藏等ナリ〔賣買交換〕賣買トハ他人ノ物件ヲ通貨ヲ以テ購フナリ交換ハ物件ト物件トヲ交易スル〔市有ノ

名を互選《ごせん》す

第三十八條　會議の事件《じけん》議長及其父母《そのふぼ》兄弟若《もし》くは妻子の一身上に關する事《こと》あるときは議《ぎ》長に故《こ》障あるものとして其《その》代理者之《しやこれ》に代《かは》る可し

議《ぎ》長代理《り》者《しや》共《とも》に故《こ》障あるときは市會は年《ねん》長の議員《ぎゐん》を以《もつ》て議長と爲《な》す可《べ》し

第三十九條　市《し》參事《さんじ》會員《ゐん》は會議に列席《れつせき》して議事《ぎじ》を辨明することを得

第四十條　市《し》會は會議の必要ある每《ごと》に議《ぎ》長之《これ》を招集《せうしふ》す若《も》し議員《ぎゐん》四分《ぶん》の一以上の請求あるとき又《また》は市長若《もし》くは市《し》參事《さんじ》會の請求あるときは必《かなら》ず之《これ》を招集《しふ》す可し其《その》招集並《ならびに》會議の事件《じけん》を告知するは急施《きふし》を要する場合《ばあひ》を除《のぞ》くの外《ほか》少くも會議の三日前《ぜん》たる可《べ》し但市會の議決を以《もつ》て豫《あらかじ》め會議日《につ》を定《さだ》むるも妨《さまた》げなし

市《し》參事《さんじ》會員《ゐん》を市會の會議に招集《しふ》するときも亦前《またぜん》項の例に依《よ》る

第四十一條　市會は議員《ぎゐん》三分の二以上出席《しゆつせき》するに非《あら》ざれば議決《ぎけつ》することを得ず但同一の議事《ぎじ》に付招集再回《つきせうしふさいくわい》に至るも議員猶《なほ》三分の二に

財産〕共有山又ハ市ニテ設立シタル校舎病院等〔和解〕双方熟シテ内濟スルモノ〔職權〕職務上ニ於テ有スル權利ナリ〔檢閲〕見テ正不正ヲシラベル〔請求〕コヒモトメル〔監査〕トリシマリヲスル〔公益〕一般利益トナルモノナリ〔諮問〕上ヨリ下ニ向テ問ヲ出ス〔陳述〕意見ヲ述ベル〔有無〕アルナシ〔正否〕タヾシキトタヾシカラヌト〔當否〕適スルト適セヌト〔執行ヲ停止〕執リ行フコヲシバラク停メテ行ハサルヲ云フ〔判

滿《み》たざるときは此限《このかぎり》に在《あ》らず

第四十二條　市會の議決《ぎけつ》は可否《かひ》の多數《たすう》に依《よ》り之を定む可否《かひ》同數《どうすう》なるときは再議《さいぎ》議決す可し若《も》し猶同數《なほどうすう》なるときは議長の可否《かひ》する所に依《よ》る

第四十三條　議員《ぎゐん》は自已《じこ》及其父母《ふぼ》兄弟《けいてい》若くは妻子の一身上に關《くわん》する事件《じけん》に付ては市會の議決《ぎけつ》に加《くは》はることを得ず

議員《ぎゐん》の數此除名《すうこのじよめい》の爲めに減少《げんせう》して會議を開くの定數《ていすう》に滿たさるときは府《ふ》縣參事《けんさんじ》會市會に代《かはつ》て議決す

第四十四條　市會に於《おい》て市吏員《しりゐん》の選擧を行ふときは其一名毎《ごと》に匿名《とくめい》投票《とうへう》を以て之を爲《な》し有效《いうかう》投票の過半《くわはん》數を得る者《もの》を以て當選《たうせん》とす若し過半《くわはん》數を得る者なきときは最多《さいた》數《すう》を得る者二名《めい》を取り之に就《つい》て更《さら》に投票せしむ若し最多《さいた》數《すう》を得る者三名以上同數《どうすう》なるときは議長自《みづか》ら抽籤《ちうせん》して其二名を取り更《さら》に投票せしむ此再《このさい》投票に於《おい》ても猶過半數を得る者《もの》なきときは抽籤《ちうせん》を以《もつ》て當選《たうせん》を定む其他《その た》は第二十二條、第二十三條、第二十四條第一項《かう》を適用《てきよう》す

決確定〕言渡ガ確ト定マル〔委囑〕タノミ〔互選〕タガヒニ一名ツヽヱラビヲク〔一身上〕妻子ノ身ノ上ニツキ事ガ出來ル〔故障〕サシツカヘ〔會議ニ列席〕市參事會員ハ市會ノ議會ニ出テ事實ヲ辨論シ説明スルヿガ出來ル〔必要〕ナクテナラヌ〔招集〕ヨビアツメル〔事件〕コトガラ〔告知〕シラセ〔急施ヲ要スル場合ヲ除クノ外〕急事件デナイトキ〔前項ノ例ニ依ル〕前ニアル通リ三日前ニ知スコトナリ〔出席〕會場

前項《ぜんこう》の選擧には市會の議決《ぎけつ》を以て指名推選《しめいすゐせん》の法《はふ》を用ふることを得

第四十五條　市會の會議《くわいぎ》は公開《こうかい》す但議長の意見《いけん》を以て傍聽《ばうちやう》を禁《きん》ずることを得

第四十六條　議長《ぎちやう》は各議員に事務《じむ》を分課《ぶんくわ》し會議及選擧の事《こと》を總理《そうり》し開會閉會並延會《かいくわいへいくわいならびにえんくわい》を命じ議場の秩序《ちつじよ》を保持《はぢ》す若し傍聽者《ばうちやうしや》の公然《こうぜん》贊成《さんせい》又は擯斥《ひんせき》を表《へう》し又は喧擾《けんぜう》を起《おこ》す者あるときは議長は之を議場外に退出《たいしゆつ》せしむることを得

第四十七條　市會は書記《しよき》をして議事錄《ぎじろく》を製《せい》して其議決及選擧の顚末《てんまつ》並出席議員《ならびにしゆつせきぎゐん》の氏名を記錄《きろく》せしむ可し議事錄《ぎじろく》は會議の末《すゑ》之を朗讀《らうどく》し議長及議員二名《めい》以上之に署名《しよめい》す可し

市會は議事錄《ぎじろく》の謄寫《とうしや》又は原書《げんしよ》を以て其議決を市長に報告《ほうこく》す可し

市會の書記《しよき》は市會之を選任《せんにん》す

第四十八條　市會は其會議細則《そのくわいぎさいそく》を設《まう》く可し其細則に違背《ゐはい》したる議員に科《くわ》す可き過怠金《くわたいきん》二圓以下の罰則《ばつそく》を設くることを得

第三章　市行政《しぎやうせい》

出頭スル〔再回〕二度ノ丁〔此ノ限ニアラズ〕コノ時ハ三分ノ二ニ滿タズトモヨロシ〔可否ノ多數〕甲可乙否ノ兩論ナリ〔可否同數〕可否ノ數同シナルトキ〔議長ノ可否議長カキメル〔自巳〕ジブン〔除名〕事故アレバ名ヲ除ク〔減少〕人數少クナル〔匿名投票〕名前ヲ記サズ投票スルコト〔過半數〕半數以上〔最多數〕其内デ數ノオヽイモノ〔同數〕ヲナシカズ〔再投票〕二度ノ入札〔當選ヲ定ム〕誰カクヂニ當リシカ

第一欵　市《し》參事《さんじ》會及市吏員《しりゐん》の組織《そしよく》選八

第四十九條　市《し》に市參事《しさんじ》會を置《れ》き左の吏員《りゐん》を以て之を組織《そしよく》す

一　市長《しちやう》　一名　二　助役《じよやく》

東京《とうきやう》ハ三名京都大坂《きやうとおほさか》ハ各二名其他《そのた》ハ一名

二　名譽職參事《めいよしよくさんじ》會員

東京ハ十二名京都大坂ハ各《かく》九名其他《そのた》ハ六名

助役《じよやく》及名譽職參事《さんじ》會員ハ市條例《しでうれい》を以て其定員を增減《ぞうげん》することを得

第五十條　市長ハ有給吏員《いうきふりゐん》とす其任期《にんき》ハ六年とす內務《ないむ》大臣市會をして候補者《こうほしや》三名を推薦《すいせん》せしめ上奏裁可《じやうそうさいか》を請《こ》ふ可し若し其裁可を得ざるときハ再推薦《さいすゐせん》を爲《な》さしむ可し再推薦にして猶裁可《なほさいか》を得ざるときハ追《おつ》て推薦《すゐせん》せしめ裁可を得るに至《いた》るの間《あひだ》內務大臣ハ臨時《りんじ》代理者を選任《せんにん》し又ハ市費《しひ》を以て官吏《くわんり》を派遣《はけん》し市長の職務を管掌《くわんしやう》せしむ可し

第五十一條　助役《じよやく》及名譽職參事《さんじ》會員ハ市會之《これ》を選擧す其選擧ハ第四十四條に依《よつ》て行ふ可し但投票《たゞしとうへう》同數なるときハ抽籤《ちうせん》の法《はふ》に依《よ》らず府縣參事會之《これ》を決《けつ》す可し

チ定ムルナリ◎〔適用ス〕第一項ニ在ル所ノ條規ヲ當用ス〔指名推選ス〕之レハ投票テモナク抽籤法デモナク人チ指シテ誰カ適當ナリト云ヒキメル〔會議〕評議スルナリ〔公開ス〕外見ヲ憚ラズ何人ト雖モ其傍聽ノ規則ヲ守ルトキハ其議會ニ臨ミテ聽クコトガ出來ル〔傍聽チ禁ズ〕議長ノ意見チ以テ傍聽ヲ禁スルヿアリ〔總理〕スベテノヿヲ掌ル〔贊成〕其レガヨイト同意スル〔延會〕會議ヲノバス〕擯斥ヲ表シ〕其說

第五十二條　助役《じよやく》ハ有給吏《いうきふり》員《ゐん》とし其任期ハ六年《ねん》とす
助役《じよやく》の選擧ハ府縣知事の認可《にんか》を受くるとを要す若《も》し其認可《そのにんか》を得ざるときハ再選擧を爲《な》す可し再選擧にして猶其認可《なほそのにんか》を得ざる時ハ追《れ》て選擧を行《おこな》ひ認可を得に至《いたる》の間《ありだ》府縣知事は臨時《りんじ》代理《だいり》者《しや》を選任《せんにん》し又ハ市費《しひ》を以て官吏を派遣《はけん》し助役《じよやく》の職務を管掌《くわんしやう》せしむ可し

第五十三條　市《し》長《ちやうれ》及《よび》助役《じよやく》ハ其市公民たる者《もの》に限《かぎ》らず但其任を受くるときハ其公民《そのこうみん》たるの權《けん》を得

第五十四條　名譽職《めいよしよく》參事會員ハ其市《そのし》公民中年齡滿《れいまん》三十歳以上にして選擧權を有《いう》する者《もの》より之を撰擧す其任期《そのにんき》ハ四年とす任期滿限《まんげん》の後《のち》と雖も後任者《こうにんしや》就職《しうしよく》の日迄在職するものとす
名譽職參事會員ハ每《まい》二年其半數《はんすう》を改撰《かいせん》す若《も》し二分し難《がた》きときハ初回に於《おい》て多數の一半を退任《たいにん》せしむ初會《しよくわい》の退任者ハ抽籤《ちうせん》を以て之を定む但退任者《たゞしたいにんしや》ハ再撰せらるゝことを得
若《も》し闕員《けつゐん》あるときハ其殘任期《そのざんにんき》を補充《ほじゆう》する爲め直に補闕《ほけつ》撰擧を爲す可《べ》し

ハイケント言フ
ヿヲ知ラスル
〔喧擾〕ケンクワ
ナブスル〔議場
外〕會議場ノ外
〔退出〕ヲヒ出ス
〔秩序〕議場ノ静
カニ整然トシテ
ヨク調ヒ居ルヨ
ウニスル〔維持〕
タモチテヲルコト
〔謄寫〕ウツシ物
〔原書〕正本ナリ
〔書記〕カキヤク
〔細則〕種々細キ
コトヲ書キノセ
ル規則書〔違
背〕ソムキチガ
ウ〔過怠金〕不注
意ニツキ申付ケ
ル科金〔第三章
第一款市行政〕市
ノ組織及ビ市
ノ紛雑ヲ處理ス
ル參事會及ビ之
レガ人員責任ナ

第五十五條　市長及助役《しちやうおよびじよやく》其他參事會員は第十五條第二項《かう》に掲載《けいさい》する職を兼《か》ねることを得ず同條《どうでう》第四項に掲載《けいさい》する者《もの》は名譽職參事會員に撰擧《けんきよ》せらるゝことを得ず

父子《ふし》兄弟《けいてい》たるの縁故《えんこ》ある者は同時《どうじ》に市參事會たることを得ず

若《も》し其縁故《そのえんこ》ある者市長の任《にん》を受くるときは其縁故《そのえんこ》ある市參事會員は其《その》職を退《しりぞ》く可し其他《そのた》は第十五條第五項を適用《てきよう》す

市長及助役《じよやく》は三ヶ月前《ぜん》に申立《まをした》つるときは隨時《ずいじ》退職を求《もと》むることを得此場《このば》合《あひ》に於ては退隱料《たいへんれう》を受くるの權を失《うしな》ふものとす

第五十六條　市長及助役《じよやく》は他《た》の有給《いうきふ》の職務を兼任《けんにん》し又は株式《かぶしき》會社の社長及重役《しやちやうおよびぢうやく》となることを得ず其他《そのた》の營業《えいげふ》は府縣知事の認許《にんか》を得るに非《あら》ざれば之を爲《な》すことを得ず

第五十七條　名譽職《めいよしよく》參事會員の撰擧に付《つい》ては市參事會自《みづか》ら其効力《そのかうりよく》の有無《うむ》を議決す

當撰者中其資《たうけんしやちうそのし》格《かく》の要件《えうけん》を有せざる者あることを發見《はつけん》し又は就職後其《その》要件を失《うしな》ふ者《もの》あるときは其人の當撰《たうせん》擧効力を失《うしな》ふものとす其要

ヅヲ定ムル規定ノコト〔助役〕タスケヤク〔市條例〕市ニヨッテ定ムル諸則〔増減〕マシ或ハヘラス〔有給吏員〕定マリタル日給アルモノ〔任期〕奉職ノ年限ハ六年ナリ〔候補者〕市長辭職又ハ病氣等ノトキ之レニ代ル爲ニ設ケオク〔推薦〕此者ガ適當ナラントヲシ用ユルコトナリ〔上奏裁可〕天皇陛下ニ申上ケ御許可ヲ請ヒ奉ル〔市費〕市ノ入費〔官吏ヲ派遣〕官吏ヲ遣ハス〔管掌〕ツカサドラシムル〔市會之ヲ選擧ス〕助

件の有無《うむ》ハ市參事會之を議決《ぎけつ》す其議決に不服《ふふく》ある者ハ府縣參事會に訴願《そぐわん》し其府縣參事會の裁決《さいけつ》に不服《ふふく》ある者ハ行政《ぎやうせい》裁判所に出訴《しゆつそ》することを得其他《そのた》ハ第三十五條末項《まつかう》を適《てき》用す

第五十八條　市《し》に收入役《しうにふやく》を一名置《お》く收入役ハ市《し》參事《さんじ》會の推薦《すいせん》に依り市會之を撰任《せんにん》す

收入役《しうにふやく》ハ市參事會員を兼《か》ねることを得す

收入役《しうにふやく》の撰任ハ府縣知事の認可《にんか》を受くることを要《えう》す其他ハ第五十一條、第五十二條、第五十三條、第五十五條及《および》第七十六條を適《てき》用す

收入役ハ身元保證金《みもとほしようきん》を出《いだ》す可し

第五十九條　市《し》に書記其他《そのた》必要《ひつえう》の附屬員並使丁《してい》を置き相當の給料《きふれう》を給《きふ》す其人員ハ市會の議決《ぎけつ》を以《もつ》て之《これ》を定め市參事會之を任《にん》用す

第六十條　凡市《し》ハ處務《しよむ》便宜《べんぎ》の爲め市參事會の意見《いけん》を以て之を數區《すく》に分《わか》ち每區區長及其代理者《だいりしや》各一名を置くことを得區長及其代理者《そのだいりしや》ハ名譽職《めいよしよく》とす但東京京都大坂に於《おい》てハ區長を有給吏員《いうきふりゐん》と爲《な》すことを得

役及ヒ名譽參事會員ハ市會ニ於テ選擧スル〔後任者〕アトヤク〔就職〕シヨクニツク〔在職〕市長又ハ助役ノ職ニ在ル〔改選〕アラタメテエラビ用ユ〔補充〕アト役ヲ入レテ欠員ヲ補フ〔退任〕其職ヲ退キヤメル〔再選〕二度用ユ〔殘任期〕ノコリノ年期〔掲載〕カヽゲノスル〔適用〕アテハメ用ユル〔隨時〕イツデモト云フガ如シ〔場合〕ソノトキ〔求ムル〕コトヲ得〕ヤメタイト申シテ出ルコトガ出來ル〔退隱料〕長ク職分

區長及其代理《そのだいり》者《しや》ハ市會に於て其區《そのく》若《もし》くハ隣《りん》區の公民中撰擧權を有する者《もの》より之《これ》を撰擧す區會（第百十三條）を設《せう》くる區に於《おい》てハ其區會に於て之《これ》を撰擧す但東京京都大坂に於《おい》ては市參事會《しさんじ》之を撰《せん》任す

東京京都大坂に於てハ前條《ぜんでう》に依《よ》り區に附屬《ふぞく》員並使《し》丁《てい》を置《お》くことを得

第六十一條　市《し》ハ市會の議決《ぎけつ》に依《よ》り臨時又ハ常設《じやうせつ》の委員を置《お》くことを得其委員《そのゐ》ハ名譽職《めいよしよく》とす

委員ハ市參事會員又《また》ハ市會議員を以《もつ》て之《これ》に充《あ》て又《また》は市參事會員及市會議員を以《もつ》て之を組織《そしよく》し又《また》ハ會員議員と市公民中撰擧權を有する者《もの》とを以《もつ》て之を組織《そしよく》し市參事會議一名を以《あつ》て委員長とす委員中市會議員より出《い》づる者《もの》ハ市會之を撰擧し撰擧權を有する公民より出《い》づる者《もの》ハ市參事會之を撰擧し其他《そのた》の委員ハ市長之を專《せん》任す常設《じやうせつ》委員の組織《そしよく》に關してハ市條例《しでうれい》を以て別段《べつだん》の規定《きてい》を設《まう》くることを得

第六十二條　區長及委員にハ職務取扱《しよくむとりあつかひ》の爲《ため》に要する實費辨償《じつぴべんしやう》の外

ヲ盡シタルヲ以テ其報酬トシテ受クル恩典〔認許〕ユルシヲ受クルヿ〔當選者中〕選バレテ其議長又ハ議員ニナリタルモノ〔發見〕見出スナリ〔收入役〕價直方正ノ人物ヲ見テ此役ニアテル〔府縣知事ノ認可〕收入役ノ責任ハ最モ重大ナルモノナルヲ以テ府縣知事ノユルシヲ必要トスル也〔常設〕絶へズナクモノナリ〔委員〕常ニ其ノ事務ニ關係シテ能ク利害得喪ノ係ル所ヲ知レルモノ也〔組織〕市參事會員又ハ市

市會の議決《ぎけつ》に依《よ》り勤務《きんむ》に相當する報酬《ほうしう》を給《きよ》することを得

第六十三條　市吏員《しりゐん》は任期《にんき》滿期《まんげん》の後再撰せらるゝことを得

市吏員《しりゐん》及使丁《してい》は別段《べつだん》の規定又は規約《きやく》あるものを除《のぞ》くの外隨時《ずゐじ》解《かい》職することを得

第二款　市參事《しさんじ》會及市吏員の職務權限《しよくむけんげん》及處務《しよむ》規程《きてい》

第六十四條　市參事會は其市《そのし》を統轄《とうかつ》し其行政事務を擔任《たんにん》す

市參事會の擔任する事務《じむ》の概目《がいもく》左《さ》の如《ごと》し

一　市會の議事《ぎじ》を準備《じゆんび》し及其議決を執行《しつかう》する事若《ことも》し市會の議決其權限《けんげん》を越《こ》え法律命令《めいれい》に背《そむ》き又は公衆《こうしゆう》の利益を害《がい》すと認《みと》むるときは市參事會は自己《じこ》の意見《いけん》に由り又は監督《かんとく》官廳の指揮《しき》に由り理由《りゆう》を示して議決の執行《しつかう》を停止《ていし》し之を再議せしめ猶其《なほその》議決を更《あらた》めさるときは府縣《ふけん》參事會の裁《さい》決を請《こ》ふ可し其權限《そのけんげん》を越《こ》え又は法律勅令《ちよくれい》に背《そむ》くに依て議決の執行《しつかう》を停止《ていし》したる塲合《ばあひ》に依て府縣參事會の裁決に不服《ふへく》ある者は行政《ぎやうせい》裁判所に出訴《しゆつそ》することを得

會議員ヲ以テ組ミ立ル〔委員長〕議長會長ノ如ク委員ニモ委員長アリ〔專任市長ガ一巳ノ了見ニテ定メル〔別段〕常設委員間ニノミ用ユルノ別ノ規則〔勤務ニ相當〕ツトメ向キノ難易ニ從テ報酬ニ多少ノ別アリ〔使丁〕小使ナリ〔第二款職務權限〕職務ニ當々アリテ其擔當スルヿ各異ナレリ權限ハ一巳ノ了見ニテ行ヒ爲スコトノ出來ルナリ〔處務規定〕事務ヲ執ルニ當リ行フベキ所ノ諸細則ヲ定メタルモノナリ〔擔

二 市《し》の設置《せつち》に係《かゝ》る營造物を管理《くわんり》する事若し特《とく》に之が管理者《くわんりしや》あるときハ其事《そのじ》務を監督《かんとく》する事

三 市の歳入《さいにふ》を管理し歳入出豫算表《しゆつよさんへう》其他《そのた》市會の議決に依《よつ》て定まりたる收入支出《しうにふしゝゆつ》を命令し會計及出納《すゐなう》を監視《かんし》する事

四 市《し》の權理《けんり》を保護《ほご》し市有財産《ざいさん》を管理《くわんり》する事

五 市吏員及使丁《およびしてい》を監督《かんとく》し市長を除《のぞ》くの外其他に對《たい》し懲戒《ちようかい》處分を行《おこな》ふ事其懲《ちようかい》戒處分譴責及《けんせきおよび》拾圓以下の過怠金《くわたいきん》とす

六 市の諸證書《しよしよう》及公文書類を保管《ほくわん》する事

七 外部《ぐわいぶ》に對《たい》して市を代表《だいへう》し市の名義を以て其訴訟《そのそしやう》並和解《わかい》に關し又ハ他廳《たちやう》若《もし》くハ人民と商議《しやうぎ》する事

八 法律勅令《ちよくれい》に依り又ハ市會の議決に從《したがつ》て使用料《しようれう》、手數《てすう》料、市稅《しぜい》及夫役現品《ふやくげんぴん》ハ賦課徵收《ふくわちようしう》する事

九 其他《そのた》法律命令又は上司《じやうし》の指令《しれい》に依て市參事會に委任《ゐにん》したる事務を處理《しより》する事《こと》

第六十五條 市參事會は議長又ハ其代理者《そのだいりしや》及名譽職《めいよしよく》會員定員三分の

任〕引受ケテ爲ス所ノ職務〔公衆ノ利益〕多クノ人ノ利益ナリ〔監督官廳〕ヨキアシキヲ視察シテ居ル所〔指揮〕サシズスル〔行政裁判所〕未ダ設置ナシト雖モ早晩之レカ設ケアルヘキナリソレマデハ内閣ニテ裁判スルナリ〔管理〕シハイスル〔市有財産〕即チ橋梁共有ノ山林學校等〔懲戒處分〕官吏其職務ヲ怠リタルトキ處分スル所ノ規則〔譴責〕是ハ極ク些細ノ過失ノトキ申付ルナリ〔過怠金〕過チニヨッテ申渡ス罰

一以上出席《しゆつせき》するときは議決を爲《な》すことを得

其議決は可否《かひ》の多數《たすう》に依り之を定《さだ》む可否《かひ》同數《どうすう》なるときは議長の可《か》否《ひ》する所《ところ》に依る

議決の事件《じけん》は之を議事録《ぎじろく》に登記《とうき》す可し

市參事會の議決其權限《そのけんげん》を越《こ》え法律命令に背《そむ》き又は公衆《こうしゆう》の利益を害すと認《みと》むるときは市長は自已《じこ》の意見《いけん》に由り又は監督官廳《かんとくくわんちやう》の指揮に由り理由《りいう》を示《しめ》して議決の執行《しつかう》を停止し府縣叅事會の裁決《さいけつ》を請《こ》ふ可し其權限《そのけんげん》を越《こ》え又は法律勅令に背《そむ》くに依て議決の執行《しつかう》を停止《ていし》したる場合《ばあひ》に於て府縣參事會の裁決に不《ふ》服《く》ある者は行政《ぎやうせい》裁判所に出訴《そ》することを得

第六十六條　第六十三條の規定《きてい》は市參事會にも亦之《またこれ》を適用《てきよう》する同條の規定《きてい》に從《したが》ひ市參事會正當の會議を開《ひら》くことを得ざるときは市會之に代《かはつ》て議決《ぎけつ》するものとす

第六十七條　市長は市政《しせい》一切《いつさい》の事務《じむ》を指揮《しき》監督し處務の澁滯《じふたい》なきことを務《つと》む可《べ》し

金〔保管〕大切ニシマイヲク〔商議〕相談スル〔使用料〕市有財産ヲ貸與シテ得ル所ノ賃金〔手數料〕地券書替又ハ諸看板ノ書替及ビ鑑札ノ手數料ナリ〔市税〕從前ノ協議費ノ如キ也〔夫役〕道路改修ニ當リテハ一戸ニツキ夫役何人夫トスルカ如キ也〔市長ハ市政云々〕市長ハ恰モ一家ノ戸主ノ如ク市内ノ行政事務ヲ統轄シ利害得失ヲ考ヘ以テ市政ヲ行フ最モ責任ノ重且大ナルモノナリ故ニ補助員ノ事務ヲ監督シ又

市長ハ市參事《しさんじ》會を召集《せうしふ》し之が議長となる市長故障《こしやう》あるときハ其代理者《りしや》を以て之に充《あ》つ市長ハ市參事會の議事を準備《じゆんび》し其議決を執行《しつかう》し市參事會の名を以《もつ》て文書《ぶんしよ》の往復《わうふく》を爲し及之に署名《しよめい》す

第六十八條　急施《きふし》を要する場合《ばあひ》に於て市參事會を召集《せうしふ》するの暇《いとま》なきときハ市長《しちやう》ハ市參事會の事務《じむ》を專決《せんけつ》處分し次回《じくわい》の會議に於て其處分を報告《ほうこく》す可し

第六十九條　市參事會員ハ市長《しちやう》の職務《しよくむ》を補助《ほじよ》し市長故障《こしやう》あるときハ之を代理《だいり》す

市長は市會の同意《どうい》を得て市參事會員をして市行政事務《しぎやうせいじむ》の一部《ぶ》を分掌《しやう》せしむることを得此場合《このばあひ》に於てハ名譽職會員は職務取扱《しよくむとりあつかひ》の爲めに要する實費辨償《じつぴべんしやう》の外勤務《ほかきんむ》に相當する報酬《ほうしう》を受くることを得

市條例《しでうれい》を以て助役《じよやく》及名譽職會員の特別《とくべつ》なる職務並《ならびに》市長代理《しちやうだいり》の順序《じゆんじよ》を規定《きてい》す可し若《も》し條例の規定なきときは府縣知事《ふけんちじ》の定《さだ》むる所に從ひ上席者之《じやうせきしやこれ》の代理《だいり》す可し

第七十條　市收入役《しうにふやく》ハ市の收入を受領《じゆりやう》し其費用の支拂《しはらひ》を爲し其他會

ハ市參事會ノ議決ニ關係シテ其當不當ヲ辨明スルノ權アルモノナリ〔召集〕ヨリアツメル〔準備〕前ヨリ仕度シテ其時ノ間ニ合フヨウニスル〔急施〕ヲ要スル〔至急〕ニ施行セネバナラヌトキ市長ガ自ラ決シテ之ヲ處分シ次ノ會議アルトキ其趣ヲ市參事會員ニ報知スルヿガナルナリ〔實費辨償〕其職務ヲ行フニツキ入リタル入費ヨリモ外ニ相當ノ禮金ヲ受クルヿカ出キル〔第七十條〕收入役ハ今マデノ徴收係ノ如ク諸上

計事務《じむ》を掌《つかさど》る

第七十一條　書記ハ議長《ぎちやう》に屬《ぞく》し庶務を分掌《ぶんしやう》す

第七十二條　區長《くちやう》及其代理者《そのだいりしや》（第六十條）ハ市參事會の機關《きくわん》となり其指揮《しき》命令を受けて區内に關《くわん》する市行政事務《しぎやうせいじむ》を補助執行《ほじよしつかう》するものとす

第七十三條　委員《ゐゐん》ハ（第六十一條）市參事會の監督《かんとく》に屬し市行政事務《しぎやうせいじむ》の一部を分掌《ぶんしやう》し又ハ營造物《えいざうぶつ》を管理し若くハ監督《かんとく》し又は一時の委託《ゐたく》を以て事務《じむ》を處辨《べん》するものとす

市長ハ隨時《ずゐじ》委員《ゐゐん》會に列席《れつせき》して議決に加ハり其議長たるの權《けん》を有す

常設委員《じやうせつゐゐん》の職務權限《けんげん》に關してハ市條例を以て別段《べつだん》の規定《きてい》を設《まう》くることを得

第七十四條　市長ハ法律命令《はふりつめいれい》に從ひ左の事務《じむ》を管掌《くわんしやう》す

一　司法警察補助官《しはふけいさつほじよくわん》たる職務及法律命令に依て其管理《そつくわんり》に屬する地方警察《ちはうけいさつ》の事務但別《べつ》に官署《くわんしよ》を設《まう》けて地方警察事務を管掌せしむるときは此限《このかぎり》に在《あ》らず

納物ヲ受ケテ領收シ又支拂等ヲナス也（第七十二條）區長及代理者ハ其區ノ行政事務ニ付テハ最モ注意セネバナラヌユヱニ市參事會ノ補助員トナリテ手助ケヲセネバナラヌ（第七十三條）委員ハ其事務ニツキ他議員ノ知ラサル所マテ調ベルナリ又委員ノ行狀其事件ノ正當ナルヤ否ヲ取締リテ平生ニ視察スルモノナリ（委託）タノミ（處辨）トリサバク（管掌）ツカサドル（浦役塲）海濱ニ屬スルスベテノ事務難波船

二　浦役塲《うらやくば》の事務《じむ》

三　國の行政《ぎやうせい》並《ならび》に府縣《ふけん》の行政にして市に屬する事務《じむ》但別《たゞしべつ》に吏員の設《まう》けあるときは此限《このかぎり》に在らず

右《みぎ》の三項中《かうちう》は事務監督《かんとく》官廳《くわんちやう》の許可《きよか》を得て之を市參事會員の一名に分掌せしむることを得

本條に揭載《けいさい》する事務を執行《しつかう》するが爲めに要《えう》する費《ひ》用は市の負擔《ふたん》とす

第三款　給料《きふれう》及給與《きふよ》

第七十五條　名譽職員《めいよしよくゐん》は此法律中別《べつ》に規定《きてい》あるものを除《のぞ》くの外職務取扱《とりあつかひ》の爲めに要《えう》する實費《じつぴ》の辨償《べんしやう》を受くることを得

實費辨償額《じつぴべんしやうがく》及報酬額《ほうしうがく》は市會之を議決す

第七十六條　市長助役其他《そのた》有給吏員《いうきふりゐん》及使丁《してい》の給料額《がく》は市會の議決を以《もつ》て之《これ》を定む

市會の議決を以《もつ》て市長の給料額《がく》を定むるときは內務《ないむ》大臣の許可《きよか》を受くることを要《えう》す若し之を許可《きよか》す可からずと認《みと》むるときは內務大

ノ取扱其他漂流物ノ取締リ場ナリ〔分掌〕分ケテツカサドル〔負擔〕引受ルコト〔給料〕定マリテ居ル月給等〔第三款給與〕此法律ニ於テ言フ所ノ給與ハ實確ノ償或ハ報酬等ヲ云フ〔費定〕ハッキリサダメル〔市會ノ議決〕市會ニ於テ助役ノ給料ヲ定ムルモノ知事ノ許可ナカル可ラズ知事思フ所アレハ府縣參事會ニ於テ議決セシメ確定ス〔第七十七條〕又市條例ハ退隱料ヲモ定ムル也〔第七十八條〕有給吏員カ給與ニ

臣之を確定《くわくてい》す

市會の議決を以《もつ》て助役の給料額《がく》を定《さだ》むるときハ府縣知事《ちじ》の許可を受くることを要《えう》す府縣《ふけん》知事に於《おい》て之を許可す可からずと認《みと》むるときハ府縣參事會《さんじくわい》の議決に付《ふ》して之を確定《くわくてい》す

市長助役其他《そのた》有給吏員《りゐん》の給料額《がく》は市《し》條例を以て之を規定《きてい》することを得

第七十七條　市條例の規定《きてい》を以て市長《しちやう》其他有給《いうきう》吏員の退隱料《たいへんれう》を設《まう》くることを得

第七十八條　有給《いうきよ》吏員の給料《きよれう》、退隱料其他第七十五條に定《さだ》むる給與に關《くわん》して異議《いぎ》あるときハ關係《くわんけい》者の申立に依り府縣《ふけん》參事會之を裁決《さいけつ》す其府縣參事會の裁決に不服《ふへく》ある者ハ行政裁判所《さいばんしよ》に出訴《しゆつそ》することを得

第七十九條　退隱料《たいへんれう》を受くる者《もの》官職又ハ府縣郡市《ぐんし》町村及公共《きよう》組合の職務《しよくむ》に付き給料《きよれう》を受くるときハ其間之《これ》を停止《ていし》し又ハ更《さら》に退隱《たいへん》料を受くるの權《いん》を得るときハ其額舊《かくきう》退隱料と同額《どうがく》以上なるときハ舊《きう》退隱

關シテ異議アルキハ上申立ノ次第ニヨリテハ府縣參事會之ヲ裁決ス其裁決ニ不服ナル者ハ行政裁判所ニ出訴スルヿガデキル〔退隱料〕ヤクヲシリゾキテカラ働功ニヨリ之ヲ給ス〔第七十九條〕退隱料ヲ受クル者ガ官職又ハ府縣郡市町村等ノ職務ニ付キ給料ヲ受クルトキハ其間之ヲトヾメルベメル〔其額〕ソノ退隱料金ダカ〔報酬〕功勞ニムクユル〔辨償〕ワキマヘツクナフ〔第四章第一款市有財產一一市ニ於テ之ヲ使用

料は之を廢止《はいし》す

第八十條　給料《きふれう》、退隱料、報酬《はうしう》及辨償は總《すべ》て市の負擔《ふたん》とす

第四章　市有財產《しいうざいさん》の管理《くわんり》

第一款　市有《しいう》財產及市稅《しぜい》

第八十一條　市は其不動產《ふどうさん》、積立《つみたて》金穀《こく》等を以て基《き》本財產《さん》と爲し之を維持《ゐぢ》するの義《ぎ》務《む》あり
臨時《りんじ》に收入《しうにふ》したる金穀《こく》は基本《きほん》財產に加《か》入す可し但寄附《きふ》金等寄附者其使用《しよう》の目的を定《さだ》むるものは此限《このかぎり》に在らず

第八十二條　凡市有財產は全市《ぜんし》の爲めに之を管理《くわんり》し及共用《きやう》するものとす但特《とく》に民法上の權理《けんり》を有《いう》する者あるときは此《この》限に在らず

第八十三條　舊來《きうらい》の慣行《くわんかう》に依り市住民中特《とく》に其市有の土地物件《ぶつけん》を使用する權理《けんり》を有する者あるときは市會《しくわい》の議決を經《へ》るに非《あら》ざれば其舊慣《きうくわん》を改《あら》むることを得ず

第八十四條　市住民中特《とく》に市有の土地《とち》物件《ぶつけん》を使用する權利《けんり》を得んとする者《もの》あるときは市條例《しでうれい》の規定《きてい》に依り使用料若《もし》くは一時《じ》の加入金

を徴收《ちやうしう》し又ハ使《し》用料加《か》入金を共《とも》に徴收して之を許可《きよか》することを得但特《とく》に民法上使用《しよう》の權利を有する者《もの》ハ此《この》限に在《あ》らず

第八十五條　使用權《しようけん》を有する者《もの》ハ（第八十三條、第八十四條）使用《しよう》の多寡《たくわ》に準《じゆん》じて其土地物件《ぶつけん》に係《かゝ》る必要《ひつえう》なる費用を分擔《ぶんたん》す可きものとす

第八十六條　市會ハ市《し》の爲《た》めに必要《ひつえう》なる場合《ばあひ》に於てハ使《し》用權（第八十三條、第八十四條）を取上《とりあ》げ又《また》ハ制《せい》限することを得但特《とく》に民法上使用《しよう》の權利《けんり》を有する者ハ此限《かぎり》に在《あ》らず

第八十七條　市有財產の賣却貸與《ばいきやくたいよ》又の建築《けんちく》工事及物品調達《ぶつぴんてつたつ》の請負《うけおひ》ハ公《おほや》けの入札《にふさつ》に付す可し但臨時《りんじ》急施《きふし》を要するとき及入札の價額《かかく》其費《ひ》用に比《ひ》して得失《とくしつ》相償《つぐな》はざるとき又は市會の認許《にんきよ》を得るときは此《この》限に在《あ》らず

第八十八條　市《し》は其必要なる支出《しゝゆつ》及從前《じゆぜん》法律命令に依て賦課《ふくわ》せられ又は將來《しやうらい》法律勅令《ちよくれい》に依て賦課《ふくわ》せらるゝ支出を負擔《ふたん》するの義務《ぎむ》あり市は其財產《そのざいさん》より生ずる收入《しうにふ》及使用料《しようれう》、手數料《てすうれう》（第八十九條）並科料過《くわ》

シ收益シ處分スルコトガデキヌモノ〔不動產〕地所建物ナリ〔積立金穀〕積金貯畜ノ穀物等〔基本財產〕モトノ財產〔維持スル〕其財產ノ消耗滅盡セヌ方法ヲ爲シテ長ク保チヲク〔寄附〕人民ノ義損スルモノナリ〔舊來ノ慣行〕古ヘヨリ行ヒ來ル習ヒ〔使用料〕他人ノ物件ヲ使用シテ自己ヲ富シ以テ之レエ償ハサルハ不義ノ富ナリ〔賣却〕ウリハラフ〔貸與〕カシアタヘル〔得失相償ハサルトキ〕出スヿ多クシテウル所少

ナク損アルヲ云フ〔支出〕賦課セラルヽニヨツテ出ス金ナリ〔負擔〕ヒキウケ〔財産ヨリ生シル〕市有ノ土地ヲ賃貸シ又ハ又ハ穀類等ヲ貸シテ得ル所ノ利純ナリ〔市ニ屬スル〕市デ勝手ニ處分スルヿガデキルモノ〔猶不足〕マダヽラヌ〔數個人〕五六人〔徵收〕トルコト〔所有物〕處分シ收益シ得可キ權アルモノ〔特別税〕是ハ市限リ税目ヲ起シテ賦課スルモノナリ〔第九十一條〕此法律ニサダメテナキ所ノ細則ハ

怠金《たいきん》其他法律勅令に依り市《し》に屬《ぞく》する收入《しうにう》を以て前項《ぜんかう》の支出に充《あ》て猶《なほ》不足《ふそく》あるときは市《し》税《ぜい》（第九十條）及夫役《ふやく》現《げん》品（第百一條）を賦課徵《ふくわちやう》收《しう》することを得

第八十九條　市は其所有物《そのしよいうぶつ》及營造物の使用《しよう》に付《つき》又は特に數個人《すこじん》の爲めにする事業《じげう》に付《つき》使用料又は手數《てすう》料を徵收《ちやうしう》することを得

第九十條　市税《しぜい》として賦課《ふくわ》することを得べき目左《もくさ》の如《ごと》し

一　國税《こくぜい》府縣税の附加税《ふかぜい》

二　直接《ちよくせつ》又は間接《かんせつ》の特別《とくべつ》税

附加税は直接《ちよくせつ》の國税又《こくぜいまた》は府縣税に附加し均《きん》一の税率《りつ》を以《もつ》て市の全部《ぶ》より徵收《ちやうしう》するを常例《じやうれい》とす特別税を附加税の外別《ほかべつ》に市限《しかぎ》り税目を起《おこ》して課税《くわぜい》することを要《えう》するとき賦課《ふくわ》徵收するものとす

第九十一條　此法律《このはうりつ》に規定せる條項《でうかう》を除《のぞ》くの外使用料、手數料（第八十九條）特別税《とくべつぜい》（第九十條第一項第二）及從前の區町村費《ちやうそんひ》に關する細則《さいそく》は市條例を以《もつ》て之を規定《きてい》す可し其條例には科料《くわれう》一圓九十五錢以下の罰則《ばつそく》を設《まう》くることを得

市條例ヲ以テ之ヲサダムベキナリ此條例ニハ普通刑法ノ違警罪ノ如ク一圓九十五錢以下ノ罰則ヲ設クルコトガデキル〔規定〕サダメル〔處分〕申シサダムル〔交付〕テワタシ〔三月〕以上云々〔市内〕ニ三ケ月以上止宿シオル者ハ市税ヲ出スノ義務アリ〔滯在ノ初ニ遡リ〕三ケ月メヨリ差出スニアラズシテ到着ノ日ヨリ差出スナリ〔店舗ヲ定メサル行商〕一定ノ場所ニ商店ヲ設ケズ常ニ出賣リスルモノ〔所得〕其營業ニ

科料《くわれう》に處し及之を徴收《ちやうしう》するは市參事會之を掌る其處分《そのしよぶん》に不服《ふく》ある者は令狀交付後《かうよご》十四日以内に司法《しはう》裁判所に出訴《しゆつそ》することを得

第九十二條　三ケ月以上《いじやう》市内を滯在《たいざい》する者は其市税《そのしぜい》を納《おさ》むるものとす但其課税《くわぜい》は滯在《たいざい》の初に遡《さかのぼ》り徴收す可し

第九十三條　市内《しない》に住居を搆《かま》へず又は三ケ月以上《いじやう》滯在することとなしと雖も市内に土地家屋《とちかをく》を所有し又は營業《えいげふ》を爲す者《もの》（店舗《てんぽ》を定めざる行商《かうしやう》を除《のぞ》く）は其土地家屋營業《とちかおくえいげふ》若くは其所得に對《たい》して賦課《ふくわ》する市税を納《をさ》むるものとす其法人《はうじん》たるときも亦同《またおな》し但郵便電信《いうびんでんしん》及官設《せつ》鐵道《てつだう》の業《げふ》は此限《かぎり》に在らず

第九十四條　所得税《しよとくぜい》に附加税を賦課し及市《し》に於《おい》て特別に所得税を賦《ぶ》課《くわ》せんとするときは納税者《なうぜいしや》の市外に於《お》ける所有《しよいう》の土地家屋又は營《えい》業《げふ》（店舗《てんぽ》を定めざる商を除《のぞ》く）より收入する所得は之《これ》を控除《こうじよ》す可きものとす

第九十五條　數市町村《すうしちやうそん》に住居を搆《かま》へ又は滯在《たいざい》する者に前條の市税《しぜい》を賦《ぶ》課するときは其所得《しよとく》を各市町村に平分《へいぶん》し其一部分《ぶぶん》にのみ課税す

ヨツテ得ル所ノ利益〔賦課スル〕ワリツケルヿ〔滞在〕トヾコウリヲル者〔市税ヲ免除ス〕市税ヲユルス〔公共組合ニ屬シタル云々〕公益ヲ圖ルニ出テタルモノナルヲ以テ免除スル〔慈善ノ用ニ供スル〕世ノ貧民ヲ惠ム爲ニ設ケタルモノ〔官有〕官ノ所有ニ係ルモノナリ〔美術〕彫刻及繪畫石盤摺〔荒蕪〕アレチ〔皇族〕天皇陛下ノ一族〔第九十九條〕一項ハ修築幷ニ保存ノヿヲ數箇ノ使用者ニ任シ次項ハ不動産ヲ其

可し但土地《とち》家屋又ハ營業《ゑいげう》より收入する所得《しよとく》ハ此《この》限に在《あ》らず

第九十六條　所得税法《しよとくぜいはう》第三條に揭《かゝ》ぐる所得ハ市税を免除《めんじよ》す

第九十七條　左《さ》に揭ぐる物件《ぶつけん》ハ市税を免除す

一　政府《せいふ》、府縣郡市町村及《ぐんしちやうそんおよび》公共組合《こうきようくみあひ》に屬し直接《ちよくせつ》の公用に供《きよ》する土地《とち》、營造物《ゑいげうぶつ》及家屋

二　社寺《しやじ》及官立公立の學校病院其他學藝《がくこうびやうゐんそのたがくげい》、美術及慈善《じぜん》の用に供《きよう》する土地《とち》、營造物《ゑいざうぶつ》及家屋

三　官有《くわんいう》の山林《さんりん》又は荒蕪地《くわうぶち》但官有山林又は荒蕪地の利益《りえき》に係《かゝ》る事業《じげう》を起《おこ》し内務《ないむ》大臣及大藏大臣の許可《きよか》を得て其費用《ひよう》を徴收《ちやうしう》するは此限《このかぎり》に在《あ》らず

新開地《しんかいち》及開墾地《かいこんち》は市條例に依《よ》り年月を限《かぎ》り免税することを得

第九十八條　前二條の外《ほか》市税を免除《めんじよ》す可きものは別段《べつだん》の法律勅令《はふりつちよくれい》に定むる所《ところ》に從ふ皇族に係《かゝ》る市税の賦課《ふくわ》は追《おつ》て法律勅令を以《もつ》て定むる迄現今《までげんこん》の例《れい》に依る

第九十九條　數個人《すこじん》に於て專《もつぱ》ら使用する所の營造物《ゑいざうぶつ》あるときは其修《そのしう》

區內ニ所持スルモノ幷ニ住居シ又ハ滯在スルモノニ命スル也〔免稅理由〕開墾ノ地ヲ以テ免稅シ又ハ有稅ノ土地カ學校或ハ慈善ノ爲ニ用ユル土地ニナリタルトキ也〔會計年度〕會計上ニ於テ一年ニ二回決算報告ヲナスモノナリ〔第百一條〕市ハ市住民ヲ以テ一小關結ヲ爲シテ法律上見ヲ以テ一個ノ有形人ト同視セリ故ニ市ノ貧富利害ハ市民ノ貧富利害ナリ故ニ市民ハ市公共ノ利益ノ爲ニスル事業ニ付テハ人夫

築《ちく》及保存《ほぞん》の費用は之を其關係者《そのくわんけいしや》に賦課す可し市內《しない》の一區に於て專《もつ》ら使用《しよう》する營造物《えいざうぶつ》あるときは其區內に住居《ぢうきよ》し若くは滯在《たいざい》し又は土《と》地《ち》家屋を所有し營業《えいげふ》（店舗《てんぽ》を定めざる行商《かうしやう》を除《のぞ》く）を爲す者《もの》に於て其修築《そのしうちく》及保存《ほぞん》の費用《ひよう》を負擔す可し但其一區の所有財產《しよいうざいさん》あるときは其收入を以《もつ》て先《ま》づ其費用《ひよう》に充《あ》つ可し

第百條　市稅は納稅義務《なふぜいぎむ》の起りたる翌月《よくげつ》の初より免稅理由《めんぜいりいう》の生じたる月の終迄月割《をはりまでつきわり》を以《もつ》て之を徵收《ちやうしう》す可し

會計年度《ねんど》中《ちう》に於て納稅義務《なふぜいぎむ》消滅《せうめつ》し又は變更《へんかう》するときは納稅者より之を市長に屆出《とゞけい》づ可し其屆出《とゞけいで》を爲《な》したる月の終迄《をはりまで》は從前の稅を徵《ちやう》收《しう》することを得

第百一條　市公共の事業《じげふ》を起《おこ》し又は公共の安寧《あんねい》を維持《ゐぢ》するが爲めに夫役及現品《げんぴん》を以《もつ》て納稅者に賦課《ふくわ》することを得但學藝《がくげい》、美術《びじゆつ》及手工《しゆこう》に關する勞役《らうえき》を課《くわ》することを得ず

夫役及現品《げんぴん》は急迫《きふはく》の場合《ばあひ》を除くの外直接市稅を準率《じゆんりつ》と爲し且之を金額《きんがく》に算出《さんしゆつ》して賦課す可し

ヲ出シ又ハ現品等ヲ出シテ賛助スルノ公義務アル者ナリ（一美術及手工云々（一公益ノ義務ニハ多クノ金錢ヲ以テシ之レニテ不足スルヿハナキモノナリ故ニ自ラ有スル技藝又ハ手細工等ヲ以テ公義務ト相殺スルヿヲ得ス然レ圧勞力ヲ以テ盡スハ自由ナリ（一夫役（一之レハ本人ニテモ、代人ニテモヨロシ（一第百二條（一市ニ於テ收入スベキモノ定期内ニ於テ納メズ又ハ督促スルモ完納セザルトキハ怠納處分トテ其財產ヲ公

夫役《ふやく》を課せられたる者は其便宜《べんぎ》に從《したが》ひ本人自《みづか》ら之に當《あた》り又は適當《てきたう》の代人《だいにん》を出すことを得又急迫《きうはく》の場合《ばあひ》を除くの外《ほか》金圓を以《もつ》て之に代《か》ふることを得

第百二條　市に於て徵收《ちやうしう》する使用料《しようれう》、手數料《てすう》（第八十九條）市稅《しぜい》（第九十條）夫役に代《か》ふるの金圓（第百一條）共有物使用料《きようゆうぶつしようれう》及加入金（第八十四條）其他《たし》市の收入を定期内《ていきない》に納《をさ》めざるときは市參事會は之を督促《とくそく》し猶之を完納《くわんなふ》せざるときは國稅滯納處分《たいなふしよぶん》法に依り之《これ》を徵收《ちやうしう》す可し其督促《そのとくそく》を爲《な》すには市條例の規定《きてい》に依《よ》り手數料を徵收することを得

納稅者《なふぜいしや》中無《ちうむ》資力《ありよく》なる者あるときは市參事會の意見《いけん》を以て會計年度《ねんど》内《ない》に限《かぎ》り納稅延期《えんき》を許《ゆる》すことを得其年度を越《こ》ゆる場合《ばあひ》に於ては市會の議決《ぎけつ》に依《よ》る

本條に記載《きさい》する徵收金の追徵《ついちやう》、期滿《きまん》得免及先取《せんしゆ》特權に付《つい》ては國稅に關《くわん》する規則を適用《てきよう》す

第百三條　地租《ちそ》の附加稅《ふかぜい》は地租の納稅者に賦課《ふくわ》し其他《たと》土地《ち》に對《たい》して

賦課する市税《しぜい》は其所有者《しよいう》又は使用者《しようしや》に賦課することを得

第百四條　市税《しぜい》の賦課に對《たい》する訴願《そぐわん》は賦課令状《れいじやう》の交付後《かうふご》三ヶ月以内に之《これ》を市參事會に申立《まをした》つ可し此期《このき》限を經過《けいくわ》するときは其年度内減《ないげん》税《ぜい》免税市償還《しやうくわん》を請求《せいきう》するの權利《けんり》を失ふものとす

第百五條　市税《しぜい》の賦課及市の營造物《えいざうぶつ》、市有《しいう》財産並其所得を使用《しよう》する權利《けんり》に關する訴願《そぐわん》は市參事會之《これ》を裁決《さいけつ》す但民法上の權利に係《かゝ》るものは此限《このかぎり》に在らず

前項《ぜんかう》の裁決に不服《ふふく》ある者は府縣參事會に訴願《そぐわん》し其府縣參事會の裁《さい》決《けつ》に不服ある者《もの》は行政裁判所《さいばんしよ》に出訴することを得

本條の訴願《そぐわん》及訴訟《そしよう》の爲めに其處分の執行《しつかう》を停止《ていし》することを得ず

第百六條　市に於て公債《こうさい》を募集《ぼしふ》するは從前《じゆうぜん》の公債元額《かく》を償還する爲め又は天災時《てんさいじ》變等已《へんとうや》むを得ざる支出《しゝゆつ》若くは市の永久《えいきう》の利益《りえき》となる可き支出を要《えう》するに當《あた》り通常《つうじやう》の歳入を増加《ぞうか》するときは其市住民の負擔に堪《た》へざるの場合《ばあひ》に限るものとす

市會に於て公債募集《こうさいぼしふ》の事を議決するときは併《あは》せて其募集《ぼしふ》の方法利《り》

賣ニ付ス等ノ手續ヲナスナリ〔無資力〕財産ナキモノ〔期滿得免〕若干ノ年間權利者其權利ノ執行ヲ爲サズ義務者義務ヲ盡ズ其儘ニシテアルヲ以テ法律上已ニ權利者ノ權利ヲ抛棄シタルモノトシテ其取タテヲ免ルモノトス〔先取特權〕身代限ノトキニ他ニサキダチテトリタテル權〔第百三條〕本條ハ税ノ附加法ヲ示ス〔所有者〕土地ヲモッテオル者〔使用者〕土地ヲツカフテオルモノ〔第百四條〕本條ハ賦課ニ對ス

ル訴願ヲナス期限ヲ定ム〔交付後〕ワタシタルノチ〔償還〕ツグナヒカヘス〔第百五條〕市有財產ハ市區一般ニ所有スル財產ナリ〔第百六條〕本條ハ市稅ノワリツケ市ノ營造物市有財產等ノ權利ニ關ル訴訟ノ管轄ト其裁判ニ不服者ノ訴訟ノ裁判所ヲ示スナリ而シテ其裁判執行ニ付テハ之ヲ停止スルヿヲエルサヌト云フヿ〔元額〕元トノアリダカ〔天災〕風雨等ノワザハヒ〔時變等〕時候ノ不順ナド〔負擔ニ堪ヘザル〕ヒ

息《そく》の定率《ていりつ》及償還の方法を定む可し償還《しやうくわん》の初期は三年以《ねんい》內《ない》と爲し年々償還の步合《ぶあひ》を定め募集の時より三十年《ねん》以內に還了《くわんれう》す可し定額豫《ていかくよ》算《さん》の支出を爲すが爲め必要《ひつえう》なる一時の借《かり》入金は本條の例《れい》に依《よ》らず其年度《そのねんど》內《ない》の收入を以《もつ》て償還す可きものとす但此場合《このばあひ》に於《おい》ては市會の議決《ぎけつ》を要《えう》せず

第二欵　市の歲入出豫《しゆつよ》筭及決筭《けつさん》

第百七條　市《し》參事《さんじ》會は每會計年度《ねんど》收入支出の豫知《よち》し得可き金額を見《み》積《つも》り年度《ねんど》前《ぜん》二ヶ月を限り歲入《さいにふ》出豫筭表を調製《てうせい》す可し但市の會計年度《ど》は政府《せいふ》の會計年度に同《おな》じ

內務大臣は省令を以《もつ》て豫《よ》筭表調製《てうせい》の式《しき》を定むることを得

第百八條　豫《よ》筭表は會計年度《ねんど》前市會の議決《ぎけつ》を取《と》り之《これ》を府縣知事に報《はう》告《こく》し並地方慣行《ちはうくわんかう》の方式を以《もつ》て其要領《えうりやう》を公告す可し

豫《よ》筭《さん》表を市會に提出《ていしゆつ》するときは市參事會は併《あは》せて其市の事務《じむ》報告《こく》書《しよ》及財產《ざいさん》明細表《へう》を提出す可し

第百九條　定《てい》額豫筭外《ぐわい》の費《ひ》用又《ようまた》は豫筭の不足あるときは市會の認定《にんてい》

キウケガタキ〔定率〕他ノ利息ノナミヲ以テ利息ヲサダメル〔豫算〕マヘカド計算ヲ立テル〔第二欵第百七條〕本條ハ市參事ハ會計年度ゴトニ年度ノウケハラヒ金ノ豫算ノデキルタカヲ見積リ二ケ月前ニ其豫算表ヲコシラヘルヲ云フ〔省令〕内務省ノ法令〔式〕カキカタ〔第百八條〕豫算表ハ會計年度ノ前ニ市會ニ於テヒヨウギヲシテ府縣知事ニシラシ又其地方ニシキタリノ方式ヲ以テ其カナメノ處ヲ公告スベ

を得て之《これ》を支出《しゆつ》することを得
定額豫算中《ちう》臨時の場合《ばあひ》に支出するが爲《た》めに豫備費《よびひ》を置《お》き市參事會は豫め市會の認定を受《う》けずして豫算《よさん》外の費用《ひよう》又は豫算超過《よさんてう》の費用に充《あ》つることを得但市會の否決したる費途《ひと》に充《あ》つることを得《え》ず

第百十條　市《し》會に於て豫算表《さんへう》を議決したるときは市長より其謄寫《そのとうしや》を以《もつ》て之《これ》を收入役に交付《かうふ》す可し其豫算表中監督《かんとく》官廳若《もし》くは參事會の許可を受《う》くべき事項《かう》あるときは（第百二十一條より第百二十三條に至《いた》る）先《ま》づ其許可《きよか》を受く可し
收入役《しうにふ》は市參事會（第六十四條第二項第三）又《また》は監督《かんとく》官廳の命令《めいれい》あるに非《あら》ざれば支拂《しはらひ》を爲《な》すことを得ず又收《またしう》入役は市參事會の命令《めいれい》を受くるも其《その》支出豫算表《よさんへう》中に豫定《よてい》なきか又は其命令第百九條の規定《きてい》に據《よ》らざるときは支拂《しはらひ》を爲《な》すことを得ず
前項《ぜんかう》の規定に背《そむ》きたる支拂《しはらひ》は總《すべ》て收入役の責任《せんにん》に歸《き》す

第百十一條　市の出納《すいのふ》は毎月《まいげつ》例日を定めて檢査《けんさ》し及毎年少くも一回臨時檢査《りんじけんさ》を爲す可し例月檢査《けんさ》は市長又は其代理《そのだいり》者之《これ》を爲し臨時檢

シ〔第百九條〕キマヽノ入費ダガア外ニ入用カ又ハ豫算ノ不足アルトキハ市會ニ於テ之ヲミトメヲ得テ之ヲ支出スルヿガデキル〔超過〕コヘスギル〔否決〕其事ハデキヌトキマリタルコト〔第百十條〕市會ニ於テ豫算表ヨシトキマリタルトキハ市會長ヨリ其ウツシヲ以テ之ヲ金銀受取ヤクニワタス若シ豫算表中ニ監督官廳ナドノユルシヲウケルコトガアルトキハ第百二十一條ヨリ第百二十三條マデノ手續キニ依リユ

査は市長又《また》は其代理者の外《ほか》市會の互撰《ごせん》したる議員一名以上の立會《たちあひ》を要《えう》す

第百十二條　決算《けつさん》の會計年度《ねんど》の終《をわ》より三ヶ月以内《いない》に之を結了《けつれう》し證書類を併《あは》せて收入役より之《これ》を市參事會に提出し市參事會は之《これ》を審査《しんさ》し意《い》見《けん》を附して之《これ》を市會の認定に付す可し其《その》市會の認定《にんてい》を經たるときは市長より之《これ》を府縣知事に報告す可し

決算《けつさん》報告を爲《な》すときは第三十八條及第四十三條の例《れい》に準《じゆん》じ市參事會員故障《こしやう》あるものとす

第五章　特別の財産《ざいさん》を有《いう》する市區の行政《ぎやうせい》

第百十三條　市内の一區にして特別に財産を所有《しよいう》し若くは營造物《えいざうぶつ》を設《まう》け其區限り特に其費用《ひよう》(第九十九條)を負擔するときは府縣參事會は其市會の意見《いけん》を聞き條例を發行《はつかう》し財産及營造物《えいざうぶつ》に關する事務《じむ》の爲め區會を設くることを得《う》其《その》會議は市會の例《れい》を適用《てきよう》することを得

第百十四條　前條に記載《きさい》する事務《じむ》は市の行政《ぎやうせい》に關する規則に依《よ》り市

ユルシヲウクベシ〔謄寫〕ウツシ〔事項〕コトガラ〔收入役〕金員ウケトリヤク〔命令〕イヒツケ〔規定〕サダメ〔責任〕ヤクメノツトメ〔第百十一條〕市ニテ取扱フ扱方收入方ハ毎月キマリノ日ヲ定メテシラベ又毎年ゼヒ一回ハシラベヲスベシ〔互撰〕市會ニ於テエラミダル〔第百十二條〕カンデヤウノ年度ノ終リヨリ三ケ月ヲスギザル内ニ之ヲスマシテ證書類ヲミナ收入役ヨリ參市事會ニモチダシタンバ市參事會カ之

參事會之《これ》を管理す可し但區の出納《すゐなふ》及會計の事務《じむ》ハ之を分別《べつ》す可し

第六章　市行政《しぎやうせい》の監督

第百十五條　市行政は第一次《じ》に於て府縣《けん》知事之を監督し第二次《じ》に於て内務大臣《だいじん》之を監督す但法律《はふりつ》に指定したる場合《ばあひ》に於て府縣參事《さんじ》會の參與《さんよ》するは別段《だん》なりとす

第百十六條　此《この》法律中《ちう》別段の規定《てい》ある場合を除《のぞ》くの外《ほか》凡市の行政に關する府縣知事若くは府縣參事《さんじ》會の處分若《しよぶんもし》くは裁決に不服《ふふく》ある者《もの》は内務大臣に訴願《そぐわん》することを得

市の行政に關する訴願《そぐわん》は處分書若《しよもし》くは裁決書を交付《かうふ》し又は之を告知したる日より十四日以内《いない》に其《その》理由を具して之《これ》を提出す可し

但此法律中別《ちうべつ》に期《き》限を定《さだ》むるものは此限《このかぎり》に在らず

此《この》法律中に指定《してい》する場合《ばあひ》に於て府縣知事若《ちじもし》くは府縣參事會の裁決《さいけつ》に不服ありて行政《ぎやうせい》裁判所に出訴《しゆつそ》せんとする者は裁決書《さいけつしよ》を交付し又は之《これ》を告知《こくち》したる日より二十一日以内《いない》に出訴す可し

行政裁判所《さいばんしよ》に出訴することを許《ゆる》したる場合《ばあひ》に於ては内務大臣に訴《そ》

願《ぐわん》することを得ず

訴願《そぐわん》及訴訟《そしよう》を提出《ていしゆつ》するときは處分又は裁《さい》決の執行《しつかう》を停止《ていし》す但此法律中別《ちうべつ》に規《き》定《てい》あり又は當該官廳《たうがいくわんちやう》の意見に依り其停止《そのていし》の爲めに市の公益《こうえき》に害ありと爲《な》すときは此限《このかぎり》に在《あ》らず

第百十七條　監督官廳《かんとくくわんちやう》は市行政《しぎやうせい》の法律命令《めいれい》に背戻《はいれい》せざるや其事務錯亂澁滯《さんらんしよたい》せざるや否《いな》を監視《かんし》す可し監督官廳は之《これ》が爲めに行政事務に關して報告《はうこく》を爲さしめ豫算《よさん》及決算《けつさん》等の書類帳簿《ちやうば》を徴《ちやう》し並實地に就《つい》て事務の現況《げんきやう》を視察《しさつ》し出納《すゐたふ》を撿閲《けんえつ》するの權を有す

第百十八條　市に於て法律勅令《はふりつちよくれい》に依て負擔《ふたん》し又は當該官廳《たうがいくわんちやう》の職權に依て命令《めいれい》する所の支出《しゝゆつ》を定額豫算《ていがくよさん》に載《の》せず又は臨時之を承認《しようにん》せず又は實行《じつかう》せざるときは府縣知事は理由《りゆう》を示《しめ》して其支出額《しゝゆつがく》を定額豫算表《よさんへう》に加へ又は臨時《りんじ》支出せしむ可し市に於て前項《ぜんかう》の處分に不服《ふふく》あるときは行政《ぎやうせい》裁判所に出訴《しゆつそ》することを得

第百十九條　凡《およそ》市會又は市參事會に於て議決《ぎけつ》すべき事件《じけん》を議決せざるときは府縣參事《さんじ》會代《かはつ》て之《これ》を議決す可し

ヲシラベミコミヲ附ケ市會ノミトメニマハス其ミトメガスミタラバ之ヲ府縣知事ニツゲシラス〔結終〕ムスビヲツケデシマフ〔提出〕サシダス〔審査〕シラベル〔意見〕ミコミ〔例ニ準シ〕ハウソクニ倣ヒ〔第五章管理〕サハイヲスル〔第六章第百十五條〕市ノ行政ハ先ヅハシメニハ府縣知事之ヲ監督シ次ニ内務大臣之ヲ監督スルモノトサダム〔第百十六條別段ノ規程〕此市制ノ法律中別段ノサダメナキ場合ノ外

（市ノ行政）市ノマツリゴト（理由ヲ具シ）ワケガラヲ申立テヽ（執行ヲ停止ス）トリ行フヲトヾム（意見）ミコミ（市ノ公益）市一般ノ利エキ（第百十七條）本條ハ監督官廳ノ監視スベキ又ハ監督官廳ノ報告ヲナサシムル事ヲ説ク（背戻）ソムク（錯亂）ミダルヽ（澁滯）事務ガハカドラズ（徴シ）メシヨセ（現況）ソノバノモヨウ（視察）ミテモヨウヲシル（撿閲）シラベル（第百十八條）此ノ條ハ支出ヲ定額豫算ニ記載セ

第百二十條　內務《ないむ》大臣《だいじん》は市會を解散《かいさん》せしむることを得《う》解散を命《めい》じたる場合《ばあひ》に於ては同時《どうじ》に三ヶ月以內更《さら》に議員を改撰《かいせん》す可きことを命ず可し但改撰《かいしかいせん》市會の集會《しよくわい》する迄は府縣參事會市會に代《かはつ》て一切の事件を議決《ぎけつ》す

第百二十一條　左《さ》の事件《じけん》に關する市會の議決は內務《ないむ》大臣《だいじん》の許可《きよか》を受くることを要《えう》す

一　市條例《しでうれい》を設《まう》け並改正《かいせい》する事

二　學藝《げい》、美術《びじゆつ》に關し又は歷史《れきし》上貴重《きちやう》なる物品の賣却《ばいきやく》讓與《じやうよ》質入《しちいれ》書入《かきいれ》交換《かうくわん》若《もし》くは大なる變更《へんかう》を爲す事

前項《ぜんかう》第一の場合《ばあひ》に於ては勅裁《ちよくさい》を經て之を許可す可し

第百二十二條　左《さ》の事件に關する市會の議決は內務《ないむ》大臣《だいじん》及大藏大臣の許可《きよか》を受くることを要《えう》す

一　新《あらた》に市の負債《ふさい》を起《おこ》し又は負債額《がく》を增加《ぞうか》し及第百六條第二項の例《れい》に違《たが》ふもの但償還期限《しようくわんきげん》三年以內のものは此限《このかぎり》に在らず

二　市特別稅《しとくべつぜい》並使用料手數料、を新設《しんせつ》し增額《ぞうがく》し又は變更《へんかう》する事

ズ又ハ之ヲ承知セズ又ハ實地ニ之ヲ行ハザルトキナドノ場合アルトキノ處分法（負擔シ）ウケモチ（承認セズ）シヨウチセヌ（實行）實地ニ行フ（第百十九條）市會又ハ市參事會ニ於テ議決スベキ事ガラヲ議決セントキハ府縣參事會カ代テ之ヲ議決スベシト云フ（第百二十條）内務大臣ノ權ヲ以テ市會ヲヤメサスコトガデキルヿヲ示シ若シ解散ヲ命ジタルトキハ三ケ月ヲスギヌ内ニ更ニ議員ヲコシラヘルヿヲ命ズベシト

三　地租《ちそ》七分の一其他直接國税《ちよくせつこくぜい》百分の五十を超過《てうくわ》する附加税を賦課する事

四　間接國税《かんせつこくぜい》に附加税を賦課する事

五　法律勅令《ちよくれい》の規定に依り官廳《くわんちやう》より補助する歩合《ぶあひ》金に對し支出金額《かく》を定むる事

第百二十三條　左《さ》の事件に關する市會《しくわい》の議決は府縣參事《さんじ》會の許可を受くることを要す

一　市の營造物《えいざうぶつ》に關する規則《きそく》を設け並改正《かいせい》する事

二　基本財産《きほんざいさん》の處分《しよぶん》に關する事（第八十一條）

三　市有不動産《ふどうさん》の賣却《ばいきやく》讓與《じやうよ》並質入《しちいれ》書入を爲す事

四　各個人《かくこじん》特に使用する市有土地《とち》使用法《しようほう》の變更《へんかう》を爲す事（第八十六條）

五　各種《かくしゆ》の保証《はしよう》を與《あた》ふる事

六　法律勅令《ちよくれい》に依て負擔する義務《ぎむ》に非《あら》ずして向《むかよ》五ヶ年以上に亘り新《あらた》に市住民に負擔《ふたん》を課《くわ》する事

云フ〔第百二十一條〕內務大臣ノ許可ヲウケネハナラヌ事項ヲカヽゲル〔市條例〕市ノ法則〔學藝〕一般ノ學問ギゲイ〔美術〕製造物書圖等ナリ〔賣却讓與〕ウリハラヒ又ハユヅリアタヘ〔變更〕体面ヲカヘアラタム〔勅裁〕天子ノゴサイケツ〔第百二十二條〕此條ハ市會ノ議決ニ內務大臣大藏大臣ノ許可ヲ受ク可キコトガラヲ掲グ〔第百六條第二項ノ場合〕市會ニ於テ公債募集ノ事ヲ議決スルトキハ其募集ノ方

七　均《きん》一の税率《ぜいりつ》に據らずして國税《こくぜい》府縣税に附加税を賦課する事（第九十條第二項）

八　第九十九條に從《したが》ひ數個《すこ》人《にん》又は市內の一區に費用《ひよう》を賦課する事

九　第百一條の準率《じゆんりつ》に據《よ》らずして夫役及現品《げんぴん》を賦課《ふくわ》する事

第百二十四條　府縣知事《ちじ》は市長《しちやう》、助役《じよやく》、市《し》參事《さんじ》會員、委員、區長其他市《し》吏《り》員に對し懲《ちよ》戒處分《かいしよぶん》を行《おこな》ふことを得其懲戒處分は譴責《けんせき》及過怠《くわい》金とす其過怠金は二十五圓以下《いか》とす

追《おつ》て市吏員の懲戒法《ちやうかい》を設《まう》くる迄は左《さ》の區別に從《したが》ひ官吏懲戒例《ちやうかいれい》を適用す可し

一　市《し》參事《さんじ》會の懲戒處分（第六十四條第二項第五）に不服ある者《もの》は府縣知事《ちじ》に訴願《そくわん》し府縣知事の裁決《さいけつ》に不服ある者《もの》は行政裁判所に出訴《しゆつそ》することを得

二　府縣知事の懲戒《ちようかい》處分に不服ある者は行政裁判所《ぎやうせいさいばんしよ》に出訴することを得

三　本條《ほんでう》第一項に掲載《けいさい》する市吏員職務に違《たが》ふことと再三《さいさん》に及び又は

法利息ノキマリ及ヒツクナヒカヘシ方ヲ定ム〔特別税〕附加税ノ外ナリ〔間接國税〕國税ナレ𪜈スグニオサメヌモノ〔基本財産〕地所ナドノ不動産又積立金穀ナド〔均一ノ税率〕平等ノ税ノワリカタ〔數個人〕四五人〔市内ノ一區〕市ノ全部デナク一區内ニカギル〔準率〕ワリツケカタ〔第百二十四條〕府縣知事ガ市長其他ノ吏員ニ對シ懲戒處分ヲ行フヿカ出キルヲ示ス〔懲戒〕事務上ノシクジリナドニテ

其情状重き者又は行状を亂《みだ》り廉恥《れんち》を失《うしな》ふ者
財産《ざいさん》を浪費《らうひ》し其分を守らざる者又ハ職務擧《しよくむあが》らざる者は懲戒裁判を以て其職《しよく》を解《と》くことを得其隨時解職《ずゐじかいしよく》することを得可き者は(第六十三條)懲戒《ちようかい》裁判を以《もつ》てするの限《かぎり》に在《あ》らず
總《すべ》て解職せられたる者《もの》は自己《じこ》の所爲《しよゐ》に非ずして職務を執《と》るに堪《た》へざるが爲《ため》解職せられたる場合《ばあひ》を除《のぞ》くの外退隱料《ほかたいゝんれう》を受くるの權《けん》を失《うしな》ふものとす

四 懲戒裁判は府縣知事《けんちじ》其審問《しんもん》を爲《な》し府縣參事會之を裁決す其裁決に不服《ふふく》ある者は行政裁判所に出訴《しゆつそ》することを得
市長の解職に係《かゝ》る裁決ハ上奏《じやうそう》して之《これ》を執行《しつかう》す
監督《かんとく》官廳は懲戒裁判の裁決前吏員の停職《ていしよく》を命《めい》じ並給料を停止することを得

第百二十五條 市吏員《しりゐん》及使丁《してい》其職務を盡《つく》さず又ハ權限《けんげん》を越《こ》へたる事あるか爲め市に對《たい》して賠償《ばいしやう》す可きことあるときは府縣參事會之《これ》を裁決《さいけつ》す其裁決に不服ある者《もの》は裁決書を交付《かうふ》し又《また》は之を告知《こくち》したる

コラスダバニナスナリ〔譴責〕シカリセメル〔職務ニ違フヿ再三ニヤノムキノツトメカタニタガフコトガ二三度〔自已ノ所爲云々〕ジブンシタルヿデナクメ職務ヲトルヿガデキヌ爲メニ解職セラレタルバアヒ〔審問〕ギンミ〔第百二十五條〕市吏及ヒ使丁ナドガシヨクムニベンレイセズ又權限外ノ事ヲナシタル爲メ市ニ對シツクナヒヲスベキヿアルトキハ府縣參事會之ヲサバクヿ〔財産ヲ差押ユ〕其財産ヲサシオサ

巳より七日以内《いない》に行政裁判所に出訴《しゆつそ》することを得但《ただし》出訴を爲したるときは府縣參事會は假《かり》に其財産《そのざいさん》を差押《さしおさ》ふることを得

第七章　附則《ふそく》

第百二十六條　此法律《はうりつ》は明治二十二年四月一日より地方《ちはう》の情況《じやうけう》を裁酌し府縣知事の具申《ぐしん》に依《よ》り内務大臣《ないむだいじん》指定《してい》する地に之《これ》を施行す

第百二十七條　府縣參事會及行政裁判所を開設《かいせつ》する迄《まで》の間《あひだ》府縣參事會の職務《しよくむ》は府縣知事行政裁判所の職務は内閣《ないかく》に於《おい》て之《これ》を行ふ可し

第百二十八條　此法律《このはふりつ》に依り初て議員《ぎゐん》を撰擧《せんきよ》するに付市參事會及市會の職務幷市條例を以《もつ》て定《さだ》む可き事項は府縣知事《ちじ》又《また》は其《その》指名する官吏に於《おい》て之を施行す可し

第百二十九條　社寺宗教の組合《くみあひ》に關《くわん》しては此法律を適用《てきよう》せず現行《げんかう》の例規《れいき》及其地の習慣に從ふ

第百三十條　此法律中に記載《きさい》せる人口は最終《さいしゆ》の人口調査《てうさ》に依り現役軍人《ぐんじん》を除《のぞ》きたる數《すう》を云ふ

第百三十一條　現行《げんかう》の租稅《そぜい》中《ちう》此法律に於《おい》て直接稅又は間接稅《かんせつぜい》とす可

ユルナリ〔第七章附則〕本條ニツケタリノキソク〔地方ノ情況ニ裁酌シ〕其土地ノモヨウヲクミトリテ〔具申〕マウシタテ〔指定スル地〕サシサダメタルトコロ〔第百二十八條〕此法律ニヨリテ議員チエラムニ付市參事會及ビ市會ノヤクムキナドヲ定ムベキコトガラハ府縣知事又ハ其サシサダメタル官吏ガ之ヲホドコシ行フ〔百二十九條〕社寺定款ナドノ組合ニカヽルコトニハアテモチヒヌソレ等ノ事ニハ今マ◎

き類別《るいべつ》ハ內務大臣及大藏大臣之を告示す

第百三十二條　明治九年十月第百三十號布告各區町村《かくくちやうそん》金穀公借共有物取扱土木《どぼく》起功規則《きこうきそく》明治十一年七月第十七號布告郡區町村編制法第四條、明治十七年五月第十四號布告區町村會法、明治十七年五月第十五號布告、明治十七年七月第二十三號布告、明治十八年八月第二十五號布告其他此法律に抵觸《ていしよく》する成規《せいき》は此法律施行の日より總《すべ》て之を廢止《はいし》す

第百三十三條　內務大臣《ないむだいじん》は此法律實行の責《せめ》に任じ之が爲め必要《ひつえう》なる命令及訓令を發布《はつぷ》す可し

◎デアリ來ノキソク又ハ其土地ノ倣ヒニシタガフ〔第百三十條〕明治二十年ガ一番後ノシラベナレバ其シラベニヨリテイマ陸海軍ニアルモノヲノゾキテ云フ〔最終〕イチバンシマヒ〔百三十一條〕イマオコナハルヽ租稅ノ中ニテ此法律ニオイテ直接稅ト間接稅トスベキ類ヲ分ツハ追テ之ヲツゲシメズト云フ〔第百三十三條〕此法律ヲ行フハ內務大臣ガ其ヤクメナリ

町村制
〔第一章域區〕是ヨリ是マデトサカヒヲ立テル〔第一條〕町村ヲ法律上一個ノ人ト見做シ權利ヲ有シ義務ヲオヒスベテ町村一般ニカヽル事務ハ自ラ之ヲオサムルモノトス〔公共〕人々又ハ町村ヲサスナリ〔處理〕オサムル〔第三條〕町村ハ是マデノ區域ヲカヘズ其儘ニオクト雖圧此法律ヲ行ヒシヨリユクスヱニ已ムヲ得ズカヘネバナラヌヿアヲバ此法律ニナラヒテカヘルベシ〔準據〕ナルヲヒヨル

町《ちやう》村《そん》制《せい》

ヿ一第四條町村ノ廢置分合一是マデノ區域ヲ其儘ナガラヘ置ク可キ趣意ナレドモ其區域從フマヽニテ資力貧弱ニシテ負擔ニタヘズ獨立シテ自治ノ體ヲ全フスル能ハザルトキハ之ヲ廢シテトナリノ町村ニ合併シ又ハ二三ケ町村ヲ合シテ新ニ町村ヲ置キ本分ヲ盡スコトアルトキハ內務大臣ノ許可ヲ受ケテ之ヲ行フベシ一境界ノ變更一町村ノサカヒメヲカヘネバナラヌトキハ其サカヒニ關係アル町村會及其地主ノ意見ヲ聞

キ郡參事會之ヲ議決スル也〔第五條〕町村境界ニカヽルノシアラソヒハ郡參事會之ヲ裁決シ其二三郡ニモマタガルモノカ又ハ市ノサカヒニワタルモノハ府縣參事會之ヲサバクナリ〔第二欵町村住民〕町村ニ住居シ本籍ナシトイヘ𪜈凡ソ町村内ニ住居スルモノハ皆ナ之ヲ其町村住民トス〔民法上ノ權利〕相互ニ金穀貸借シ民上ノ權利義務ノヿニ至テハ此法律ニ定メタル限ニアラズ〔公權ヲ有ス〕日本國民タル者

町村制《ちやうそんせい》

第一章 總則《そうそく》

第一欵 町村《ちやうそん》及其區域《くゐき》

第一條 此法律《このはふりつ》は市制《しせい》を施行《しかう》する地を除《のぞ》き總《すべ》て町村に施行するものとす

第二條 町村は法律上一個人と均《ひとし》く權利《けんり》を有し義務を負擔し凡町村公共の事務は官の監督《かんとく》を受けて自ら之を處理するものとす

第三條 凡町村は從來の區域《くゐき》を存《そん》じて之を變更せず但將來其變更を要《えう》することあるときは此法律に準據す可し

第四條 町村の廢置分合《はいちぶんがふ》を要するときは關係ある市町村會及郡參事會の意見《いけん》を聞き府縣參事會之を議決し内務大臣の許可を受く可し

町村境界の變更《へんかう》を要《えう》するときは關係ある町村會及地主の意見を聞き郡參事會之を議決す其數郡《すうぐん》に涉《わた》り若くは市の境界《けいかい》に涉《わた》るものは府縣參事會之を議決《ぎけつ》す

町村の資力法律上《しりよくはふりつじやう》の義務を負《よ》擔《たん》するに堪へず又は公益上の必要あ

ノ權利〔公民〕町村住民中ニ在テ公務ニアヅカル權アリ又義務アル者ニシテスグニ國税一年ニ二圓以上ヲ納メ地租ヲ納メル者ヲ公民トス〔制限ヲ特免〕町村會ノヒヨウギヲ以テ一ケ年ノカギリヲベツダンニユルスコトガデキル〔治産ノ禁〕罪ヲ犯シテジブンノシンダイヲ自由ニスルコノデキヌ者〔第八條〕公民ハ町村ノ撰擧ニアヅカリ又名譽職ヲ擔任スルノ義務アリトス〔任期中〕六年ノ年限ノウチ〔正當ノ理由〕

るときは關係者の異議《いぎ》に拘《かゝ》はらず町村を合併《がつぺい》し又は其境界《けいかい》を變更《へんかう》することある可し

本條の處分に付其町村の財産處分を要するときは併《あは》せて之《これ》を議決す可し

第五條　町村の境界《けいかい》に關する爭論《さうろん》は郡參事會之を裁決す其數郡に渉《わた》り若くは市の境界に渉るものは府縣參事會之を裁決す其郡參事會の裁決に不服ある者《もの》は府縣參事會に訴願《そぐわん》し其府縣參事會の裁決に不服ある者は行政裁判所に出訴《しゆつそ》することを得

第二款　町村住民《ぢうみん》及其權利《そのけんり》義務

第六條　凡町村内に住居を占むる者《もの》ハ總《すべ》て其町村住民とす

凡町村住民《ぢうみん》たる者は此法律に從ひ公共《こうきよう》の營造物幷町村有財産を共用《きようよう》するの權利を有《いう》し及町村の負擔《ふたん》を分任《ぶんにん》するの義務を有するものとす但《たゞし》特に民法上の權利及義務を有する者《もの》ある時は此限に在らず

第七條　凡帝國臣民《ていこくしんみん》にして公權《こうけん》を有する獨立の男子二年以來（一）町村の住民となり（二）其町村の負擔《ふたん》を分任《ぶんにん》し及（三）其町村内に於て

地租《ちそ》を納《おさ》め若くは直接國税年額二圓以上を納《おさ》むる者は其町村公民とす其公費《そのこうひ》を以て救助《きうじよ》を受けたる後二年を經《へ》ざる者は此限に在らず但塲合《たゞしばあひ》に依《よ》り町村會の議決を以て本條に定むる二ヶ年の制限《せいげん》を特免《めん》することを得

此法律に於て獨立と稱《しよう》するは滿《まん》二十五歳以上にして一戸を搆《かま》へ且治産の禁《きん》を受けざる者を云ふ

第八條　凡町村公民は町村の撰擧《きよ》に參與し町村の名譽《めいよ》職に撰擧せらるゝの權利あり又其名譽職を擔任するは町村公民の義務なりとす左の理由《りゆう》あるに非《あら》ざれバ名譽職を拒辭《きよじ》し又は任期中退職することを得ず

一　疾病《しつぺい》に罹《かゝ》り公務《こうむ》に堪《た》へざる者

二　營業《えいげふ》の爲《た》めに常《つね》に其町《ちやう》村内《ない》に居《を》ることを得ざる者

三　年齢《れい》滿六十歳以上の者

四　官職の爲《ため》めに町村の公務《こうむ》を執《と》ることを得ざる者

五　四年間無給《むきよ》にして町村吏員の職に任《にん》じ爾後《じご》六年を經過せざる

アタリマヘノワケガラ〔無任期ノ職務〕何年トサダメナキ職務〔擔當セズ〕ヒキウケヌ〔停止ス〕一時サシトメルナリ〔増課〕ヨケイニワリツケル〔第九條 第七條ニカヽグル所ノ町村住民トナリ町村ノ負擔ヲ分任シ町村内ニ於テ地租ヲ納メ直接國税年額二圓以上ヲ納ムル者此三者ノ中民ヲカクキハ公民タルノ權ヲ失フ〔公權剝奪〕帝國ノ臣民タルノ權ヲハギトラル〔第十條〕町村ニテアツカウジムヲ及ビ町村住民ノ

權利義務ニ關シテ此法律中ニクワシク示サズ又ベツダンニ例ヲマウクルヿヲ許セル事ガラハ各町村ニ於テベツダンニキソクヲコシラヘテ之ヲサダムルヿヲ得〔條例〕市町村ノ組織中ニ在リテ權利義務ヲサダムル者ヲ云フ〔法律命令ニ抵觸〕町村條例及ヒ規則ヲ設クルヿアルモ法律命令ニフレルヿハデキヌ〔第二章町村會〕代議ノ機關ニシテ是マデアル所ノ區町村會ト同ジキモノ〔第十一條〕被撰擧人ノ定員ハ

者《もの》及六年間町村議員の職に居《を》り爾後六年を經過せざる者

六　其他《そのた》町村會の議決に於て正當《せいたう》の理由ありと認《みと》むる者

前項《ぜんかう》の理由《りゆう》なくして名譽職を拒辭《きよじ》し又《また》は任期中退職し若《もし》くは無任期の職務《しよくむ》を少くも三年間擔當せず又は其職務を實際《じつさい》に執行せざる者は町村會の議決《ぎけつ》を以《もつ》て三年以上六年以下其町村公民たるの權を停止し且《かつ》同年期《き》間其負擔す可き町村費《ひ》の八分一乃至四分一を增課《ぞうくわ》することを得

前項町村會の議決《ぎけつ》に不服ある者は郡參事會《ぐんさんじ》に訴願《そぐわん》し其郡參事會の裁決《さいけつ》に不服ある者《もの》は府縣參事會に訴願し其府縣參事會の裁決に不服ある者は行政裁判所《ぎやうせいさいばんじよ》に出訴することを得

第九條　町村公民《とうみん》たる者第七條に掲載《けいさい》する要件《えうけん》の一を失ふときは其公民たるの權《けん》を失ふものとす

町村公民たる者身代限處分《しんたいかぎりしよぶん》中又は公權剝奪《こうけんはくだつ》若《もし》くは停止を附加す可き重輕罪《ちゆうけいざい》の爲め裁判上の訊問《じんもん》若《もし》くは拘留中又は租《そ》稅滯納《ぜいたいなふ》處分中は其公民たるの權《けん》を停止す

其町村ノ人カズニヨリ割合ヲ以テ之ヲ定ム〔第十二條〕町村ノ公民タル者ハ總テ撰擧權ヲ有ストモ雖モ公民權ヲトヾメラルヽ者ハ此法律ノ定ムル限ニアラズ〔第十三條〕撰擧人ノ中直接町村税ヲオサムル者ヲ分チ二級トシテ又一級二級ノ間ニ納税兩額ニマタガル者アルトキ分チ方ヲ示ス〔第十四條〕ベツダンノワケガアリテ前十三條ニヨリガタキ時ハ別ニ撰擧特例ヲ設クルコトガデキル〔第十五條〕町村會議員

陸海軍《りくかいぐん》の現役《げんえき》に有する者は町村の公務《こうむ》に參與《さんよ》せざるものとす

町村公民たる者に限《かぎ》りて任《にん》ず可き職務に在《あ》る者本條の場合《ばあひ》に當《あた》るときは其職務を解《と》く可きものとす

第三款　町村條例《ちやうそんでうれい》

第十條　町村に事務《じむ》及町村住民の權利義務《けんりぎむ》に關し此法律中に明文なく又は特例を設《まう》くることを許《ゆる》せる事項《じかう》は各町村に於て特に條例《れい》を設けて之を規定《きてい》することを得

町村に於ては其町村の設置《せつち》に係《かゝ》る營造物《えいざうぶつ》に關し規則《きそく》を設くることとを得

町村條例及規則は法律《はふりつ》命令に抵觸《ていしよく》することを得ず且之を發行《はつかう》するときは地方慣行《ちはうくわんかう》の公告式《こうこくしき》に依る可し

第二章　町村會

第一款　組織《そしよく》及撰擧《せんきよ》

第十一條　町村會議員は其町村の撰擧《せんきよ》人其被《ひ》撰擧權《けん》ある者《もの》より之を撰擧す其定員《ていゐん》は其町村の人口に準《じゆん》じ左の割合《わりあひ》を以て之を定む

ルヿガデキヌ要項ヲカヽゲ示ス〔第十六條〕議員ノ年限ヲ定メ改撰ノシカタヲ示ス〔第十七條〕議員中闕員アルトキハ三年目ニ定期改撰ノ時ニイツシヨニ補闕撰擧ヲオギナフモノトス〔定員〕サダマリタル議員ノカズナリ〔殘任者〕前ノ議員ガ三年在職スレバ後ノ三年在職スルモノトス〔第十八條〕本制ハ永續名簿ノ法ニヨラズ撰擧スルゴトニ名簿ヲ新ニスルノ法ナレバナリ而シテ其コシラヘタル名簿ハ撰擧ノ前ニ

但町村條例《でうれい》を以て特《とく》に之を增減《ぞうげん》することを得

一 人口千五百未滿《みまん》の町村に於ては　議員八　人
一 人口千五百以上五千未滿の町村に於ては　議員十二人
一 人口五千以上一萬未滿の町村に於ては　議員十八人
一 人口一萬以上二萬未滿の町村に於ては　議員廿四人
一 人口二萬以上の町村に於ては　議員三十人

第十二條　町村公民（第七條）ハ總《すべ》て撰擧權《せんきよけん》を有す但其公民權を停止せらるゝ者（第八條第三項第九條第二項）及陸海軍《りくかいぐん》の現役《げんえき》に服する者は此限に在らず

凡內國人《ないこくじん》にして公權を有し直接《ちよくせつ》町村稅《ぜい》を納《おさ》むる者其額町村公民の最《もつと》も多《おほ》く納稅する者三名中の一人よりも多《おほ》きときは第七條の要件《えうけん》に當《あた》らずと雖《いへど》も撰擧權を有す但公民權を停止《ていし》せらるゝ者及陸海軍の現役《げんえき》に服《ふく》する者は此限に在らず

法律に從て設立《せつりつ》したる會社其他《そのた》法人《はふじん》にして前項《ぜんかう》の場合に當《あた》るときも亦同じ

七日間關係者ニミセテ異議アル者ハ町村長ニ申立テ又ハ訴願若クハ行政訴訟ノ手續ヲ以テ誤ヲ正スベキ便利ヲアタヘタリ（第十九條）撰擧ノ期日ハ町村長市參事會之ヲ定ム又撰擧ヲ行フニ下級ヲ先ニシ上級ヲ後ニス而シテ先ヅ下級ノ撰擧ヲ了ルノ後ニ上級ノ撰擧ニカヽルベシ是レ一人ニシテ數級ノ撰擧ニ當ラザル候補者ヲエラムコヲデキルヤウニスルナリ（第二十條）撰擧掛リトナル人ハ名譽職トシテ町村

第十三條　選擧人は分て二級と爲す選擧人中直接町村稅の納額多き者を合《あは》せて選擧人全員《けんきよにんぜんゐん》の納むる總額の半に當る可き者を一級とし爾餘《じよ》の選擧人を二級とす

一級二級の間納稅額兩級に跨《またが》る者あるときは一級に入る可し又兩級の間に同額の納稅者二名以上あるときは其町村內に住居する年數《ねんすう》の多き者を以て一級に入る若し住居《ぢうきよ》の年數に依り難《がた》きときは年齡《ねんれい》を以てし年齡にも依り難きときは町村長抽籤《ちやうそんちやうちうせん》を以て之を定む可し

選擧人每級各別に議員の半數《はんすう》を選擧す其被選擧人は同級內の者に限《かぎ》らず兩級に通《つう》じて選擧せらるゝことを得

第十四條　特別《とくべつ》の事情《じじやう》ありて前條の例《れい》に依り難《がた》き町村に於ては町村條例を以て別に選擧の特例を設くることを得

第十五條　選擧權《せんきよけん》を有《いう》する町村公民（第十二條第一項）は總て被選擧權を有す

左に掲《かゝ》ぐる者《もの》は町村會議員たることを得ず

長カ代理タル人ガ其掛長トナルナリ〔第二十一條〕撰擧人ハ會場ニ於テ相互ニソウダンシ又スヽメルコハデキヌ〔第二十二條〕撰擧札ニハ被撰擧人ノ名前ヲカキフウジテ撰擧人自ラ掛長ニ指出スベシ撰擧人ノ名前ハ札ニカクコハデキヌ〔第二十三條〕投票ガ多クシテ人員ガサダマリノカズニスギ又不足アルモ投票ヲ無効トセズ其多キモノハオハリニカキノセタル人名ヲシダイニステルナリ〔一〕人名ヲカヽズ又

一 所屬《しよぞく》府縣郡《けんぐん》の官吏《くわんり》
二 有給《いうきよ》の町村吏員
三 撿察《けんさつ》官及警察《けいさつ》官吏
四 神官僧侶《しんくわんそうりよ》及其他《そのた》諸宗敎師《しよしうけうし》
五 小學校敎員《せうがくかうけうゐん》

其他官吏《そのたくわんり》にして當選《たうせん》し之に應《おう》ぜんとするときは所屬長官《しよぞくちやうくわん》の許可を受く可し

代言人《たいげんにん》に非《あら》ずして他人の爲めに裁判所《さいばんしよ》又れ其他の官廳に對して事を便《べん》ずるを以て業《げよ》と爲す者は議員《ぎゐん》に選擧せらるヽことを得ず父子兄弟《けいてい》たるの緣故《たんこ》ある者は同時に町村會議員たることを得ず

其同時に選擧《せんきよ》せられたるときは投票《とうへう》の數に依て其多《そのおほ》き者一人を當撰とし若し同數なれバ年長者《ねんちやうしや》を當選とす其時を異《こと》にして選擧せられたる者は後者議員《こうしやぎゐん》たることを得ず

町村長若くは助役《じよやく》との間父子兄弟たるの緣故《えんこ》ある者は之と同時に町村會議員たることを得ず若《も》し議員との間《あひだ》に其緣故ある者町村長

ハカキタル人名ノヨミニクキモノ〔二〕被撰擧人ノシカトワカラヌモノ〔四〕投票ノウケツケト効カニ關スル事項ハ撰擧掛ガ假ニ之ヲ議決ス可否オナジカラザレバ掛長ガキメル〔第二十四條〕撰擧ハ撰擧人自ラ之ヲ行ヒ他人ニタノミテ入札スルヲ許サズト雖モ公民權ヲ停止セラルヽ者ハ代人ヲ出シテ撰擧スルヿガデキル代人ハ日本男子ニシテ公權ヲ有スル者ニ限ル〔第二十五條〕町村ノ區域ガヒロキトキ又ハ人カズ

若くは助役《じよやく》に選擧《せんきよ》せられ認可《にんか》を受くるときは其緣故ある議員は其職を退《しりぞ》く可し

第十六條　議員《ぎゐん》は名譽職《めいよしよく》とす其任期は六年とし毎三年各級《かくきふ》に於て其半數を改選《かいせん》す若し各級の議員二分し難《がた》き時は初回《しよくわい》に於て多數の一半を改任《かいにん》せしむ初回に於て改任す可き者は抽籤《ちうせん》を以て之を定《さだ》む

退任《たいにん》の議員は再選《さいせん》せらるゝことを得

第十七條　議員中闕員《けつゐん》あるときは毎三年定期改選の時に至《いた》り同時に補闕選擧《ほけつせんきよ》を行《おこな》ふ可し若し定員三分の一以上闕員あるとき又は町村會町村長若くは郡長《ぐんちやう》に於て臨時《りんじ》補闕《ほけつ》を必要《ひつえう》と認《みと》むるときは定期前と雖《いへど》も其補闕《ほけつ》選擧を行《おこな》ふ可し

補闕議員《ほけつぎゐん》は其前任者の殘任期《ざんにんき》間在《かんざい》職するものとす

定期《ていき》改選《かいせん》選擧補闕選擧とも前任者の撰擧せられたる選擧等級《とうきふ》に從て之《これ》が選擧を行ふ可し

第十八條　町村長は選擧を行《おこな》ふ毎《ごと》に其選擧前六十日を限《かぎ》り選擧原簿を製《せい》し各選擧人の資格《しかく》を記載《きさい》し此原簿に據《よ》りて選擧人名簿《めいぼ》を製す

ノオホキトキハ區畫ヲ定メテ分會ヲ設クルヿガデキル而シテ分會ヲ設クルニ二級撰擧人バカリヲ以テ分會ヲ設クルモ妨ナシ分會ノ撰擧掛ハ町村町ノエラビタル代人ヲ以テ其長トシ撰擧人中ヨリ二名若クハ四名ヲ撰任スルナリ〔第二十六條〕議員ノ撰擧ハ効力アル入札ノ多キヲ得ル者ヲ以テ撰ニ當ルモノトス同ジホドアルトキハ年長ノ者ヲ取リ同年ナルトキハ掛長ガ自カラクジヲヒキテ其當選ヲ定ム同時ニ補闕員

可し

選擧人名簿は七日間《あひだ》町村役場《やくば》に於て之を關係者の縦覧《じゆうらん》に供《きよう》す可し

若し關係者に於て訴願せんとすることあるときは同期限内《げんない》に之を町村長に申立《まをした》つ可し町村長は町村會の裁決（第三十七條第二項）に依り名簿《めいぼ》を修正《しうせい》す可きときは選擧前十日を限《かぎ》りて之に修正を加《くわ》へて確定名簿となし之に登録《とうろく》せられざる者は何人たりとも選擧に關することを得ず

本條に依り確定《くわくてい》したる名簿は當選を辭《じ》し若くは選擧の無効《むかう》となりたる場合《ばあひ》に於て更《さら》に選擧を爲すときも亦之を適用《てきよう》す

第十九條　選擧を執行《しつかう》するときは町村長は選擧の場《ば》所日時《しよにちじ》を定め及選擧す可き議員の數《すう》を各級に分《わか》ち選擧前七日を限りて之を公告す可し

各級に於て選擧《せんきよ》を行《おこな》ふの順序《じゆんじよ》は先《ま》づ二級の選擧を行ひ次《つぎ》に一級の選擧を行ふ可し

第二十條　選擧掛は名譽職とし町村長に於て臨時《りんじ》に選擧人中より二

數名ヲ撰擧スルキハ入札ノ數ガ一番多キ者ヲ以テ殘任期ノ一番長キ前任者ノ補闕トナシ其數相同ジキトキハクジヒキヲ以テ其シダイヲ定ム

〔第二十七條〕選擧ノ事項ヲシルスチヤウメンヲコシラヘテ選擧ノハジメカラオワリマデノ丁ヲカキシルシ撰擧ガスミタルキ之ヲヨミアゲ選擧人ノ名前ヲ書キタルチヤウメン其他關係ノ書類ヲ合セツヾリテ之ニ選擧掛ノ名前ヲカクベシ

〔第二十八條〕撰擧ガスミタラバ

名若《もし》くは四名を選任《せんにん》し町村長若くは其代理《だいり》者《しや》は其掛長《かゝりちやう》となり選擧會を開閉《かいへい》し其會場の取締《とりしまり》に任ず

第二十一條　選擧開會中は選擧人の外《はか》何人《なにびと》たりとも選擧會場に入ることを得ず選擧人は選擧會場に於て協議《けふぎ》又《また》は勸誘《くわんいう》を爲すことを得す

第二十二條　選擧《せんきよ》は投票《とうへう》を以て之を行ふ投票には被選擧人の指名《しめい》を記《しる》し封緘《ふうかん》の上選擧人自ら掛長に差出す可し

但選擧人の指名《しめい》は投票《とうへう》に記入することを得ず

選擧人投票《とうへう》を差出《さしだ》すときは自己《じこ》の氏名及住所《ぢうしよ》を掛長に申立て掛長は選擧人名簿に照《てら》して之を受け封緘《ふうかん》の儘《まゝ》投票函《ばこ》に投入す可し

但投票函《ばこ》は投票を終《をは》る迄之《までこれ》を開《ひら》くことを得ず

第二十三條　投票に記載《きさい》の人員其選擧す可き定數《ていすう》に過《す》ぐ又は不足《ふそく》あるも其投票を無效《むかう》とせず其定數に過ぐるものは末尾《まつび》に記載したる人名を順次に棄却《きゝやく》す可し

左《さ》の投票は之を無效《むかう》とす

撰擧掛長ハスグニ選ニ當リタル者ニ其旨ヲツゲルシラスベシ〔第八條ノ處分〕三年以上六年以下其町村公民タルノ權ヲ停止ス且ツ町村費ノ八分一乃至四分一ヲ増課スルナリ〔第二十九條〕本條ハ選擧人選擧ノ效力ニ關シテ訴願スル期限ヲ定ムルナリ〔第三十條〕當選者中ニ其資格ノ要件ヲ有セザル者アルコトヲミダシ又ハ議員ノ職ニツキテカラ議員タルノカナメヲ失フ者アルトキハ其人ノ當選ハ效力ナキモノト

一　人名《じんめい》を記載《きさい》せず又は記載せる人名の讀《よ》み難《がた》きもの
二　被選擧人の何人たるを確認《かくにん》し難きもの
三　被選擧權なき人名を記載《きさい》するもの
四　被選擧人氏名の外他事《ほかたじ》を記《き》入するもの

投票の受理《じゆり》並効力《かうりよく》に關する事項《かう》は選擧掛假《かり》に之を議決す可否同數なるときは掛長之を決す

第二十四條　選擧は選擧人自ら之を行ふ可し他人《たにん》に託《たく》して投票を差出すことを許《ゆる》さず

第十二條第二項に依《よ》り選擧權を有する者は代人《だいにん》を出《いだ》して選擧を行ふことを得若し其獨立《そのどくりつ》の男子《だんし》に非《あら》ざる者又は會社其他法人に係《かゝ》るときは必《かなら》ず代人を以てす可し其代人は內國人《ないこくじん》にして公權を有する獨立《どくりつ》の男子に限る但一人にして數人《すうにん》の代理《だいり》を爲すことを得ず且代人は委任狀《ゐにんじやう》を選擧掛に示《しめ》して代理の證《しよう》とす可し

第二十五條　町村の區域廣濶《くゐきくわうくわつ》なるとき又は人口稠密《じんこうちうみつ》なるときは町村會の議決に依り區畫《くわく》を定めて選擧分會《ぶん》を設《まう》くることを得但特に二

ス〔第三十一條〕小町村ノ如キハ代議會ヲマウケザルヲ許シ選擧人ノ總會ヲ以テ之ニカフルヲ以テセリ〔第二款職務權限〕町村會ニ於テツトムベキ權限ナリ〔第三十二條〕町村會ハ町村ノ代表者ナリ故ニ其權限ハ町村ノ事務ニ止リ其他ノ事務ハ是マデノ中央政府ノ委員ニヨリ又ハコレカラ後チ法律勅令ニ依テベツダンニ委任スルコトヲ議決スルモノトス〔第三十三條〕町村會ニ於テ議スベキコトガラヲ定ム此

級《きふ》選擧人のみ此分會を設くるも妨《さまた》げなし

分會の撰擧掛《せんきよがゝり》は町村長の撰任《せんにん》したる代理者を以て其長《そのちやう》とし第二十條の例に依り掛員《かゝりゐん》二名若くば四を名撰任す

撰擧分會に於て爲したる投票《とうへう》は投票函《ばこ》の儘《まゝ》本會に集《あつ》めて之を合算《がつさん》し總數《そうすう》を以て當撰を定む

撰擧分會は本會と同日時に之《これ》を開《ひら》く可し其他撰擧の手續《てつゞき》會場《くわいじやう》の取締等《とりしまりとう》總《すべ》て本會の例に依る

第二十六條　議員《ぎゐん》の撰擧ハ有効投票《いうかうとうへう》の多數を得る者を以て當撰とす

投票の數《すう》相同きものは年長者を取《と》り同年なるときは掛長自《かゝりちやうみづか》ら抽籤《せん》して其當撰を定む

同時に補闕員《ほけつゐんず》數名を撰擧するときは〔第十七條〕投票數の最多き者を以て殘任期《ざんにんき》の最長《もつともなが》き前任者の補闕《ほけつ》と爲し其數相同きときは抽《ちう》籤《せん》を以て其順序《じゆんじよ》を定む

第二十七條　撰擧掛《せんきよがゝり》は撰擧錄を製して撰擧の顚末《てんまつ》を記錄《きろく》し撰擧を終りたる後之を朗讀《らうどく》し撰擧人名簿《めいぼ》其他關係書類を合綴《がつせつ》して之を署名

ニ定ムル所ヲコユルトキハ法律上ニモトルモノナレバ法律上ノ權力ヲ以テ之ヲ制セザル可カラズト云フ（二一）町村費ヲ以テ支拂ヲスルコトガラヲ議決ス（二二）一年ニ入ルト出ルトノ計算ヲマヘカドニ凡ソ定メ其ミツモリノ外ノ支拂トミツモリヲコエタルトキノ支出ヲミトム定ム町村會ハ町村ノ業務ヲシラベルノ權ヲ有スレバナリ（四）年度ノカンヂヤウヲ町村會ニ於テ官廳ノ諮問ヲ受クルトキハ之ニ對シテミコミヲノブ

す可し
投票《とうへう》は之を選擧錄に附屬し撰擧を結了《けつれう》するに至る迄之を保存《ほぞん》す可
し

第二十八條　撰擧《せんきよ》を終《をは》りたる後撰擧掛長は直に當撰者に其當選の旨《むね》を告知《こくち》す可し其當選を辭《じ》せんとする者は五日以內に之を町村長に申立《まをした》つ可し

一人にして兩級《りやうきふ》の撰擧に當《あた》りたるときは同期限內何れの選擧に應《おう》ず可きことを申立《まをした》つ可し其期限內に之《これ》を申立てざる者は總て其撰擧を辭《じ》する者となし第八條の處分《しよぶん》を爲す可し

第二十九條　撰擧人《せんきよにん》撰擧の效力《かうりよく》に關して訴願《そぐわん》せんとするときは撰擧の日より七日以內に之を町村長に申立つることを得（第三十七條第一項）町村長は撰擧を終《をは》りたる後之を郡長に報告《ほうこく》し郡長に於て選擧の效力に關し異議《いぎ》あるときは訴願の有無《うむ》に拘《かゝは》らず郡參事會に付して處分を行ふことを得

選擧の定規に違背《ゐはい》することあるときは其選擧を取消《とりけ》し又《また》被選擧《ひせんきよ》八

ルモノトス〔五〕町村會議員ハ其職務ヲトルニ當テハ法律勅令ニヨルト雖モ其範圍内ニ於テハカマハズ精神ヲハキ決議スベシ〔七〕不動産及ビ積立金穀等ヲ以基本トス〔第三十四條〕町村會ノ職務ニツキ入用ナルヤクニンヲ選擧スルナリ〔第三十五條〕町村會ハ町村ノ事務ニ關スル書類ナドヲアラタメ町村長ニ對シ事務ノ報告ヲモトメ事務ノサハイ議決シタル事ナ行ヒ收入支出ノタベシキトイナトヲシラベルノ

中其《その》資格《しかく》の要件《えうけん》を有《いう》せざる者あるときは其人の當擧を取消し更《さら》に選擧を行はしむ可し

第三十條　當撰者《たうせんしや》中其資格《しかく》の要件《えうけん》を有せざる者あることを發見《はつけん》し又は就職後《しうしよくご》其要件を失《うしな》ふ者あるときは其人の當選は効力《かうりよく》を失ふものとす其要件の有無は町村會之を議決《ぎけつ》す

第三十一條　小町村に於ては郡參事會《ぐんさんじくわい》の議決を經町村條例の規定《きてい》に依り町村會を設《まう》けず選擧權《けん》を有する町村公民の總會《そうくわい》を以て之に當つることを得

第二欵　職務權限《しよくむけんげん》及職務規程《しよくむきてい》

第三十三條　町村會は其町村を代表《だいへう》し此法律に準據《じゆんきよ》して町村一切の事件幷從前特に委任《ゐにん》せられ又は將來法律勅令に依て委任せらるゝ事件《じけん》を議決《ぎけつ》するものとす

第三十三條　町村會の議決《ぎけつ》す可き事件の概目《がいもく》左の如《ごと》し

一　町村條例《でうれい》及規則《きそく》を設《まう》け幷改正《かいせい》する事

二　町村費を以《もつ》て支辨《しべん》す可き事業《じげふ》但第六十九條に掲ぐる事務は此

職權ヲ有スル也〔第三十七條〕町村會ハ町村住民及公民タルノ權利ノ有無選擧被選擧權ノ有無ナドニ付キテ願ヒハ町村會コテキハメル〔第三十八條〕議員タル者ハ法律勅令ニ隨フト雖モ其範圍內ニ於テハ存分ニ論究シ撰擧八ノサシズヤメノミヲウクベカラザルモノ也〔第四十條〕父母兄弟妻子ハ自分ニ關係ノ重キモノユヘ議長ニ故障アルモノトミナシ其代理者ヲ立ツルヿヲ得〔第四十一條〕町村長及助役モ會

限に在らず

三　歳入出豫算《さいにふしゆつよさん》を定《さだ》め豫算外《ぐわい》の支出及豫算超過の支出《しゝゆつ》を認定《にんてい》する事

四　決算報告《けつさんはうこく》を認定する事

五　法律勅令《はうりつちよくれい》に定むるものを除《のぞ》くの外《はかし》使用料《ようれう》、手《て》數《すう》料、町村稅、及夫役現品《ふやくげんぴん》の賦課徵收《ふくわちようしう》の法を定むる事

六　町村有不動產《ふどうさん》の賣買交換讓受讓渡並質入書入《ばいばいかうくわんゆづりうけゆづりわたしならびにしちいれかきいれ》を爲す事

七　基本財產《きほんざいさん》の處分に關する事

八　歳入出豫算を以て定むるものを除《のぞ》くの外《はか》新《あらた》に義務の負擔を爲し及權利の棄却《きゝやく》を爲す事

九　町村有の財產及營造物の管理方法《くわんりはうほふ》を定むる事

十　町村吏員の身元保證金《みもとほしようきん》を徵《ちよう》し並其金額を定むる事

十一　町村に係《かゝ》る訴訟《そしよう》及和解《わかい》に關する事

第三十四條　町村會は法律勅令《ちよくれい》に依り其職權に屬する町村吏員の撰擧を行ふ可し

議ノ席ニツラナリテ議事ヲスルコトガデキル（第四十二條）會議スベキ事件アルトキハ議長ヨリ議員ヲヨビアツムベシ議員四分ノ一以上ヲマネキアツメル事件アルトキハ必ズ之ヲマネキアツムベシ又イソガヌ事件ナレバ開會ヨリ三日前ニヨビアツメ會議ノ事件ヲツゲシラスベシ町村會ノ議決ヲ以テマヘガタニ會議費ヲ定ムルコトアルモ妨ナキナリ（第四十三條）町村會ハ議員ノ總數三分ノ二以上出席スルニ非レ

第三十五條　町村會は町村の事務《じむ》に關する書類《しよるい》及計算書《けいさんしよ》を撿閲し町村長の報告《はうこく》を請求《せいきう》して事務の管理議決の施行並收入支出の正否《せいひ》を監査《かんさ》するの職權を有す

町村會は町村の公益《こうえき》に關する事件に付《つき》意見書《けんしよ》を監督官廳に差出すことを得

第三十六條　町村會は官廳の諮問《しもん》あるときは意見《いけん》を陳述《ちんじゆつ》す可し

第三十七條　町村住民《ぢうみん》及公民《こうみん》たる權利の有無《うむ》、選擧權及被撰擧權の有無、撰擧人名簿の正否並《せいひならびに》其等級《とうきふ》の當否《たうひ》、代理を以て執行する撰擧權（第十二條第二項）及町村會議員撰擧の効力《かうりよく》（第二十九條）に關する訴願《そぐわん》は町村會之を裁決す

前項《ぜんかう》の訴願中町村住民及公民たる權利《けんり》の有無並撰擧權の有無に關するものは町村會の設《まう》けなき町村《ちやうそん》に於ては町村長之を裁決す

町村會若《も》くは町村長の裁決に不服《ふく》ある者は郡參事會に訴願《そぐわん》し其郡參事會の裁決《さいけつ》に不服《ふく》ある者《もの》は府縣參事會に訴願し其府縣參事會の裁決に不服ある者は行政裁判所《ぎやうせいさいばんしよ》に出訴することを得

バ會議ヲ開クヿハデキヌナレ圧同一ノ議事ニ付マネギアツメルヿガ二三度ニ及ビテモ三分ノ二ニ足ラヌトキハ議決スルモ妨ゲナシ（第四十五條）此條ハ親族ノ關係ナルヲ以テ議員ハ其事件ニツキテ與セシメザル也凡ソ血族ノ關係ニ於テ議スル所ノ事柄ハ人情上情實ノ牽連スル所アルヲ以テ斯ク定ムル（第四十六條）匿名投票スルヲ要スル所以ハ他日投票者ヲ又當撰カ投票セサル可ラサル事情等ヲ發生スルヲ以

本條《ほんでう》の事件《じけん》に付ては町村長《ちやう》よりも亦《また》訴願及訴訟《そしよう》を爲すことを得

本條の訴願及訴訟《そしよう》の爲《た》めに其執行《しつかう》を停止することを得ず但判決《はんけつ》確定するに非《あら》ざれば更《さら》に撰擧を爲《な》すことを得《え》ず

第三十八條　凡議員《ぎゐん》たる者は撰擧《せんきよ》人の指示若《も》しくは委囑《ゐぞく》を受く可らざるものとす

第三十九條　町村會《くわい》は町村長を以《もつ》て其議長とす若《も》し町村長故障《こしやう》あるときは其代理《だいり》たる町村助役を以て之に充《あ》つ

第四十條　會議《くわいぎ》の事件議長及其父母《ふぼ》兄弟若くは妻子《さいし》の一身上に關する事《こと》あるときは議長に故障《こしやう》あるものとして其代理《だいり》者之に代る可し議長《ぎちやう》代理者共に故障あるときは町村《ちやうそん》會は年長の議員《ぎゐん》を以て議長と爲《な》す可し

第四十一條　町村長及助役《じよやく》は會議に列席《れつせき》して議事を辨明《べんめい》することを得

第四十二條　町村會は會議《くわいぎ》の必要ある毎《ごと》に議長之を招集《せうしよ》す若し議員四分《ぶん》の一以上の請求《せいきよ》あるときは必《かなら》ず之を招集《せうしよ》す可し其招集並會議

テ此弊ヲ妨ギシナリ(一)第四十七條(一)此條ハ町村會ノ組織ヲ示ス公開トハ秘密ニセズシテ衆人ノ聽クコトヲ許スナリ然レ圧議長ニ於テ傍聽ヲ禁ズル方便利ナリトスル片ハ之ヲ禁スルコトアルナリ(第四十八條)議長ノ職務ハ議員ヲ統轄スルモノナルヲ以テ其權最モ重キモノ也議員ニ事務ヲ分チ與ヘ又ハ會議ヲ始メル日時之チ閉ツル月日或ハ議事ノ繁雜等ニヨツテハ定期日ニ結了スル能ハサル時之ヲ延バシテ此議事ヲ

の事件を告知《こくち》するハ急施《きふし》を要する場合《ばあひ》を除くの外《ほか》少くも開會《かいくわい》の三日前《ぜん》たる可し但町村會の議決《ぎけつ》を以て豫《あらかじ》め會議費を定むるも妨《さまた》げなし

第四十三條　町村會ハ議員《ぎゐん》三分の二以上《いじやう》出席するに非《あら》ざれば議決《ぎけつ》することを得ず但同《どう》一の議事《ぎじ》に付招集再回《さいくわい》に至るも議員猶三分の二に滿《み》たざるときハ此限に在《あ》らず

第四十四條　町村會の議決ハ可否《かひ》の多數に依《よ》り之《これ》を定む可否同數《どうすう》なるときハ再議《さいぎ》議決す可し若《も》し猶《なほ》同數なるときハ議長の可否《かひ》する所に依《よ》る

第四十五條　議員ハ自巳《じこ》及其父母《ふぼ》兄弟若《もし》くは妻子の一身《しん》上に關する事件《じけん》に付てハ町村會の議決《ぎけつ》に加ハることを得ず

議員の數此《この》除名の爲めに減少《げんせう》して會議を開《ひら》くの定數に滿《み》たざるときハ郡《ぐん》參事會町村會《くわい》に代て議決す

第四十六條　町村會に於《れい》て町村吏員《りゐん》の撰擧を行《おこな》ふときハ其一名毎に匿名《とくめい》投票を以《もつ》て之を爲し有效投票《とうへう》の過半數を得る者を以て當選《たうせん》と

結了シ傍聽人ガ大聲ヲ發シテ其說ヲ贊成シ又ハ其說ヲ退ケ又ハサワガシキトキハ之ヲ制シテ穩カナラシムルナリ議長ノ制止ニモ拘ハラズ喧シキヿアルトキハ議場ノ靜ナルヲ致スタメニ傍聽人ヲ議場ノソトニ退ヒ出スヿアリ

〔第四十九條〕町村會ハ書記ニ命ジテ議事錄ヲコシラヘサセ其議決ノヿト撰擧ノコトガラヲ記サシメ並ニ出席員ノ名前ヲモ記シ議事錄ハ會議ノ了リニ之ヲ讀上ゲ議長ト議員二名ガ之レニ印ヲ

す若し過半數《くわはん》を得る者《もの》なきときは最《さい》多數を得る者《もの》二名を取り之に就て更に投票《とうへう》せしむ若し最多數を得る者《もの》三名以上《いじやう》同數なるときは議長自ら抽籤《ちうせん》して其二名《めい》を取り更に投票《とうへう》せしむ此再《さい》投票に於ても猶過半數《はんすう》を得る者なきときは抽籤を以《もつ》て當撰《たうせん》を定む其他は第二十二條、第二十三條、第二十四條第一項《かう》を適用《てきよう》す

前項《ぜんかう》の撰擧には町村會の議決《ぎけつ》を以て指名《めい》推撰の法《はう》を用ふることを得

第四十七條　町村會の會議《くわいぎ》は公開《こうかい》す但議長の意見《いけん》を以て傍聽《ばうちやう》を禁ずることを得

第四十八條　議長は各議員《かくぎゐん》に事務を分課《ぶんくわ》し會議及撰擧の事を總理《そうり》し開會閉會幷延會を命《めい》じ議場の秩序《ちつじよ》を保持《ほぢ》す若し傍聽者の公然《こうぜん》贊成又は擯斥《ひんせき》を表し又は喧擾《けんぜう》を起《おこ》す者あるときは議長は之を議場外に退出《たいしゆつ》せしむることを得

第四十九條　町村會は書記をして議事錄《ぎじろく》を製して其議決及撰擧の顚《てん》末《まつ》並出席議員の氏名《しめい》を記錄《きろく》せしむ可し議事錄は會議の末《すへ》之を朗讀《らうどく》

捺シテヲクナリ〔第五十條〕町村會ハ會議ニ付テノ細カキ規則ヲコシラヘルナリ此規則ニ背キタル議員ニハ過怠トシテ二圓以下ノ罰則ノ設ケモデキルナリ〔第五十一條〕三十二條ヨリ四十九條マデノ規定ハ町村ノ總會議ニ用ユルヿガデキル〔第三章町村行政〕イママデハ市政ノ行政事務ノヿヲ示セリ本條ヨリハ町村制ノ事ニ渉リテ其制裁ヲ示スナリ〔第五十二條〕町村ニハ町村長ト町村ノ助ケ役ヲ一人ツヽ置ク

し議長及議員二名以上之に署名《しよめい》す可し

町村會の書記《しよき》ハ議長《ぎちやう》之を撰任す

第五十條　町村會ハ其會議細則《そのくわいぎさいそく》を設く可し其細則に違背《ゐはい》したる議員に科《くわ》す可き過怠金《くわたいきん》二圓以下の罰則《ばつそく》を設くることを得

第五十一條　第三十二條より第四十九條に至《いた》るの規定《きてい》ハ之を町村總會に適用《てきよう》す

第三章　町村《ちやうそん》行政《ぎやうせい》

第一款　町村吏員の組織撰任《そしよくせんにん》

第五十二條　町村に町村長及町村役助《じよやく》各一名を置く可し但し村條例を以《もつ》て助役《じよやく》の定員を増加《ぞうか》することを得

第五十三條　町村長及助役《じよやく》ハ町村會に於《おい》て其町村公民中年齢滿三十歳《さい》以上にして撰擧權《せんきよけん》を有する者より之を撰擧す

町村長及助役ハ第十五條第二項に掲載《けいさい》する職を兼《か》ぬることを得ず

父子《ふし》兄弟《けいてい》たるの緣故《ゑんこ》ある者ハ同時に町村長及助役の職に在ることを得ず若し其緣故《ゑんこ》ある者助役《じよやく》の撰擧に當《あた》るときハ其當撰《そのたうせん》を取消し

ナリ又村條例ニ因テ助役ノ數ヲフヤスヿモデキル〔第五十三條〕町村長ト助役ノ撰擧ハ其町村ニテ撰擧權ノアル滿三十歳以上ノ者ヨリ之テ撰ミアグルナリ〔第五十四條〕町村長ト助役ノ任ニアルハ四年ヲ限リトスルナリ〔第五十五條〕町村長及助役モ名譽職トテ無給ノモノナリ然レ𪜈町村ノ模樣ト人情トニヨツテ有給トスルヿガデキルナリ〔收入役ノ撰任〕金錢ノ出入ヲ委任スルモノハ最モ其人トナリヲ糾サ

其町村長の撰擧に當りて認可《にんか》を得るときは其緣故ある助役《じよやく》は其職を退く可し

第五十四條　町村長《ちやう》及助役《じよやく》の任期《にんき》は四年とす

町村長及助役《じよやく》の撰擧は第四十六條に依て行ふ可し但投票同數《とうへうどうすう》なるときは抽籤《ちうせん》の法に依らず郡參事會之を決す可し

第五十五條　町村長及助役は名譽職《めいよしよく》とす但第五十六條の有給町村長及有給助役は此限《このかぎり》に在《あ》らず

町村長は職務《しよくむ》取扱の爲めに要する實費辨償《じつひべんしやう》の外勤務《ほかきんむ》に相當する報《はう》酬《しう》を受くることを得助役にして行政事務の一部《ぶ》を分掌《ぶんしやう》する場合（第七十條第二項）に於ても亦同じ

第五十六條　町村の情況《じやうきやう》に依り町村條例の規定《きてい》を以て町村長に給料《れう》を給《きよ》することを得又大なる町村に於ては町村條例の規定《きてい》を以て助役《じよやく》一名を有給吏《いうきうり》員《ゐん》と爲すことを得

有給町村長及有給助役は其町村公民たる者に限《かぎ》らず但當撰に應《おう》じ認可を得るときは其公民《こうみん》たるの權《けん》を得

ヽル可ラズ故ニ先郡長ノ認可ヲ要ス〔官吏ヲ派遣シ〕官吏ヲ差向ケルヿ〔自已ノ責任〕郡長ハ收入役ヲ撰任スルニツキ特權アルヲ以テ自已一人ノ意ニヨッテ之ヲ取捨ノ權ガアルナリ〔不認可云々〕郡長ニ於テヘ其收入役ノ撰任ヲ掌ドルヲ以テ認可ヲ與フルト與ヘザルトハ其權內ナリ若シ認可セザルトキニ於テ町村長又ハ町村會ニアツテ不服ナル𪜈ハ府縣知事ニ其事由ヲツブサニ申述ベテ認可ヲウルコトガデ

第五十七條　有給《いうきふ》町村長及有給助役《じよやく》ハ三ケ月前《ぜん》に申立つるときハ隨《ずゐ》時《じ》退職を求《もと》むることを得此《この》場合に於てハ退隱《たいいん》料を受くるの權を失ふものとす

第五十八條　有給町村長《ちやうそん》及有給助役ハ他《た》の有給の職務を兼任《けんにん》し又ハ株式《かぶしき》會社の社長及重役《ぢうやく》となることを得ず其他《た》の營業《えいげふ》ハ郡長の認許を得るに非《あら》ざれバ之を爲《な》すことを得ず

第五十九條　町村長及助役《じよやく》の撰擧ハ府縣《ふけん》知事の認可《か》を受く可し

第六十條　府縣知事《ちじ》前條の認可《にんか》を與《あた》へざるときハ府縣參事會の意見《いけん》を聞くことを要《えう》す若し府縣參事《さんじ》會同意せざるも猶《なほ》府縣知事に於て認可《にんか》す可からずと爲すときハ自巳《じこ》の責任を以《もつ》て之に認可を與《あた》へざることを得

府縣知事《ちじ》の不認可に對《たい》し町村長又《また》ハ町村會に於《おい》て不服あるときは內務《ないむ》大臣に具申《ぐしん》して認可を請《こ》ふことを得

第六十一條　町村長及助收《じよやく》の撰擧《けんきよ》其認可を得ざるときは再《さい》撰擧を爲《な》す可し

キル〔寡少〕一小町村ニ於テ支出卽チダシ入レノスクナキ町村ナヅニヲイテハ別ニ收入役ヲ置カズシテ郡長ノユルシヲ得テ町村長又ハ助役ヲシテ收入役ヲ兼シムルヿガナルナリ〔第六十二條〕ハ書記幷ニ必要ノ筆生等ヲ置テ相當ノ月給ヲ與フルモノナリ此ノ町村ニ何人ヲクナヅノ人員ヲ定ムルハ町村會ニ於テ定ムルモノナリ又町村長ハ事務ノ都合ニヨツテ自ラ書記ノ役ヲナシテ兼掌スルヿモデキルナリ其時ハ町

再撰擧にして猶《なほ》其認可を得ざるときは追《おつ》て撰擧を行ひ認可を得るに至《いた》るの間認可《にんか》の權ある監督《かんとく》官廳は臨時に代理《だいり》者を撰任し又は町村費《ひ》を以て官吏を派遣《はけん》し町村長及助役の職務を管掌《くわんしやう》せしむ可し

第六十二條　町村に收入役《しうにふやく》一名を置く收入役《しうにふ》ハ町村長の推撰《すゐせん》に依り町村會之《これ》を撰任す

收入役は有給吏員《いうきよ》と爲し其《その》任期は四年とす

收入役《しうにふ》は町村長及助役を兼《か》ぬることを得ず其他第五十六條第二項《かう》第五十七條及第七十六條を適用《てきよう》す

收入役の撰任《せんにん》は郡長の認可《にんか》を受く可し若《も》し認可を與《あた》へざるときは郡參事會《ぐんさんじ》の意見を聞《き》くことを要す郡參事會之《これ》に同意せざるも猶《なほ》郡長に於《おい》て認可す可からずと爲《な》すときは自已《じこ》の責任《せきにん》を以て之に認可を與《あた》へざることを得其他第六十一條《でう》を適用《てきよう》す

郡長の不認可《ふにんか》に對し町村長又《また》は町村會に於て不服《ふふく》あるときは府縣知事に具申《ぐしん》して認可を請《こ》ふことを得

收入支出の寡少《くわせう》なる町村に於《おい》ては郡長の許可《きよか》を得て町村長又は助

村長ハ別ニ書記ノ給料ヲ得ル〔附屬員〕之レハ臨時雇又ハ給仕等ヲ云ヘルモノナリ之ハ町村長ノ申立ニヨツテ町村會ガ之ヲ撰任スルモノナリ若シ町村長ニ任免ノ權ヲ與フルトハ爲ニ專橫ノ弊ヲ釀生スルコアルヲ以テナリ〔使丁〕小ヅカヒナリ〔前段ノ理由〕町村吏員ハ別段規定又ハ規約ガアリテ辭職セザル場合ニ遭際セセバ退職セザル可ラズト雖モ其他ハ一切退職ヲ許サズトスルキハ之レガ吏員タルモノ殆ンド

役をして收入役の事《じ》務を兼掌せしむることを得

第六十三條　町村に書記《しよき》其他必要の附屬員《ふぞくゐん》並使丁を置き相當の給料《きうれう》を給《きふ》す其人員は町村會の議決《ぎけつ》を以て之を定《さだ》む但町村長に相當《さうたう》の書記《き》料を給與して書記の事務《じむ》を委任することを得

町村附屬員《ふぞく》は町村長の推撰《すゐせん》に撰り町村會之を撰任《せんにん》し使丁は町村長之を任用《にんよう》す

第六十四條　町村の區域廣濶《くゐきくわんくわつ》なるとき又は人口稠密《じんこうちうみつ》なるときは處務便宜《べんぎ》の爲め町村會の議決《ぎけつ》に依り之を數區《すく》に分ち毎區區長及其代理者各《かく》一名を置くことを得區長及其《その》代理者は名譽職とす

區長及其代理者は町村會に於《おい》て其町村の公民中《ちう》撰擧權を有《いう》する者より之を撰擧《せんきよ》す區會（第十四條）を設《まう》くる區に於《おい》ては其區會に於て之を撰擧す

第六十五條　町村は町村會の議決に依《よ》り臨時《りんじ》又は常設の委員《ゐゐん》を置くことを得其委員は名譽職《めいよしよく》とす

委員《ゐゐん》は町村會に於《おい》て町村會議員又《また》は町村公民中選擧權を有《いう》する者

務ナリ故ニ別ニ規則モナキモノハ何時ニテモヤメルコガデキルナリ〔第二欵町村吏員ノ職務權限〕町村長ハ如何ナル仕事ヲスルモノナルカ其權限ハ如何ナル處ニマデ及ボスコノ出キルモノナルカハ最モ必要ノコトナルヲ以テ此ニ町村長及ビ各吏員ノ職務權限ヲ定ムルナリ〔統轄〕凡ソ町村長ハ一町村內ノ長タル如キモノナレバ其區內ニ於テ發生スル總ベテノ出來事ヲ處理シ又區內ノ人民ヲ保護セサル可ラズ故ニ

より選擧し町村長又は其《その》委任を受けたる助役《じよやく》を以て委員長とす

常設《じやうち》委員の組織《そしよく》に關しては町村條例を以《もつ》て別段の規定《きてい》を設《まう》くることを得

第六十六條　區長及委員《ゐゝん》には職務《しよくむ》取扱の爲めに要する實費《じつひ》辨償の外町村會の議決に依り勤務《きんむ》に相當する報酬《ほうしう》を給することを得

第六十七條　町村吏員は任期《にんき》滿限《まんげん》の後再選せらるゝことを得

町村吏員《りゐん》及使丁は別段《べつだん》の規定《きてい》又は規約《やく》あるものを除《のぞ》くの外隨時《はかずゐじ》解職することを得

第二欵　町村吏員《りゐん》の職務權限《しよくむけんげん》

第六十八條　町村長は其《その》町村を統轄《とうかつ》し其行政《せい》事務を擔任す

町村長の擔任《たんにん》する事務の概目《がいもく》左の如《ごと》し

一　町村會の議事《ぎじ》を準備し及其議決を執行《しつかう》する事《こと》若し町村會の議決其權限《けんげん》を越《こ》え法律命令《めいれい》に背き又は公衆《こうしゆう》の利益を害《がい》すと認《みと》むるときは町村長は自巳《じこ》の意見《いけん》に依り又は監督《かんとく》官廳の指揮《しき》に依り理由《りいう》を示して議決の執行を停止《ていし》し之を再議せしめ猶《なほ》其議決

町村長タル職務ヲ行フニツキ必要ナル權限ハ之ヲ與ヘテ漏ス所ナキナリ（町村ノ權利云々）凡ソ町ト言ヒ村ト云フ皆ナ人民集合ノ一小區分ノ稱ナリ故ニ町村ヲ以テ之ヲ總稱スル𪜈ハ恰モ一箇人ノ如キ思ヒナカル可ラズ故ニ法律上之チ指シテ法上ノ人ト云フ蓋シ法律ノ上ニ於テ假定シテ以テ有形人ノ如ク視傚スベシ是チ以テ見ル𪜈ハ人アリテ何町村ハ人氣惡シクナヅ罵詈スル𪜈ハ町村ハ必スヤ屹然トメ名譽チ

を改めざるときは郡參事會の裁決《さいけつ》を請《こ》ふ可し其權限《けんげん》を越え又は法律勅令《はふりつちよくれい》に背くに依《よつ》て議決の執行《しつかう》を停止したる場合に於て府縣參事會の裁決《さいけつ》に不服ある者《もの》は行政裁判所に出訴《しゆつそ》することを得

二 町村の設置に係《かゝ》る營造物を管理する事《こと》若し特《とく》に之が管理者《くわんり》あるときは其事務《じむ》を監督する事《こと》

三 町村の歳入《さいによ》を管理し歳入出豫算表《しゆつよさん》其他町村會の議決に依て定《さだ》まりたる收入《しうによ》支出を命令し會計及出納《すゐなふ》を監視する事《こと》

四 町村の權利を保護《ほご》し町村有の財産《ざいさん》を管理する事《こと》

五 町村吏員《りゐん》及使丁を監督し懲戒《ちやうかい》處分を行ふ事其懲戒處分は譴責《けんせき》及五圓以下の過怠《くわたい》金とす

六 町村の諸證書《しよしよう》及公文書類を保管《はくわん》する事

七 外部《ぐわいぶ》に對《たい》して町村を代表《だいへう》し町村の名義を以て其訴訟《そしよう》並和解に關し又は他廳《たちやう》若くは人民と商議《しやうぎ》する事

八 法律勅令に依り又《また》は町村會の議決に隨《したがつ》て使用料、手數料《すうれう》、町村

回復スルノ權利アルモノトス權利アレバ必ス義務アリ故ニ町村ニモ種々ノ義務アリ諸税ヲ納ルヽ等其最モナルモノナリ（町村有ノ財産ヲ管理ス）町村ニハ共有金穀アリ公益ノ爲ニ使用シテ町村ノ利益ヲ圖ルモノナリ故ニ能ク之ヲ取締リテ其財産ノ監督維持ヲナサヽル可ラス（第六十九條）本條ハ町村長ノ掌ドル事務ヲ規定スルモノナリ法律命令ノアルモノハ町村長必ズ之ニ從ハサルベカラズ（司法警察官ノ

税《ぜい》及夫役《ふやく》現品を賦《ふ》課徴收する事《こと》

九　其他法律《はふりつ》命令又は上司《じやうし》の指令に依て町村長に委任《ゐにん》したる事務を處理《しより》する事

第六十九條　町村長《ちやうそんちやう》は法律命令に從ひ左の事務を管掌《くわんしやう》す

一　司法警察補助官《しはふけいさつほじよくわん》たるの職務《しよくむ》及法律命令に依て其管理に屬する地方警察の事務但別に官署《くわんしよう》を設けて地方警察事務を管掌せしむるときは此限《このかぎり》に在《あ》らず

二　浦役場《うらやくば》の事務《じむ》

三　國《くに》の行政並府《ふ》縣郡《けんぐん》の行政にして町村に屬する事務但別に吏員《りゐん》の設けあるときは此限に在らず

右《みぎ》三項中の事務は監督官廳《かんとくくわんちやう》の許可を得て之を助役に分掌せしむることを得

本條に掲載《けいさい》する事務を執行《しつかう》するが爲めに要《えう》する費用《ひよう》は町村の負擔とす

第七十條　町村助役《ちやうそんじよやく》は町村長の事務を補助《ほじよ》す

云々〕警察署ノ設ケアル處ハ格別ナリト雖モ遠避又ハ土地ノ形勢ニ依ッテ警察署分署アラサル地ノ町村長ハ警察官ノ補助役トシテ司法事務チ執ルモノナリ〔浦役場〕浦役場ノ事務ハ難破船取扱及ビ漂流物取扱ニ關スル等ノ事務ヲ云フモノナリ〔國ノ行政云々〕一國ノ行政ヤ府縣郡ノ行政ニシテ町村ニ屬スル事務ハ此事務ヲ取扱フ爲メニ別ニヤクニンヲ設ケタルトキハ町村長ガ之ヲサハイスルニオヨバヌナリ

町村長は町村會の同意《どうゐ》を得て助役《じよやく》をして町村行政事務の一部を分《ぶん》掌《しやう》せしむることを得

助役は町村長故障《こしやう》あるとき之を代理《だいり》す助役數名あるときは上席者《じやうせきしや》之を代理す可し

第七十一條　町村收入役《しうにふやく》は町村の收入を受領《じゆりやう》し其費用の支拂を爲し其他《た》會計事務《じむ》を掌《つかさど》る

第七十二條　書記《しよき》は町村長に屬し庶務《しよむ》を分掌《ぶんしやう》す

第七十三條　區長《くちやう》及其代理者は町村長の機關《きくわん》となり其指揮《しき》命令《めいれい》を受けて區内に關する町村長の事務を補助執行《ほじよしつかう》するものとす

第七十四條　委員《ゐゐん》（第六十五條）は町村長行政事務の一部を分掌し又は營造物《えいざうぶつ》を管理し若くは監督《かんとく》し又は一時の委託《ゐたく》を以て事務を處辨《しよべん》するものとす

委員長は委員《ゐゐん》の議決に加はるの權《けん》を有す助役を以て委員長と爲す場合《ばあひ》に於ても町村長は隨時《ずゐじ》委員《ゐゐん》會に出席《しゆつせき》して其委員長と爲り幷に其議決に加《くは》はるの權《けん》を有す

（第七十條）助役タル者ハ其町村長ノ事務ヲタスケルハ至當ノ事ナリ（町村會ノ同意云々）助役ハ町村長ニ代テ事務ヲ處理スルノ權アルヲ以テ時ニヨリテハ町村行政事務ノ一部ヲワケツカサドルヿガデキル（第七十一條）收入役ハスベテ町村ノ收入ヲ擔當スル者ナルガ故ニ收入ヲ受取リ又其費用ノ支拂ヲ爲シ會計ノ事ヲツカサドルナリ（第七十二條）書記ハ町村長ニツキタル者ナレバ庶務ヲ分ケツカサドル（第七

常設委員《じやうせつゐゝん》の職務權限《けんげ》に關しては町村條例を以て別段《べつだん》の規程《きてい》を設くることを得

第三款　給料《きふれう》及給與《きうよ》

第七十五條　名譽職員《めいよしよくゐん》は此法律中別に規定《きてい》あるものを除《のぞ》くの外《ほか》職務取扱《とりあつかひ》の爲めに要する實費《じつぴ》の辨償《べんしやう》を受くることを得

實費辨償額《じつぴべんしやう》報酬額《ほうしう》及書記料の額（第六十三條第一項《かう》）は町村會之を議決す

第七十六條　有給町村長《いうきふちやうそんちやう》有給助役其他有給吏員及使丁《してい》の給料額は町村會の議決を以《もつ》て之《これ》を定む

町村會の議決を以《もつ》て町村長及助役の給料額《きふれうがく》を定むるときは郡長の許可《きよか》を受くることを要《えう》す郡長に於て之を許可す可からずと認《みと》むるときは郡參事會《ぐんさんじ》の議決に付《ふ》して之《これ》を確定す

第七十七條　町村條例の規定《きてい》を以て有給吏員《りゐん》の退隱料《たいゝんれう》を設くることを得

第七十八條　有給吏員の給料、退隱料《たいゝんれう》其他第七十五條に定《さだ》むる給與《きうよ》

十三條〕區長ハ町村長ノサシズヲ受ケテ區内ニカヽル町村長ノ事務ヲタスケ行フモノトス〔第七十四條〕委員ノ權限ヲカヽグル〔二款〕給與ニハ職務ノ爲メニ身体ヲ害シ又ハ職務任期中格別ノ勉勵ニヨリ退任ノ後モ月給幾分ノ給與スル丁モアルナリ〔第七十五條〕名譽職ハ月給ナキ故ニ自ラ務ムル事務ノ爲メニ費シタル入用ハ其償チ受クルヿガデキルトノ趣意ナリ〔第七十六條〕町村長及ヒ助役等ノ給料

に關して異議《いぎ》あるときは關係者の申立《まをしたて》に依り郡參事會之を裁決す其郡參事會の裁決に不服《ふふく》ある者は府縣參事會に訴願《そぐわん》し其府縣參事會の裁決に不服ある者《もの》は行政《ぎやうせい》裁判所に出訴《しゆつそ》することを得

第七十九條　退隱料《たいゝんれう》を受くる者《もの》は官《くわん》職《しよく》又《また》府縣郡市町村及公共組合《くみあひ》の職務《しよくむ》に付き給料を受くるときは其間之を停止《ていし》し又は更に退隱料を受くるの權《けん》を得るとき其額舊退隱料《そのがくきうたいゝんれう》と同額以上なるときは舊退隱料は之を廢止《はいし》す

第八十條　給料《きうれう》、退隱料、報酬《ほうしう》及辨償等《べんしやうとう》は總《すべ》て町村の負擔とす

第四章　町村有財產《ちやうそんいうざいさん》の管理

第一款　町村有財產《ちやうそんいうざいさん》及町村稅《ぜい》

第八十一條　町村は其不動產《ふどうさん》、積立金穀等《つみたてきんこくとう》を以て基本財產《きほんざいさん》と爲し之を維持《ゐぢ》するの義務《ぎむ》あり

臨時《りんじ》に收入《しうにふ》したる金穀は基本財產に加入《かにふ》す可し但寄附金穀《きふきんこく》寄附者其使用の目的《もくてき》を定むるものは此限に在らず

第八十二條　凡《おほよそ》町村有財產は全町村《ぜんちやう》の爲めに之を管理《くわんり》し及共用する

ヲ與フベキ者ハ町村會ニ於テ之ヲ議決シテ定ムルナリ此時ハ部長ノユルシヲ受ケテセネバナラヌ〔第七十七條〕スベテ退隱料ヲ設クルハ町村條例ノサダメヲ以テ之ガ給與法ヲサダムル〔第七十八條〕給料及ビ退隱料ト七十五條ニ定ムル給與ニ關シテ異議アル者ノ申立方ヲカヽグル〔第七十九條〕一旦退隱料ヲ受ケタル者モ他ノ官職ナドニ付キ給料ヲ受クルトキハ其官職ニ在ル間ハ之ヲトメテ更ニ退隱料ヲ受クル

ものとす但特《とく》に民法上の權利《けんり》を有する者あるときは此限に在らず

第八十三條　舊來《きうらい》の慣行《くわんこう》に依り町村住民中特に其町村有の土地物件《ぶつけん》を使用《しよう》する權利を有《いう》する者《もの》あるときは町村會の議決を經《へ》るに非《あら》ざれば其舊慣《きうくわん》を改むることを得ず

第八十四條　町村住民中特に其町村有の土地《とち》物件《ぶつけん》を使用《しよう》する權利を得んとする者あるときは町村條例《でうれい》の規定《きてい》に依り使用料若くは一時の加入金《かにふ》を徵收《ちやうしう》し又は使用料加入金を共《とも》に徵收して之を許可することを得但特に民法《みんぱう》上使用《しよう》の權利《けんり》を有《いう》する者は此限に在らず

第八十五條　使用權《しようけん》を有する者（第八十三條第八十四條）は使用の多《た》寡《くわ》に準《じゆん》じて其土地物件に係《かゝ》る必要なる費用《ひよう》を分擔《ぶんにん》す可きものとす

第八十六條　町村會は町村の爲めに必要《ひつえう》なる場合《ばあひ》に於ては使用權《しようけん》（第八十三條、第八十四條）を取上《とりあ》げ又は制限《せいげん》することを得但特に民法上使用の權利《けんり》を有《いう》する者は此限に在らず

第八十七條　町村有財產の賣却《ばいきやく》貸與《たいよ》又は建築《けんちく》工事及物品《ぶつぴん》調達《てうたつ》の請負は公《おほや》けの入札に付す可し但臨時《りんじ》急使《きふし》を要《えう》するとき及入札の價額《かがく》其

時ニ至テ後チ得ル處ノモノ舊ノタカト同シキ𪜈ハ舊ノ分ハ之ヲ廢止スルト云フ（第八十條）給料退隱料等ハスベテ町村ノ事務ヲ執リ行フ者ニ要スル者ナレバ也（第四章）町村内ニ所有スル不動産金穀ナドノ財産ヲサハイスルコヲ掲グ（第八十一條）町村ニハ地面營造物積立金穀ナドヲ以テ實費ノモトデトシテ又之チムダニ費サズシテ永クタモツノ義務カアル臨時ニ入リタル金モ此基本ノ内ヘクミコムナリ（第八

費用《ひよう》に比《ひ》して得失相償《あひつくな》はざるとき又は町村會の認許を得るときは此限に在らず

第八十八條　町村は其必要《ひつえう》なる支出《しゝゆつ》及從前《じゆうぜん》法律命令に依て賦課《ぶくわ》せられ又は將來《しやうらい》法律勅令《ちよくれい》に依て賦課《ぶくわ》せらるゝ支出《しゝゆつ》を負擔するの義務あり

町村は其財産《そのざいさん》より生ずる收入《しうにふ》及使用料《しようれう》、手數料（第八十九條）幷科《くわ》料《れう》、過怠《くわたい》金其他法律勅令に依り町村に屬《ぞく》する收入を以て前項の支出に充《あ》て猶不足《なほふそく》あるときは町村税（第九十條）及夫役《ふやく》現品《げんぴん》（第百一條）を賦課徴收《ぶくわちようしう》することを得

第八十九條　町村は其所有物《しよいうぶつ》及營造物《えいざうぶつ》の使用に付又は特に數個人の爲《た》めにする事業《じげう》に付使用料又は手數料を徴收することを得

第九十條　町村税として賦課《ぶくわ》することを得可き目左の如し

一　國税府縣税《こくぜいふけんぜい》の附加税《ふかぜい》

二　直接《ちよくせつ》又は間接《かんせつ》の特別税《とくべつぜい》

附加税は直接《ちよくせつ》の國税《こくぜい》又は府縣税に附加し均《きん》一の税率《ぜいりつ》を以て町村の

十二條）スベテ町村ニ所有スル財産ハ其町村中ノ爲メニ之ヲサハイシ共ニ之ヲ費シ用ユルモノデアルナリ（第八十三條）何レノ土地ニモ舊來ノシキタリガアル此シキタリニテ町村住民中ベツダンニ其町村コ所有スル土地ヤ物件チツカフ權利ノアル者ガアルトキハ町村會ノ評議デナケレバ其シキタリヲアラタメルヿハデキヌナリ（第八十四條）町村有ノ土地物件ヲ住民中ニ使用スレバ町村條例ノ定ムル所ニ依

全部《ぜんぶ》より徴收《ちやうしう》するを常例《じやうれい》とす特別税は附加税の外別に町村限り税目を起《おこ》して課税することを要するとき賦課徴收するものとす

第九十一條　此法律に規定《きてい》せる條項《でうかう》を除《のぞ》くの外使《はかし》用料《ようれう》、手數料（第八十九條）特別税《とくべつぜい》（第九十條第一項第二）及從前《じゆうぜん》の町村費に關する細則は町村條例を以て之を規定《きてい》す可し其條例には科料一圓九十五錢以下の罰則《ばつそく》を設《まう》くることを得

科料に處《しよ》し及之を徴收《ちやうしう》するは町村長之を掌《つかさど》る其處分に不服《ふふく》ある者は令狀交付後《れいじやうかうふご》十四日以內に司法裁判所《しはふさいばんしよ》に出訴することを得

第九十二條　三ヶ月以上町村內に滯在《たいざい》する者は其町村税を納《をさ》むるものとす但其課税は滯在の初《はじめ》に溯《さかのぼ》り徴收す可し

第九十三條　町村內に住居《ぢうきよ》を搆《かま》へず又は三ヶ月以上滯在《たいざい》することなしと雖《いへど》も町村內に土地《とち》家屋《かをく》を所有《しよいう》し又は營業を爲す者（店舗《てんぽ》を定めざる行商《かうしやう》を除《のぞ》く）は其土地家屋營業若くは其所得《そのしよとく》に對《れい》して賦課する町村税を納むるものとす其法人《はふじん》たるときも亦同じ但郵便電信《いうびんでんしん》及官設鐵道《くわんせつてつだう》の業ハ此限に在らず

リ使用料ヤ一時ノ加入金ヲトリタテ之ヲ貸スヿガデキル（第八十五條）土地物件ヲ使用スル者ハ其ツカフ物ノ多キトスクナキトニ準シ土地物件ニカヽル費用ハ其部分ヲオフ（第八十六條）タトヘ一旦使用ヲ許可スルモ町村ノ爲メニ入用ナルトキハ使用權ヲ取上ルコトガデキ又ハキリモリ限リヲツケルコトガデキル（第八十七條）町村ニ所有スル財産ノ賣却貸與ナドハ公ケノ入札ニスベキヿヲ掲グシカシ急ニ使用スル

第九十四條　所得税《しよとくぜい》に附加税を賦課《ふくわ》し及町村に於て特別に所得税を賦課せんとするときハ納税者《なふぜいしや》の町村外に於ける所有の土地家屋又ハ營業《えいげふ》（店舗を定めざる行商を除く）より收入する所得ハ之を控除《こうぢよ》すべきものとす

第九十五條　數市町村《すしちやうそん》に住居《ぢうきよ》を搆《かま》へ又ハ滯在する者に前條の町村税を賦課《ふくわ》するときハ其所得《しよとく》を各市町村に平分《へいぶん》し其一部分にのみ課税す可し但土地家屋又ハ營業《えいげふ》より收入する所得ハ此限に在らず

第九十六條　所得税法《しよとくぜいほふ》第三條に掲《かゝ》ぐる所得ハ町村税を免除《めんぢよ》す

第九十七條　左《さ》に掲《かゝ》ぐる物件《ぶつけん》ハ町村税を免除す

一　政府《せいふ》、府縣郡市町村及公共組合《こうきようくみあひ》に屬《ぞく》し直接の公用に供する土地、營造物《えいざうぶつ》及家屋《かをく》

二　社寺《しやじ》及官立公立の學校病院其他學藝《がくげい》、美術《びじゆつ》及慈善の用に供する土地、營造物《えいざうぶつ》及家屋

三　官有の山林《さんりん》又ハ荒蕪地《くわうぶち》但官の山林又ハ荒蕪地の利益《りえき》に係《かゝ》る事業《じげふ》を起し內務大臣及大藏大臣の許可《きよか》を得て其費用《ひよう》を徵收する

カ又入札ノ予ダンガ其入用ノタカトクラベ其入用丈ノ予ダンガナキ𪜈ハ入札ヲスルニ及バヌナリ〔第八十八條〕支出ヲヒキウケルヿヲ示ス〔第八十九條〕町村ハ所有スル營造物ナドヲ使用シタル𪜈又ハ二三人ノ事業ヲスル爲メニカシタル𪜈ハ使用料又ハ手數科ヲトルヿガデキルナリ〔第九十條〕町村税トシテワリツケル事ノデキル目ヲカヽグ〔一〕國税ハ國庫ニ收入スル税ナリ〔府縣税〕府縣ニトリタテル税ナ

るハ此限に在らず
新開地《しんかいち》及開墾地《かいこんち》ハ町村條例に依り年月を限り免税することを得

第九十八條　前《ぜん》二條の外町村税を免除《めんじよ》す可きものハ別段《べつだん》の法律勅令に定むる所に從ふ皇族《くわうぞく》に係《かゝ》る町村税の賦課ハ追《おつ》て法律勅令を以て定むる迄《まで》現今《げんこん》の例に依る

第九十九條　數個人《すこにん》に於て專《もつば》ら使用する所の營造物あるときハ其修《しう》築《ちく》及保《ほ》存《ぞん》の費用ハ之を其關係者《かんけいしや》に賦課す可し
町村内の一部《ぶ》に於て專ら使用《しよう》する營造物あるときハ其部内に住居し若くハ滯在《たいざい》し又《また》ハ土地《とち》家屋を所有し營業（店舗を定めざる行商を除く）を爲《な》す者に於《おい》て其修築及保存の費用を負《ふ》擔《たん》す可し但其一部《ぶ》の所有財産あるときハ其收入《しうにふ》を以て先《ま》づ其費用に充《あ》つ可し

第百條　町村税は納税義務《なふぜいぎむ》の起《おこ》りたる翌月《よくげつ》の初より免税理由の生じたる月の終迄《をわりまで》月割を以て之を徵收す可し
會計年度《くわいけいねんど》中に於て納税義務消滅《せうめつ》し又は變更するときは納税者より之を町村長に屆出《とゞけい》づ可し其屆出を爲したる月の終迄は從前《じゆうぜん》の税を

リ〔直接〕スグニ國庫ニ收入スル〔間接〕印紙税ナルドヲ云フ〔特別税〕町村內ニテベツダンニ賦課スル税〔均一ノ税率〕平均ノ税ノワリカタ〔第九十一條〕科料罰則ヲ設クルハ使用料手數料特別税不納者ヲ防グガタメナリ〔第九十二條〕三ケ月以上滯在スル者ハ其町村税ヲ納ムルヿヲ定ムルナリ〔第九十三條〕郵便電信官設鐵道ノ業ナドハ公衆ノ爲メニシテ他ノ業ノゴトク一個ノ爲メニ營業セズヨツテ之ヲ免除

徴收することを得

第百一條　町村公共の事業《じげふ》を起《おこ》し又は公共の安寧《あんねい》を維《ゐ》持《ぢ》するが爲めに夫役及現品を以て納税者《なふぜいしや》に賦《ふ》課《くわ》することを得但學藝美術及手工に關する勞役《らうやく》を課することを得ず

夫《ふ》役《やく》及現品は急迫《きうはく》の場合を除くの外直接町村税を準率《じゆんりつ》と爲し且之を金額に算出《さんしゆつ》して賦課す可し

夫役を課《くわ》せられたる者は其便宜《べんぎ》に從ひ本人自《みづか》ら之に當り又は適當《てきたう》の代人を出すことを得又急迫の場合を除《のぞ》くの外金圓を以て之に代《か》ふることを得

第百二條　町村に於て徴收《ちやうしう》する使《し》用料《ようれう》、手數料（第八十九條）町村税（第九十條）夫役《ふやく》に代《か》ふる金圓（第百一條）共有物使用料《きやうゆうぶつしようれう》及加入金（第八十四條）其他町村の收入を定期內《ていきない》に納《おさ》めざるときは町村長之を督促《とくそく》し猶之を完納《くわんなふ》せざるときは國税滯納處分法に依り之を徴收す可し其督促《とくそく》を爲すに町村條例の規定《きてい》に依り手數料を徴收《ちやうしう》することを得

スルナリ〔第九十四條〕本條ハ通常ナレバ町村外ニ於ケル土地家屋又ハ營業ニ付テモ賦課スベキモノナレ𪜈已ニ所得税ノ法アリテ之レヨリ收入スルヲ以テ別ニ之ヲ課セズシテ控除則チ除ク〔店舗云々〕ミセヲヒラカズシテ出アキナヒヲスルモノハ賦課セズ〔第九十六條〕本條ハ所得税法ニ含有シ重複ニ渉ルノ憚アルヲ以テ町村税ヲ免シテ之ヲ課セサルナリ〔第九十七條〕物件ニ付テ町村税ヲ免スモノヲ列擧セシ

納税者中無資力《むしりよく》なる者あるときハ町村長の意見《いけん》を以て會計年度内に限り納税延期《なふぜいえんき》を許《ゆる》すことを得其年度を越《こ》ゆる場合に於てハ町村會の議決に依る

本條に記載《きさい》する徴收金《ちやうしうきん》の追徴《ついちやう》、期滿得免《きまんとくめん》及先取特權《せんしゆとくけん》に付てハ國税に關する規則を適用《てきよう》す

第百三條　地租《ちそ》の附加税《ふかぜい》ハ地租の納税者に賦課《ふくわ》し其他土地に對して賦課する町村税ハ其所有者《しよいうしや》又ハ使用者に賦課することを得

第百四條　町村税の賦課に對《たい》する訴願《そぐわん》ハ賦課令狀《ふくわれいじやう》の交付《かうふ》後《ご》三ヶ月以内に之を町村長に申立《まをした》つ可し此期限《このきげん》を經過《けいくわ》するときは其年度内減税免《ぜいめん》税及償還《しようくわん》を請求《せいきう》するの權利を失ふものとす

第百五條　町村税の賦課《ふくわ》及町村の營造物《えいざうぶつ》、町村有の財産幷其所得を使用《しよう》する權利に關する訴願《そぐわん》ハ町村長之を裁決《さいけつ》す但民法上の權利に係《かゝ》るものハ此限に在らず

前項《ぜんかう》の裁決に不服《ふふく》ある者ハ郡參事會に訴願し其郡參事會の裁決に不服ある者ハ府縣參事會《さんじくわい》に訴願《そぐわん》し其府縣參事會の裁決に不服ある

モノナリ〔第九十八條ノ數項〕政府ハ全國ノ政治ヲ掌ドリ主權ノ集合スル所即チ內閣諸省ノ如キ者也〔公共組合〕公衆利益ノ爲ニ設ケタルモノ鎮臺營所及ビ國會議事堂縣議事堂等ノ如シ〔第九十九條〕數個人ニ於テ使用スル營造物等ハ其使用スル者ニ於テ修築又ハ其物ヲ維持シウベキ爲ニ必要トスル入費ハ使用者ヨリ出サ子バナラヌ〔第百條〕納税ノ時日ニ係シ紛綜ト不義ヲ避ケン爲メ下條ノ如ク其始趣ノ算

者《もの》は行政裁判所に出訴することを得

本條の訴願《そぐわん》及訴訟の爲めに其處分《しよぶん》の執行《しつかう》を停止《ていし》することを得ず

第百六條　町村に於て公債《こうさい》を募《ぼ》集《しよ》するは從前の公債元額を償還《しようくわん》する爲め又は天災《てんさい》時《じ》變《へん》等已《や》むを得ざる支出《しゝゆつ》若《もし》くは町村永久《えいきう》の利益となる可き支出を要《えう》するに方《あた》り通常の歳入《さいにふ》を增加《ぞうか》するときは其町村住民の負《ふ》擔《たん》に堪《た》へざるの場合《ばあひ》に限るものとす町村會に於て公債募集の事を議決するときは併《あは》せて其募集の方法《はうはふ》、利《り》息《そく》の定率《ていりつ》及償還の方法を定《さだ》む可し償還の初期は三年以內と爲し年々償還の步合を定め募集の時より二十年以內に還了《くわんれう》す可し

定額豫算《ていがくよさん》內《ない》の支出《しゝゆつ》を爲すが爲め必要なる一時の借入《かりいれ》金は本條の例に依らず其年度內の收入《しうにふ》を以て償還《しやうくわん》す可きものとす

第二款　町村《ちやうそん》の歳入出豫算《さいにふしゆつよさん》及決算《けつさん》

第百七條　町村長は每會計年度《まいくわいけいねんど》收入支出の豫知《よち》し得可き金額を見積《つも》り年度前二ケ月を限り歳《さい》入出豫算表《ふしゆつよさんへう》を調製《てうせい》す可し但町村の會計年度は政府《せいふ》の會計年度に同じ

へ方ト終期トヲ示セルナリ（第百一條）町村公共トハ其町村ノ必要ナル場合ニ於テ起ス所ノ事業ニシテ堤防ノ起工道路ノ修築等町村ノ靜寧ヲ維持スルタメ人夫又ハ現品ヲ徴收ス又金錢ニ直シテ賦課スルノ勝レタルニ若カサルナリ故ニ急迫ノ時ニ限ルトス然レトモ人ノ學藝ノ如キ無形ノ財產勞力ヲ以テ强ユルコトヲ得サルハ理正ニ然ルヘキコトナリ（第百二條）町村ニ於テ徴收スル諸稅ヲ怠納スル者ノ處分方ヲ規定ス

内務大臣は省令を以て豫算表《よさんへう》調製《てうせい》の式《しき》を定むることを得

第百八條　豫算表《よさんへう》は會計年度前町村會の議決を取《と》り之を郡長に報告《はうこく》し幷地方慣行《ちはうくわんかう》の方式《はうしき》を以て其要領《えうりやう》を公告す可し

豫算表を町村會に提出《ていしゆつ》するときは町村長は併《あは》せて其町村事務報告書及財產明細表《ざいさんめいさいへう》を提出す可し

第百九條　定額《ていがく》豫算外の費用《ひよう》又は豫算の不足《よそく》あるときは町村會の認《にん》定《てい》を得て之を支出することを得

定額豫算中《よさんちう》臨時の塲合に支出《しゝゆつ》するが爲めに豫備費《よびひ》を置き町村長は豫め町村會の認定を受《う》けずして豫算《よさん》外の費用又《また》は豫算超過の費用《ひよう》に充《あ》つることを得但町村會の否決《ひけつ》したる費途《ひと》に充つることを得ず

第百十條　町村會に於《おい》て豫算表《へう》を議決其たるときは町村長より其謄寫《とうしや》を以て之を收入役《しうにふやく》に交付す可し其《その》豫算表中監督《かんとく》官廳若くは參事會の許可を受《う》く可き事項《かう》あるときは（第百二十五條より第百二十七條に至《いた》る）先《ま》づ其許可《きよか》を受く可し

收入役《しうにふ》は町村長（第六十八條第二項第三）又《また》は監督官廳《くわんちやう》の命令ある

此等ハ町村長ノ職務ナルヲ以テ之レヲ期定スルモノナリ（第百三條）地租ノ附加税土地ノ町村税ハ納税者又ハ使用者所有者ニ賦課スルモノナルヿヲ規定ス〔第百四條〕町村税ノ賦課ニツキ不服アルモノハ切符ノ手渡シアリタル後三ケ月内ニ町村長ニ申立テヲバ其後ハ訴權ナキモノトス〔第百五條〕町村税ノ賦課及町村ノ營造物等ヨリ府有ノ財産及ビ其所得ヲ使用スル權利ニ係ルヿハ町村長ニ於テ之ヲ決スルモ

に非《あら》ざれバ支拂《しはらひ》を爲すことを得ず又《た》收入役《やく》は町村長の命令を受くるも其支出《しゝゆつ》豫算表中《ちう》に豫定なきか又《また》は其命令第百九條の規定《きてい》に依らざるときは支拂《しはらひ》を爲すことを得ず

前項《ぜかう》の規定に背《そむ》きたる支拂は總《すべ》て收入役の責任に歸《き》す

第百十一條　町村の出納《すゐなふ》は毎月例日を定《さだ》めて檢査《けんさ》し及毎年少《すくな》くも一回臨時《りんじ》檢査を爲す可し例月檢査は町村長《ちやうそん》又は其代理者之を爲し臨時檢査《けんさ》は町村長又《また》は其代理者外《ほか》町村會の互選《ごせん》したる議員一名以上の立會《たちあひ》を要す

第百十二條　決算《けつさん》は會計年度の終より三ケ月以内《いない》に之を結了《けつれう》し證書類を併せて收入役より之を町村長に提出《ていしゆつ》し町村長は之《これ》を審査し意見を附《ふ》して之を町村會の認定《にんてい》に付す可し第六十二條第五項《かう》の場合に於《おい》ては前例《ぜんれい》に依り町村長より直《たゞち》に之を町村會に提出《ていしゆつ》す可し其町村會の認定《にんてい》を經たるときは町村長は之《これ》を郡長に報告す可し

第百十三條　決算《けつさん》報告を爲すときは第四十條の例《れい》に準《じゆん》じて議長代理《だいり》者共に故障《こしやう》あるものとす

ノ也(第百六條)町村ニ於テ公債ヲ起ス場合ハ凶年或ハ戰亂等非常ニ困難ヲ極ムル時ニアラザレバナシ得ベカラサルナリ(第二欵)本條ハ町村ニ於テ年々取立テ得ル處及ビ出ス處幷ニ一ケ年ニ幾許ホドアレハ足ルナランナド預メ計算スルヿナリ(第百七條)本條ハ歲入歲出ノ金額ヲ見積リ預算表調製方ヲ規定セシモノ也(第百八條)預算表ヲ報告シ及ビ公告スル手續ナリ(第百九條)本條ハ定リタル入費ヨリ多

第五章　町村內各部《かくぶ》の行政《ぎやうせい》

第百十四條　町村內の區《く》(第六十四條)又《また》は町村內の一部若くは合併《がつぺい》町村(第四條)にして別《べつ》に其區域を存《そん》して一區《く》を爲《な》すもの特別《とくべつ》に財《ざい》產《さん》を所有し若《もし》くは營造物を設け其一區限《かぎ》り特に其費用《ひよう》(第九十九條)を負《ふ》擔《たん》するときは郡《ぐん》は參事會其《その》町村會の意見《いけん》を開き條例を發行し財產及《およ》び營造物に關する事《じ》務《む》の爲め區會又《また》は區總會《くそうくわい》を設《まう》くることを得其《その》會議は町村會の例《れい》を適用《てきよう》することを得

第百十五條　前條《ぜんでう》に記載する事《じ》務《む》は町村の行政に關《くわん》する規定に依《よ》り町村長之《これ》を管理す可し但區の出納《すゐなふ》及會計の事《じ》務《む》は之を分別《ぶんべつ》す可し

第六章　町村組合《ちやうそんくみあひ》

第百十六條　數《す》町村の事《じ》務《む》を共同處分《しよぶん》する爲め其協議《けふぎ》に依り監督官廳の許可《きよか》を得て其町村の組合を設《まう》くることを得法律上の義《ぎ》務《む》を負《ふ》擔《たん》するに堪《た》ふ可き資力《しりよく》を有せざる町村にして他《た》の町村と合併《がつぺい》(第四條)するの協議整《とゝの》はず又は其事情《じやう》に依り合併を不《ふ》便《べん》と爲すときは郡參事《ぐんさんじ》會の議決を以《もつ》て數《す》町村の組合を設《まう》けしむることを得

分ニ費用ノ係リシトキノ處置及ビ預算ノ足ラザリシトキニ於テ拂ヒ出ス所ノ法ナリ〔第百十條〕本條ハ預算ニ要スル表式ノ議決及ビ其謄寫ヲ以テ收入役ニ交付スルコト等ヲ示セルモノナリ〔第百十一條〕本條ハ町村ノ出納ニ付キ之レガ鑑査法ヲ規定セシモノナリ例月鑑査ハ猶ホ小檢査ノ如ク毎年檢査ハ大檢査ト言フガ如シ〔第百十二條〕決算ノ結了法ヨリ終局マデノ法ヲ定メタルモノ也〔第百十三條〕本條ハ決算報告ヲ

第百十七條　町村組合《くみあひ》を設くるの協議《けふぎ》を爲すときは（第百十六條第一項）組合《くみあひ》會議の組織、事務《じむ》の管理方法並其費用《ひよう》の支辨《しべん》方法を併《あは》せて規定す可し

前條第二項の場合に於ては其關係《くわんけい》町村の協議を以《もつ》て組合費用の分《ぶん》擔《かん》法等其他必要《ひつえう》の事項を規定《きてい》す可し若し其協議整はざるときは郡《ぐん》參事《さんじ》會に於て之《これ》を定む可し

第百十八條　町村組合《くみあひ》は監督官廳の許可《きよか》を得るに非《あら》ざれば之を解《と》くことを得ず

第七章　町村《ちやうそん》行政の監督《かんとく》

第百十九條　町村の行政《ぎやうせい》は第一次《じ》に於て郡長之を監督し第二次に於《おい》て府縣知事之《これ》を監督し第三次に於《おい》て內務大臣之《これ》を監督す但法律《はふりつ》に指定《してい》したる場合《ばあひ》に於て郡參事會及府縣參事會《さんじくわい》の參與するは別段《べつだん》なりとす

第百二十條　此《この》法律中《ちう》別段の規定ある場合《ばあひ》を除くの外《はか》凡町村の行政に關する郡長若《ぐんちやうもし》くは郡參事會の處分《しよぶん》若くは裁決に不服《ふふく》ある者は府

ナストキニ當リ議長ニ於テ父母兄弟及ビ妻子ノ一身上ニ關スルモノアルトキハ代理者議長ニ代ハルベク代理者同上ノ嫌ヒアルトキハ又タ之ヲ避クルノ故障アルモノナリ〔第五章町村內各部ノ行政〕本條ハ町村內ニ於テ別ニ一區ヲ存シ又ハ一部ヲ畫シ或ハ合併町村等ノアル時ニ於テ其營造物ノ費用又ハ財產ノ管理ヲ規定セシモノナリ此場合ニ於テ開ク區總會等ハ町村會ノ規定ヲ用ユル也〔第百十五條〕前條說明スル事

縣知事《ちじ》若くは府縣參事會《さんじ》に訴願し其《その》府縣知事若《もし》くは府縣參事會の裁決《さいけつ》に不服ある者《もの》は內務大臣に訴願《そぐわん》することを得

町村の行政に關《くわん》する訴願《そぐわん》は處分書若《もし》くは裁決書を交付《かうふ》し又は之を告知《こくち》したる日より十四日以內《いない》に其理由《りいう》を具《ぐ》して之を提出《ていしゆつ》す可し但此《この》法律中別に期限《きげん》を定むるものは此限に在らず

此法律中《ちう》に指定する場合《ばあい》に於て府縣知事《ちじ》若くは府縣參事會の裁決《さいけつ》に不服ありて行政《ぎやうせい》裁判所に出訴《しゆつそ》せんとする者《もの》は裁決書を交付《かうふ》し又は之《これ》を告知したる日より二十一日以內に出訴《しゆつそ》可すし

行政《ぎやうせい》裁判所に出訴《しゆつそ》することを許したる場合《ばあひ》に於ては內務大臣に訴《そ》願《ぐわん》することを得ず

訴願及訴訟《そしよう》を提出するときは處分《しよぶん》又は裁決の執行《しつかう》を停止す但此《この》法律中別《ちうべつ》に規定あり又は當該《たうがい》官廳の意見《いけん》に依り其停止《ていし》の爲めに町村の公益《こうえき》に害《がい》ありと爲《な》すときは此限に在らず

第百二十一條　監督《かんとく》官廳は町村行政《ぎやうせい》の法律命令に背戾《はいれい》せざるや其事《じ》務《む》錯亂《さくらん》澁滯《しうたい》せざるや否《いな》を監視す可し監督官廳は之が爲めに行政事

務ハ町村ノ行政事務ナルヲ以テ町村長ニ於テ之ヲ管理スルガ當然タリ故ニ別ニ其管理者ヲ明言セシ也（第六章町村組合）數町村ノ事務ヲ共同シテ處分スルヿアルトキハ郡廳ハ府縣廳ノ許可ヲ得テ其組合ヲ設クルヿガデキルナリ然レドモ一方ノ町村貧民多キナゾニテ法律上支出スベキ資力ナキ場合ニ於テハ郡參事會ノ議決ヲ用スルモノナリ（第百十七條）數町村相合シテ爲スハ元便利ナルノ点アルナリ故ニ已

務《む》に關して報告《はうこく》を爲さしめ豫算《よさん》及決算等の書類帳簿《ちやうぼ》を徵《ちよう》し並實地に就て事《じ》務《む》の現況《げんきやう》を視察し出納《すゐたふ》を撿閲《けんえつ》するの權を有す

第百二十二條　町村又《また》は其組合に於《おい》て法律勅令に依て負擔《ふたん》し又は當《たう》該《がい》官廳の職權に依て命令《めいれい》する所の支出《しゆつ》を定額豫算に載《の》せず又は臨《りん》時《じ》之を承認《しようにん》せず又は實行《じつかう》せざるときは郡長は理由《りゆう》を示して其支出額を定額《ていがく》豫算表に加へ又は臨時支出《しゆつ》せしむ可し

町村又は其《その》組合に於て前項《ぜんかう》の處分に不服あるときは府縣《ふけん》參事會に訴願《そぐわん》し其府縣參事《さんじ》會の裁決に不服あるときは行政《ぎやうせい》裁判所に出訴《しゆつそ》することを得

第百二十三條　凡《およそ》町村會に於《おい》て議決す可き事《じ》件《けん》を議決せざるときは郡參事《ぐんさんじ》會代て之《これ》を議決す可し

第百二十四條　内務《ないむ》大臣は町村會を解散《かいさん》せしむることを得解《かい》散を命じたる場合《ばあひ》に於《おい》ては同時に三ヶ月以《い》内《ない》更《さら》に議員を改撰《かいせん》す可きことを命《めい》ず可し但改撰町村會の集會する迄《まで》は郡參事《ぐんさんじ》會町村會に代《かはつ》て一切《さい》の事件を議決す

ムヲ得ザル場合ニアラザレバ數町村相合併スルノ紛綜ヲ取ラサルモノナリ然レ圧若シ相合併シタルトキハ宜シク組合會議ノ組織事務ノ管理費用ノ支辨法等最モ能ク處理セサル可ラズ︹第百十八條︺町村組合閉會ヲ規定スルモノニシテ之レガ裁決ヲ管轄管廳ニ委子タルモノハ其議決ノ動モスレバ多事ニ渉リテ爲ニ紛雜言フ可ラサルノ憂アルヲ以テ斯ク定メシナリ︹第七章町村行政ノ監督︺スベテ事務ハメッケ

第百二十五條　左《さ》の事件に關する町村會の議決《ぎけつ》は內務大臣の許可《きよか》を受くることを要《えう》す

一　町村條例《でうれい》を設《まう》け幷改正する事

二　學藝、美術《びじゆつ》に關し又は歷史《れきし》上貴重《きちやう》なる物品の賣却《ばいきやく》讓與質入書入交換若《も》くは大なる變更《へんかう》を爲す事

前項《ぜんかう》第一の場合に於《おい》て人口一萬《まん》以上の町村に係《かゝ》るときは勅裁を經て之を許可《きよか》す可し

第百二十六條　左《さ》の事件に關する町村會の議決《ぎけつ》は內務大臣《だいじん》及大藏《おほくら》大臣の許可《きよか》を受くることを要《えう》す

一　新《あらた》に町村の負債《ふさい》を起し又《また》は負債額を增加《ぞうか》し及第百六條第二項《かう》の例《れい》に違《たが》ふもの但償還《しやうくわん》期限三年以內のものは此《この》限に在《あ》らず

二　町村特別稅幷使用料《しようれう》、手數料《てすうれう》を新設し增額《ぞうがく》し又は變更《へんかう》する事

三　地租《ちそ》七分《ぶん》の一其他直接《ちよくせつ》國稅百分の五十を超過《てうくわ》する附加稅《ぜい》を賦課する事

四　間接《かんせつ》國稅に附加稅《ぜい》を賦課する事

ダベスモノガナクテハ錯亂シヤスキナリ（第百十九條）行政事務監督ノ遞加ヲ示セルモノニテ內務大臣之ヲ統轄ス（第百二十條）法律中別段ニサダメタル場合ノ外ハ町村ノ行政ニカヽハル郡長ヤ郡參事會ノ處分ナドニ不服アル者ハ夫々ノ順序ヲ經テ終ニ內務大臣ニ訴願スルコトガデキルコトヲ示スナリ（第百二十一條）町村ノ行政ヲ監督スル役所ハ町村ニ於テ行フ政ノ法律命令ニソムカザルヤ又其事務上ニミダレ

五　法律勅令《ちよくれい》の規定に依り官廳より補助《けじよ》する歩合《ぶあひ》金に對し支出金額《がく》を定《さだ》むる事

第百二十七條　左《さ》の事件に關《くわん》する町村會の議《ぎ》決《けつ》は郡參事會の許可《きよか》を受くることを要《えう》す

一　町村の營造物《えいざうぶつ》に關する規則を設《まう》け並改正する事

二　基《き》本財産《はんざいさん》の處分に關する事《こと》（第八十一條）

三　町村有不《いうふ》動産《どうさん》の賣却讓與並質入書入《しちいれかきいれ》を爲《な》す事《こと》

四　各個《かくこ》人特《とく》に使用する町村有土地使用法《しようはふ》の變更を爲《な》す事（第八十六條）

五　各種《しゆ》の保證を與《あた》ふる事

六　法律《はふりつ》勅令に依て負擔する義務《ぎむ》に非《あら》ずして向《かう》五ケ年以上に亘《わた》り新に町村住民《ぢうみん》に負《ふ》擔《たん》を課する事《こと》

七　均《きん》一の税率《ぜいりつ》に據《よ》らずして國税《こくぜい》府縣税に附《ふ》加税《かぜい》を賦課する事（第九十條第二項）

八　第九十九條に從《したが》ひ數個人又は町村內《ちやうそんない》の一部《ぶ》に費用を賦課《ふくわ》する

トベコホルプノナキヤ否ヲ監視シ行政事務ニ臨シタル報告ヲナサシメ書類帳簿ヲイダサセ其實地ニ就テ事務ノモヨウヲミテ出納ナドヲアラタメルノ權ヲ有ス

〔第百二十二條〕法律勅令ニ依テ支出ヲ負擔シ又其町村ヲサハイスル役所ノ職務ノ權ニヨリ命スル所ノ支出ヲ定額豫算ニカキノセズ又場合ニ臨ミ之サシヨウチセズ又ハ實地ニ行ハヌトキハ郡長ニ於テ其ワケヲ示シテ之ヲ行ハシムベシ町村又ハ組合ニ於テ

事

九　第百一條の準率《じゆんりつ》に據《よ》らずして夫役《ふやく》及現品《げんぴん》を賦課する事

第百二十八條　府縣知事《ちじ》郡長ハ町村長、助役《じよやく》、委員《ゐゝん》、區長其他町村吏《り》員《ゐん》に對し懲戒處分《しよぶん》を行《おこな》ふことを得其懲戒《そのちやうかい》處分は譴責《けんせき》及過怠金とす郡長《ぐんちやう》の處分に係る過怠金《くわたい》は十圓以下《いか》府縣知事の處分《しよぶん》に係るものは二十五圓《ゑん》以下とす

追《おつ》て町村の吏員懲戒法《ちようかいはふ》を設くる迄《まで》ハ左の區別に從《したが》ひ官吏《くわんり》懲戒例を適用《てきよう》す可し

一　町村長の懲戒《ちようかい》處分（第六十八條第二項《かう》第五）に不服《ふふく》ある者《もの》は郡長に訴願し其郡長《ぐんちやう》の裁決に不服《ふふく》ある者《ある》は府縣知事《ちじ》に訴願《そぐわん》し其《その》府縣知事の裁決に不服《ふふく》ある者は行政《ぎやうせい》裁判所に出訴《しゆつそ》することを得

二　郡長《ぐんちやう》の懲戒處分に不服ある者《もの》は府縣知事に訴願《そぐわん》し府縣知事の懲戒《ちようかい》處分及其裁決《さいけつ》に不服ある者《もの》は行政裁判所《さいばんしよ》に出訴することを得

其郡長ノ處分ヲキカザルトキハ府縣參事會ニ訴願シ其裁決ニ不服アル者ハ行政裁判所ニ出訴スルヿガデキルナリ〔第百二十三條〕町村會ニテ議決スベキヿモ議決セヌ𪜈ハ郡參事會ニ於テ之ヲ議決スルトナリ〔第百二十四條〕議事ニ不都合アル塲合ニ於テハ內務大臣ヨリ解散ヲ命スルヿガデキル然ルニ解散ヲ命シタル塲合ニハスグニ三ケ月以內ニ議員ヲ改撰スルヿヲ命ズベシ其改撰シタル町村會ノアツマルマ

三　本條《けんでう》第一項に掲載《けいさい》する町村吏員《りゐん》職務に違《たが》ふことを再三に及び又は其情狀《そのじやうじやう》重《おも》き者又は行狀《ぎやうじやう》を亂《みだ》り廉恥を失《うしな》ふ者、財産を浪費し其分を守《まも》らざる者又は職務《しよくむ》擧らざる者は懲戒《ちようかい》裁判を以て其職を解《と》くことを得其隨時《ずゐじ》解職することを得可き者は〔第六十七條〕懲戒《ちようかい》裁判を以てするの限《かぎり》に在らず總《すべ》て解職せられたる者は自己《おの》の所爲《しよゐ》に非《あら》ずして職務《しよくむ》を執るに堪《た》へざるが爲《た》め解職《かいしよく》せられたる塲合《ばあひ》を除くの外《ほか》退隱料を受くるの權《けん》を失《うしな》ふものとす

四　懲戒《ちようかい》裁判は郡長其審問《そのしんもん》を爲し郡參事《ぐんさんじ》會之を裁決す其裁決に不《ふ》服《ふく》ある者は府《ふ》縣《けん》參事會に訴願《そぐわん》し其府縣參事會の裁決に不服ある者は行政裁判所《ぎやうせいさいばんしよ》に出訴することを得

監督《かんとく》官廳は懲戒《ちようかい》裁判の裁決前《ぜん》吏員の停職《ていしよく》を命じ幷給料を停止《ていし》することを得

第百二十九條　町村吏員《りゐん》及使丁其職務《しよくむ》を盡さず又《また》は權限を越《こ》えたる事あるが爲《た》め町村に對《たい》して賠償す可きことあるときは郡參事《ぐんさんじ》會之

デハ郡參事會ガスベテ議決スルナリ〔第百二十五條〕本條ハ物品ノ移轉ニ付キ内務大臣ノ許可ヲ受クルコトヲ用スル事項ヲ揭グルナリ〔第百廿六條〕此條下ニアル一二三四五ノ項ハ内務大臣大藏大臣ノ許シヲ受クベシ〔第百廿七條〕本條第一項ヨリ第九項ニ至ル迄ノ事務ハ郡參事會ノ許可ヲ得ルニアラザレバ爲シ能ハザルモノナリ〔第百廿八條〕本條ハ府縣知事及ビ郡長ニ於テ町村長以下ノ懲戒處分ヲ行フノ制限

を裁決す其裁決《さいけつ》に不服ある者《もの》は裁決書《さいけつしよ》を交付し又《また》は之を告知《こくち》したる日《ひ》より七日以内《いない》に府縣參事會に訴願《そぐわん》し其府縣參事會の裁決《さいけつ》に不服ある者《もの》は行政裁判所に出訴《しゆつそ》することを得但訴願を爲《な》したるときは郡參事會は假《かり》に其財產《そのざいさん》を差押《さしおさ》ふることを得

第八章　附則《ふそく》

第百三十條　郡參事會《ぐんさんじくわい》、府縣《ふけん》參事會及行政裁判所《さいはんしよ》を開設する迄《まで》の間郡參事會の職務《しよくむ》は郡長、府縣參事會の職務は府縣知事、行政《ぎやうせい》裁判所の職務《しよくむ》は内閣に於《おい》て之を行《おこな》ふ可し

第百三十一條　此《この》法律に依《よ》り初て議員を撰擧《せんきよ》するに付《つき》町村長及町村會の職務《しよくむ》幷町村條例《でうれい》を以て定《さだ》む可き事項《じかう》は郡長又は其指命《そのしめい》する官吏に於て之を施行《しかう》す可し

第百三十二條　此法律《このはふりつ》は北海道《ほくかいだう》、沖繩縣《おきなはけん》其他勅令を以て指定《してい》する島《たう》嶼《よ》に之を施行《しつかう》せず別《べつ》に勅令《ちよくれい》を以《もつ》て其制《せい》を定む

第百三十三條　前條の外《ほか》特別の事情《じじやう》ある地方に於《おい》ては町村會及町村長の具申《ぐしん》又は郡參《ぐんさん》事會の具申に依《よ》り勅令《ちよくれい》を以て此法律中《ちう》の條規《でうき》を

ヲ定メシ也（第百廿九條）町村吏員ニシテ其職務ノ區域ヲ超ヘテ町村ニ對シ損害ヲ生シタルトキハ其損害ヲ償ハザル可ラズ其處分ニ對シテ不服アルモノハ其筋ヘ訴願及ハ出訴スルヿが出キルモノナリ（第百廿八）ニ章附則）本條ニ於テハ一般ノ付則チ定メ今マデ規定シ來リタル事柄ヲメ判明ナラシムルモノナリ（第百三十條）參事會ノ開設及ビ行政裁判所ノ開設アルマデハ郡長及ビ府縣知事内閣ニ於テ職務ヲ行フヿヲ定

中止することある可し

第百三十四條　社寺《しやじ》宗教の組合《くみあひ》に關しては此《この》法律を適用《てきよう》せず現行の例規《れいき》及其地の習慣《しふくわん》に從《したが》ふ

第百三十五條　此《この》法律中《ちう》に記載《きさい》せる人口ハ最終《さいしう》の人口調査《てうさ》に依り現《げん》役算入を除《のぞ》きたる數《すう》を云ふ

第百三十六條　現行の租稅《そぜい》中此法律に於《おい》て直接稅又《また》は間接稅とす可き類別《るゐべつ》は内務大臣及大藏《おほくら》大臣之を告示《こくじ》す

第百三十七條　此法律《ほふりつ》は明治二十二年《ねん》四月一日より地方《ちはう》の情況《じやうきやう》を裁酌《しやく》し府縣知事《ちじ》の具申に依《よ》り内務大臣の指揮《しき》を以て之を施行《しかう》す可し

第百三十八條　明治《めいじ》九年《ねん》十月第百三十號布告各區町村金穀公借《かくくちやうそんきんこくこうしやく》共有物取扱土木起功《どぼくきこう》規則《そく》、明治《めいじ》十一年七月第十七號布告《ふこく》郡區町村編制法《はふ》第六條及第九條但書《がき》、明治十七年五月第十四號布告《ふこく》區町村會法、明治十七年五月第十五號布告、明治十七年七月第二十三號布告、明治《めいじ》十八年《ねん》八月第二十五號布告《ふこく》其他此法律《ほふりつ》に抵觸《ていしよく》する成規《せいき》は此法律施行《しかう》の日《ひ》より總《すべ》て之を廢止《はいし》す

メシナリ（第百三十一條）本例ニヨッテ定ムル町村會議員撰擧及ビ町村長町村會ノ職務條例等ハ郡長ノサシズニ依ッテナシ施行フモノナリ（第百三十二條）北海道沖繩縣等ニ於テハ此法律ヲ施コサズ此ノ地ハ別ニ土地人情ニ相當スル勅令ヲ以テ定ムル也（第百三十三條）此法律ハ全國一般ニ適用スト雖モ地方ノ人情ニヨッテ不適當ノコアルトキハ町村會又ハ町村長ノ申立ニヨッテ此法律中定ムル條項ヲ行ハザルコモデキル（第百

第百三十九條 内務《ないむ》大臣《だいじん》ハ此法律實行《じつかう》の責《せめ》に任じ之が爲《た》め必要《ひつえう》なる命令《めいれい》及訓令《くんれい》を發布《はつぷ》す可《べ》し

三十四條）宗教佛道ニ關スル事柄ハ此法律ニヨラズシテ現行ノ例規又ハ土地ノシキタリニ依ッテ定ムルナリ（第百三十五條）人口ノ起算理由ヲ説明セシナリ（第百三十六條）目今實行シ來ル所ノ租税中ニテ是々ハ直接税又ハ間接税ナリト定ムルコハ内務大藏大臣ガ別ニ定ムル也（第百三十七條）此法律ノ施行期限ヲ定メシモノニテ明治二十二年四月一日ヨリ地方ノ人情風俗等ヲ斟酌シテ府縣知事ノ申立ニヨリ内務大臣ノサシズヲ以テ實行スル也（第百三十八條）從前ノ布告及ビ之トユキチガウ規則ハ廢止スル也（第百三十九條）内務大臣ハ行政事務ノ統轄者ナレバ總ベテ之ヨリ發生スル所ノ利害ヲ引受ケザル可ラズ故ニ實行スルニ當テハ命令及訓令ヲ發布スベキ權アルナリ

市制町村制理由

〔自治〕ミヅカラオサムルナリ〔分權〕政治ノ權ヲ分任スル〔原則〕モトト云フ義〔實施〕ジッチニホドコス〔情勢〕ナリモヨフ〔端緒〕イトグチ〔法制〕ハウリツセイド〔自治ノ區〕人民自ラフタンシテオサメルクイキ〔造成〕コシラヘル〔特立〕他ノ例ニ準ゼズベッダンニト云フコト〔公法〕政府ト人民トノ間ニ立ツル約束ノ法ヲ云フ〔民法〕民間ノ權利ニ關スル法律〔理事者〕事務ヲオサムルヒト

市《し》制町村《せいちやうそん》制《せい》理《り》由《いう》

本制《はんせい》の旨趣《ししゆ》は自治《じぢ》及分權《ぶんけん》の原則《げんそく》を實施《じつし》せんとするに在《あ》りて現今《げんこん》の情《じやう》勢《せい》に照《てら》し程度《ていど》の宜《よろし》きに從《したが》ひ以て立法《りつぱう》上其端緒《たんちよ》を開《ひら》きたるものなり此《この》法制《はうせい》を施行《しかう》せんとするには必先づ地方《ちはう》自治《じぢ》の區《く》を造成《ざうせい》せざる可《べ》からず地方《ちはう》の自治區《じぢく》は特立《とくりつ》の組織《そしよく》を爲《な》し公法民法《こうほふみんはふ》の二者《しや》に於て共《とも》に一個《こ》人民と權利《けんり》を同くし之《これ》が理事者《りじしや》たるの機關《きくわん》を有《いう》するものなり其機關は法制《はうせい》の定《さだ》むる所に依《よつ》て組織し自治体《じちたい》は即《すなわ》ち之に依て其意想《そのいさう》を表發《へうはつ》し之を執行《しつかう》することを得《う》るものとす故《ゆゑ》に自治區は法人《はふじん》として財産《ざいさん》を所有《しよいう》し之を授受賣買《じゆゞばいゞ》し他人と契約《けいやく》を結《むす》び權利《けんり》を得義務《ぎむ》を負《お》ひ又其區《く》域內《ゐきない》は自ら獨立《どくりつ》して之を統治《とうぢ》するものなり然《しか》りと雖《いへど》も其區域は素《も》と國の一部分《ぶぶん》にして國の統轄《とうかつ》の下《もと》に於て其義務《ぎむ》を盡《つく》さゞるを得ず故に國《くに》は法律《はふりつ》を以て其組織を定《さだ》め其負擔《ふたん》の範圍《はんゐ》を設け常《つね》に之を監督《かんとく》す可きものとす

國內《こくない》の人民《じんみん》各其自治《じぢ》の團結《だんけつ》を爲し政府《せいふ》之を統《とう》一して其機軸《きぢく》を執《と》るは國家の基礎《きそ》を鞏固《きやうこ》にする所以《ゆゑん》なり國家の基礎を固《かた》くせんとせば地方

〔表彰〕アラワスコト〔法人〕法律上一個人トスル〔統治〕スベテヲサメルス〔統轄〕スベテサハイスル〔範圍〕カコヒト云フニ同ジ〔團結〕其區域内ノ者ガ結合スルヿ〔機軸ヲ執ル〕其カンエウタルトコロヲスベテオル〔基礎〕モトヒ〔區畫〕是ヨリコレマデトサカヒヲカギルヿ〔行政〕司法ニ對シテ云フマツリゴトナリ〔三階級〕ハシゴノダンノゴトクシダイヲ立ツル〔共同ノ事務〕アヒタガヒノツトメ〔處理〕ハカラヒ

の區畫《くゝわく》を以て自治《じち》の機体《きたい》と爲《な》し以て其部内《そのぶない》の利害《りがい》を負擔《ふたん》せしめざる可《べ》からず

現今《げんこん》の制《せい》は府《ふ》縣《けん》の下郡區町村《ぐんくちやうそん》あり區町村は稍《やゝ》自治の体《たい》を存《そん》すと雖も未《いま》だ完全《くわんぜん》なる自治の制あるを見《み》ず郡の如《ごと》きは全《まつた》く行政《ぎやうせい》の區畫たるに過《す》ぎず府縣は素《も》と行政の區畫《くゝわく》にして幾分《いくぶん》か自治《じち》の制《せい》を兼《か》ね有《いう》せるが如しと雖《いへど》も是亦全く自治の制《せい》ありと謂《い》ふ可《べ》からず今前述《いませんじゆつ》の理由《りいう》に依り此區畫を以《もつ》て悉《ことごと》く完全《くわんぜん》なる自治体と爲すを必要《ひつよう》なりとす則《すなはち》府縣《けん》郡市町村を以て三階級《かいきう》の自治体と爲《な》さんとす此階級を設くるは分《ぶん》權《けん》の制を施《ほどこ》すに於ても亦緊要《またきんえう》なりとす蓋《けだし》自治區には其自治体共同《きようどう》の事務《じむ》を任《にん》ず可きのみならず一般《はん》の行政に屬《ぞく》する事と雖も全國《ぜんこく》の統治《とうぢ》に必要にして官府《くわんぷ》自ら處理《しより》すべきものを除《のぞ》くの外《ほか》之を地方に分任《ぶんにん》するを得策《とくさく》なりとす故に其町村の力《ちから》に堪《たへ》ふる者は之を其負擔とし其力に堪《たへ》へざる者は之を郡《ぐん》に任じ郡の力に及ばざる者は之を府縣《ふけん》の負擔とす可し是階級《それかいきう》の重複《ちようふく》するを厭《いと》はずして却《かへつ》て利益《りえき》ありと爲す所以《ゆゑん》なり

オサム〔得策〕ヨキハカリゴト〔集攬〕アツメトル〔職權〕職務ノ權利〔參與セシメ〕アヅカリクミサスナリ〔大綱〕其モトノコト〔方針〕方向ノメド〔國家統御〕クニヲスベオサメル〔參政〕政治ニアヅカル〔利用〕ハタラカス〔公事〕公同ノ事務〔難易〕ムヅカシ丁ヤスキコト〔養成〕ヤシナヒナス〔將來〕コレカラサキ〔立憲〕國ノ憲法ニシテ是法ニノツトリテ與論ヲ起シ與論ノ皈スル所ヲ以テ政治ニ施スノ法也〔百世ノ

維新《いしん》の後政務を集攬《ふらん》して一に之《これ》を中央《ちゆうわう》の政府に統《す》べ地方官は各其職《かくそのしよく》權《けん》ありと雖も政府の委任《ゐにん》に依て代《かはつ》て事を處《しよ》するに過《す》ぎず今地方の制《せい》度《ど》を改むるは即《すなは》ち政府の事務《じむ》を地方に分任し又人民をして之《これ》に參與《さんよ》せしめ以て政府の繁雜《はんざつ》を省《はぶ》き併《あは》せて人民の本務《ほんむ》を盡《つく》さしめんとするに在《あ》り而《しか》して政府の政治《せいぢ》の大綱《たいかう》を握《にぎ》り方針《はうしん》を授《さづ》け國家統御《とうぎよ》の實《じつ》を擧《あ》ぐるを得可《うべ》く人民は自治の責任《せきにん》を分《わか》ち以て專《もつぱ》ら地方の公益《こうえき》を計るの心を起《おこ》すに至《いた》る可し蓋《けだ》し人民參政《さんせい》の思想發達《しさうはつたつ》するに從《したが》ひ之を利用《りよう》して地方の公事《こうじ》に練習《れんしふ》せしめ施政《しせい》の難易《なんい》を知《し》らしめ漸《やうや》く國事に任《にん》ずるの實力を養成《やうせい》せんとす是將來立憲《これしやうらいりつけん》の制に於て國家《か》百世《せい》の基礎《きそ》を立《た》つるの根源《こんげん》たり

故《ゆゑ》に分權の主義《しゆぎ》に依り行政事務を地方《ちはう》に分任し國民《こくみん》をして公同《こうどう》の事務《む》を負擔せしめ以て自治《じぢ》の實《じつ》を全《まつた》からしめんとするには技術專門《ぎじゆつせんもん》の職《しよく》若くは常職として任ず可《べ》き職務を除《のぞ》くの外概《おほむ》ね地方の人民をして名譽《めいよ》の爲め無給《むきう》にして其職を執《と》らしむるを要《えう》す而して之を擔任《たんにん》するは其地方人民の義務《ぎむ》と爲す是國民たる者國《くに》に盡《つく》すの本務《ほんむ》にして丁壯《ていさう》

基礎】ナガクモトヒスル【常職】フダンキマリノシヨク【無給】月給ナシ【丁壯】二十年前後ヲ丁ト云ヒ二十年前ヨリ卅年位マデ壯ト云【一朝】スコシノアヒダ【永遠ノ計】スエナガクトホクハカルナリ【効果】ハタシテアタルヿ【速成】ハヤクナル【擴張】オシヒロムル【名望】ホマレ【待遇】アシラヒ【勞費】コウナキニツヒヤス【倦怠】イヤニナル【舊來ノ制】ムカシカラノ制度【習慣】シキタリ【變革】カハリア

の兵役《へいえき》に服《ふく》すると原則《げんそく》を同くし更《さら》に一歩《ぽ》を進《すゝ》むるものなり然《しか》れども人民をして普《あまね》く此義務を帶はしむるときは其任又輕《かる》しと爲《な》さず故に一朝《てう》にして此制を實行《じつかう》せんとするは頗《すこぶ》る難事《なんじ》に屬《ぞく》すと雖も其目的《もくてき》たる國家《こくか》永遠《ゑいゑん》の計《けい》に在りて効果《かうくわ》を速成《そくせい》に期《き》せず漸次《ぜんじ》參政《さんせい》の道《みち》を擴張《くわうちやう》して公務に練熟《れんじゆく》せしめんとするに在り是《こゝ》を以て力《つと》めて多く地方の名望《めいばう》ある者を擧《あ》げて此任に當《あた》らしめ其地位《ちゐ》を高《たか》くし待遇《たいぐう》を厚《あつ》くし無用《むよう》の勞費《らうひ》を負《お》はしめず倦怠《けんたい》の念《ねん》を生ぜざらしむるときは漸く其責任《せきにん》の重《おも》きを知《し》り參政の名譽たるを辨《べん》ずるに至《いた》らんとす且本邦舊來《ほんぱうきうらい》の制を考《かんが》ふるに無給職《むきふしよく》にして町村の事務に任《にん》ずるの例《れい》あり各地方の習慣固《しうくわんもと》より一定なるに非《あら》ず且維新後《ゐしんご》數次の變革《へんかく》に依て頗《すこぶ》る此習慣を破《やぶ》りたりと雖《いへど》も今日に及《およ》んで之を襲用《しうよう》すること難からざる可し是此制《これこのせい》を實施するに方《あたつ》て多少《たせう》の困難《こんなん》あるに拘《かゝは》らず漸次其目的《もくてき》を達《たつ》せんことを期して疑《うたが》はざる所以《ゆゑん》なり

然《しか》れども他《た》の一方より之《これ》を見るときは又《また》地方《はう》の情況《じやうきやう》に依《よ》り多少の酌量《りやう》を加《くわ》へざるを得ざるものあり是《こゝ》を以て町村長は公選《こうせん》と爲すと雖も

ラタマル〔襲用〕イマニモチユル〔酌量〕クミハカル〔公選〕投票シテエラムヲ云〔官選〕官ヨリエラム〔派遣〕シユツチヤウ〔島嶼〕シマ〔實地活用〕ジツチニアタリテハタラキヲモチユ〔實況〕ホントノモヨヲ〔情態〕アリサマ〔智識ノ度〕チエノスヽミカゲン〔完備〕事ノソロフ〔立法者〕法律ヲ立ツル人〔愼重〕ツヽシミオモンズ〔斟酌〕クミトリハカル〔選任〕センキヨダンニン〔府縣郡制〕市町村制廢カ出ヅル故ニ

其選擧宜《よろし》きを得《ね》ざるときは臨《りん》時官撰を許《ゆる》し或は官吏《くわんり》を派遣《はけん》して其事《じ》務《む》を執《と》らしむるの例《れい》あり又島嶼《たうよ》の地其他特別《とくべつ》の事情ありて此制《このせい》を實施《し》し難《がた》き地方には之《これ》を行《おこな》はざるを許《ゆる》すの例《れい》あり（町村制第六十一條第百三十二條第百三十三條）其他十分に實地《ち》活用《よう》の方を與《あた》へたれバ各地の實況《じつ》に照《てら》して之に應《おう》ずるの便《べん》あるを信《しん》ず固《もと》より此等の法令《はうれい》は人民の情態《じやうたい》に依り智識《ちしき》の度《ど》に應《おう》じて宜《よろし》きを取《と》らざるを得《ね》ず徒《いたづら》に自治《じ》の理論《りろん》に據《よつ》て俄《にはか》に其完備《そのくわんび》を求《もと》むるが如きは立法《りつはう》者の愼重《しんちやう》を加《くは》ふ可き所なりとす是《これ》本制多少の斟酌《しんしやく》なきを得ざる所以《ゆゑん》なり

本制を施《し》行《かう》するに付《つい》ては漸《ぜん》を以て郡府縣の制度《ど》の改正《かいせい》に及バざるを得《ね》ざるものあり今其概略《そのがい》を擧《あ》ぐれバ郡《ぐん》に郡長を置《お》き府縣に府縣知事を置《お》き其撰任組織《せんにんそしよく》等固《もと》より舊の如《ごと》くして之を改《あらた》めずと雖《いへど》も府縣會の外《ほか》新に郡會を開《ひら》き府縣郡に各《かく》參事會を設《まう》けざるを得《ね》ず然《しか》れども是等《ら》の事は府縣郡制《ぐんせい》の制定あるを待《まつ》て始めて定《さだ》まる可き事にして今只之を以て本制《けんせい》の參考《さんかう》に供《きよう》するのみ

本制に制《せい》定する市町村は共《とも》に最《さい》下級の自治体《たい》にして市《し》と云《い》ひ町村と

本制ヲ設ケネバナラヌ〔參考〕テラシクラベル〔最下級〕イチバンシタノダンヲ云フ〔都鄙〕トクワイイナカ〔原質〕モトセイシツ〔均一〕平均シタコト〔準率〕ヒキクラベ〔輻湊〕アツマル〔施治ノ細目〕政チホドコスコマカナカデウ〔範圍内〕カギリノウチ〔執行者〕事ヲトリオコナフ人〔經濟〕ヨワタリ〔分離〕ワケハナス〔機關ノ組織〕法則ノクミタテ〔監督ノ例〕メツケタヾス〔區制〕區ヲ置キ區ノ役所ヲ設ク〔繼續〕

云《い》ひ都鄙《とひ》の別《べつ》に依《よつ》て其名を異《こと》にするに過《す》ぎず其制度《せいど》を立《た》つるの原質に至《いたつ》ては彼此《ひし》相異《あひこと》なる所なし元來《ぐわんらい》町と村とは人民生計《せいけい》の情態《じやうたい》に於て其趣《おもむき》を同くせざるものありて細《こま》かに之を論《ろん》ずれば均《きん》一の準率《じゆんりつ》に依《よ》り難《がた》きものなきに非《あら》ずと雖も本邦現今《ほんぽうげんこん》の狀況《じやうきやう》を察《さつ》し舊來の習慣に依て之を考《かんが》ふるに都會輻湊《くわいふくそう》の地を除《のぞ》くの外宿驛《ほかしゆくえき》と稱《しよう》し町と稱するもの施政《せい》の大體《たいたい》に於《おい》て村落と異《い》同《どう》あることなし故に今之を同一制《せい》度の下《もと》に立《た》たしめんとす其施《し》治《ぢ》の細目《さいもく》に至ては或は多《た》少《せう》の差《さ》異《い》を見ることあるべしと雖《いへど》も此等は制度《せいど》の範圍《はんゐ》内に於て執行者の處《しよ》分斟《しん》酌宜きを得ると否《いな》とに在る可きものとす然《しか》れども都會《とくわい》の地に至ては大に人情《にんじやう》風俗《ぞく》を異《こと》にし經濟上自ら差別《さべつ》あり故に之を分離《ぶんり》して別に市《し》制《せい》を立て機《き》關《くわん》の組織《そしよく》及行政監督の例《れい》を異にせり是固《もと》より町村制と其性質《せいしつ》を異にするに非《あら》ず其市民の便益《べんえき》と實際の必要《えう》とに出て然《しか》らざるを得ざるなり即現行《げんかう》の區制に繼續《けいぞく》する所のものなりと雖も從來《じゆうらい》の區《く》は郡の彊域《きやうゐき》を離《はな》れずして行政上別に吏員を置《お》き事務を處理《しより》するに過《す》ぎざりしも今改めて獨《どく》立分離せしめ從來區《く》の下《もと》に町ありしも之《これ》を改めて市を最《さい》

ヒキツヾク［區域］疆ハクニサカヒ域ハ地ノサカヒ［市街］イチマチ［特例］ベツニ設クルコト［人口］ヒトカズ［混同］イツシヨニナル［廣狹］ヒロキセマキ［繁閑］繁ハ事多ク閑ハ事ガヒマ［例規］法例規則［適用］一方ニアル者ヲ一方ヘアテモチユルヿ［範圍ヲ廣クシテ］クワンケイヲヒロクスルト［地方ノ便宜］チノツガウ［總則］市制町村制一体ノ全篇ニカヽリタルスベテノ法則ナリ［元素］モトヽナル

下級の自治体《じちたい》と爲さんとす而《しか》して三府市街の如《ごと》きは其情況《じやうきやう》又他の都會の地と同じからざるものあるを以て市制中機關《きくわん》の組織《そしよく》等に於て二三の特例を設くるものあり今此市制を施行《しかう》せんとするものは三府其他人口《じんこう》凡二萬五千以上の市街《しがい》地に在りとす尤《もつとも》郡制制定の時に至て其要件を確定《くわくてい》することある可しと雖も今《いま》內務大臣《だいじん》の定むる所に從て之を施行《しかう》せんとす區の名稱《めいしよう》を改めて市と爲《な》すは三府の如き一府內の區と混同するを避《さ》くるなり町村は通《つう》じて其組織《しよく》を同す可きは前述の如しと雖も其大小廣狹《くわうけふ》に依り又は貧富《ひんぷ》繁閑《はんかん》に依りて自ら事情《じじやう》を異《こと》にするものなきに非《あら》ず故に或は一定の例規《れいき》を適《てき》用し難《がた》きものあり是亦酌量を加《くは》へ法律の範圍《はんゐ》を廣《ひろ》くして地方の便宜《べんぎ》を與《あた》へんとするなり（町村制第十一條、第十四條、第二十五條、第三十一條、第五十二條、第五十六條、第五十九條、第六十三條、第六十四條、第百三十三條）

市制《しせい》町村制《せい》

第一章　總則《そうそく》

凡《およそ》市町村は他の自治《じち》區と同く二箇《こ》の元素《げんそ》を存せざる可からず即ち疆《きやう》

モノ〔疆土〕トチヲ云〔界限〕サカヒカギリ〔自主ノ權〕ミヅカラ事ヲツカサドル權利〔第一欵〕ヒトツノ區分ケ〔性質〕イカナルモノナルコト〔疆土〕土地ノ境〔住民權〕スマイスル權利ナリ〔公民權〕撰擧ノ權利アル者〔得喪〕權利ヲ得又喪フコト〔規定〕規則ヲ定メテキメルヿ〔付與スル〕アタヘル〔自主權〕自ラ擅ニシテ他人ヨリ喙ヲ容ルヽヿ能ハサルモノ〔範圍〕ドコ迄ハ勝手ニナルト云フカギリナリ

土《ど》と人民と是《これ》なり此二者《しや》其一を缺《か》くときは市町村の自治体を爲すに足らざるなり而して市《し》町村の制度は法律《はうりつ》を以て之を定《さだ》むと雖も或《あ》る界限内《かいげんない》に在《あつ》て市町村に自主《じしゆ》の權《けん》を付與《ふよ》するものとす是《これ》を市町村の基《き》礎《そ》とす

第一欵は市《し》制町村制《せい》を施行《しかう》するの地を定め(市制町村制第一條)法律上市町村の性質《せいしつ》を明にし(市制町村制第二條)次《つい》で第一元素《げんそ》たる疆土《きやうど》に關《くわん》する條件を定む(市制町村制自第三條至第五條)第二欵は第二元素に關する條件《でうけん》、住《ぢゆう》民權公民權の得喪《とくそう》及住民權公民權より生ずる權利義務《けんりぎむ》を規定《きてい》す(市制町村制自第六條至第九條)第三欵は市町村に付與《ふよ》する自主權《じしゆけん》の範圍《はんゐ》を示《しめ》す(市制町村制第十條)

第一欵　市《し》町村及其區域《くゐき》

市町村の區域は一方《はう》に在ては國土分畫《こくどぶんくわく》の最《さい》下級《きふ》にして即國の行政區畫《くわく》たり一方に在《あつ》ては獨立したる自治体の疆土《きやうど》たり其疆土は自治体が公法《こうはう》上の權利を執行《しつかう》し義務を踐行《せんかう》するの區域《くゐき》なり」故に市町村の區域は從來《じゆうらい》の成立《せいりつ》を存して之を變更《へんかう》せざるを以て原則とす然ども町村

〔分畫〕分ケテカドチ限ルヿ〔自治体〕自ラ治ムル〔獨立〕ヒトリ立チ〔公法上〕公利公益ナリ〔踐行〕ソノ通リ行フ〔成立〕ナリタチ〔變更〕カヘルヿ〔貧弱〕ヨハクシテ〔本分〕爲ス可キノ自分ノ務メ〔公益〕國ノ爲ニ益ニナラヌヿ〔造成〕ツクリナシ〔維持〕タモチ行クヿ〔廢置〕ヤメタリ又コシラヘルヿ〔分合〕合併シ又ハ分離スルヿ〔干渉〕其事ニアヅカルヿ〔機會〕ヨキトキ〔意見〕ミコミ〔採用〕トリ用ユ〔承諾〕シヨウチ

の力貧弱《ひんじやく》にして其負擔《ふたん》に堪《た》へず自ら獨《どく》立して其本分を盡すこと能はざるものあり是《これ》其町村自已《じこ》の不利《ふり》たるのみならず國の公《こう》益に非ざるなり是《こゝ》を以て有力《いうりよく》の町村を造成《ざうせい》し維持《ゐぢ》するは國の利害に關する所にして町村の廢置《はいち》分合若くは區域《くゐき》の變更《へんかう》等に付き國の干渉《かんせふ》を要《えう》すること明なり固《もと》より關係《くわんけい》ある土地の所有主及自治區をして利害《りがい》の關する所に依て各其意見《いけん》を達《たつ》するの機會《きくわい》を得せしめ其意見一般の公益を害せざる限りハ之を採《さい》用せざる可からず尤他の一方より論《ろん》ずるときハ其關係者《くわんけいしや》たるものハ動《やゝ》もすれバ自已《じこ》の利害に偏《へん》し永《えい》遠の得《とく》失を顧ざるが如きことあるを免《まぬか》れず故に一に其承諾《しようだく》に依て決《けつ》することを得ず假令《たとひ》其承諾なきも之を斷行《だんかう》するの權力あるを要《えう》す然れども此等の處置《ち》たるや地方の情《じやう》況に通曉《つうけう》するを要《えう》し且公平を示《しめ》さんが爲めに高《かう》等自治《じぢ》區參事會の議決に任ずるを至當《したう》とす（市制第四條、町村制第五條）本《はん》制は町村の分合に就《つい》て詳細《しやうさい》なる規《き》則を設けず各地の情況を斟酌《しやく》するの餘地《よち》を存《そん》するなり唯《たゞ》十分の資《し》力を有せざる町村は比隣相合併《べい》す可きの例を設く此の如き町村ハ獨立《どくりつ》を有たしむることを得《え》ざるを

スルコト〔斷行〕疑ヘズ行フコト〔通曉〕ソノ丁ニタツシ居ル者〔餘地〕アマリ也〔比隣〕トナリ近所〔合併〕アハス出〔數個〕五六ケ所〔造成〕コシラヘル〔從前〕マエカタ〔大半〕半分スギ〔狹小〕セマク小キ〔資格〕モチマヘ〔處分〕シヨチ〔例規〕アタリマヘノキソク〔制定〕キメルコト〔緩急〕イソグトイソガヌト〔行政廳〕府縣郡衙內閣等〔地形〕土地ノ便不便等〔沿革〕カワリアラタマル〔實行〕實際行フコト〔冀望〕ノゾミ

以て假令其承諾《しようだく》なきも他の町村に合併し又ハ數箇《すこ》相合して新町村を造成《さう》せざる可からず固《もと》より本制に定むるが如く各市町村從前の區域を變更《へんかう》せざるハ其原《げん》則なりと雖も現《げん》今各町村の大半ハ狹小に過ぎ本制に據て獨立町村たる資格《しかく》を有するを得ざるもの蓋《けだし》少からず故に合併の處分を爲すも亦《ま》已《や》むを得ざる所なり然れども分《ぶん》合の例規《れいき》ハ詳に之を法律に制定《せいてい》せず其緩急《くわんきう》を行政廳の見る所に任ずるものハ各地の地形人《にん》情及古來《こらい》の沿革《えんかく》を參酌《さんしやく》するの自由を得せしめんとするに在り若《も》し其實行に方《あたつ》て執行者の標準《へうじゆん》を定むるが如きハ時《とき》に臨で訓令《くんれい》を發《はつ》することある可し之を要《えう》するに町村ハ舊來《きうらい》の區域を存して改めざるを原《げん》則とし資《し》力なきものハ之を合併して以て法律の冀望《きばう》する有力の町村を造成《ざうせい》せんことを期《き》するに在り又合併の爲《だ》めに其區域廣闊《くわうくわつ》に過ぎて地形人情の自然《ぜん》を失ひ共有物の區域を混《こん》じ其使用の便《べん》を害《がい》する等の事なきを要《えう》す然れども今日に在《おつ》ては事情已《や》むを得ざるものありて十全《ぜん》の合併を爲《な》すことを得ず又ハ合併を以て不便《べん》と爲すが如きてとあるべし故《ゆゑ》に町村制第百十六條に於て町村組合《くみあひ》を設《まう》くるの便法を

〔共有物〕共ニ便利ノアル物〔十全〕全ツタキ〔便法〕ベンリハウ〔共同〕一所ニ處置スルコ〔範圍〕權限內〔需用〕モトメ〔協議〕サウダン〔分擔〕分チテヒキウケル〔法理〕法律ノ理クツ〔穩當〕ヲダヤカ〔專斷〕一已ノ了見ニテ足ル〔偏私〕一已ノ意ヲ以テ一方ニ傾ムクコト〔經界〕土地山川ノサカヘ〔終審〕最終ノ裁判所ナリ〔民法上〕人民相互ノ關係ヲ規定シタル法律上ノコ〔裁決〕サイバンスル〔行政裁

存《そん》せり其組合町村ハ各《かく》獨立を保《たも》ち而して共同して一定の事務《じむ》を處辨《しよべん》するものなり其共同事務の範圍《はんゐ》等ハ實地の需要《じゆよう》に依て便宜之を議定するに任す」凡區域を變更《へんかう》するに方てハ必關係者の協議《けうぎ》を以て財産《ざいさん》處分又ハ費用《ひよう》の分擔《ぶんたん》を定むるを要す是亦一定の例規《れいき》を示《しめ》さず蓋《けだし》此等の處分ハ強《あなが》ち法理に泥《なづ》まず專ら情義に依るを以て穩當《をんとう》とす但其專斷《せんだん》偏私《へんし》の弊《へい》なからしめんが爲め其處分を參事《さんじ》會に任《まか》せり而して其參事會の議《ぎ》決《けつ》に對《たい》してハ司法の裁判を仰《あふ》ぐを許さず」市町村經界《けいかい》の爭論《そうろん》ハ公法上の權利《けんり》の廣狹《くわうけふ》に關するを以て公法に屬《ぞく》せり故に此類《るい》の爭論《そうろん》ハ司法裁判を求《もと》むるを許さずして參事會の裁決《さいけつ》に付《よ》し終審《しうしん》に於てハ行政裁判所の判決《はんけつ》に任せり(市制町村制第五條)若し之に反して民法上の所有權《しよいうけん》若くハ使用權《けん》に關《くわん》する爭《そう》論ハ固より司《し》法裁《さい》判に屬すべきを以て其爭論者の一方若《もし》くハ雙方《さうはう》とも市町村に係《かゝ》ると雖も參事會の裁決に付《ふ》せず行政裁《さい》判に屬せざるハ勿論《もちろん》なり

第二款　市《し》町村住民籍《せき》及公《こう》民權

町村と人民《じんみん》との關係ハ現《げん》行の法に於て本籍《ほんせき》寄留の別あり現實《げんじつ》の住居

判所〕市町村制ヨリ起ル諸種ノ争ヲ裁判スル所ナリ〔住民籍〕其町村内ヘ住居シテ權利義務ヲ有スルノ民ナリ〔虚名〕名バカリニテ本人ノ居ラサルモノナリ〔例規〕其慣習ヲ酌ミ等シク定メタル規則〔詳述〕ツマビラカニノベル〔變更〕ニカヘテシモウ〔所得〕財産ヨリ生スル利益〔參與〕出席シテ意見ヲ述ヘルナリ〔言ヲ俟ズ〕言ハズトモ知レタコ〔分任〕分ケテ引受クル〔滯在〕トヾコヲリ〔覊旅〕タビ

地は必しも本籍《ほんせき》地ならず本籍は殆《ほと》んど虚名を存《そん》するに過ぎざるものあり而《しか》して府縣會議員の撰擧《きよ》の如き公法上の權利《けんり》は本籍に屬して寄留地《ち》に屬《ぞく》せざるものあり甚だ事實《じつ》と相適せず蓋《けだし》公法上の權利を行《おこな》ふは現實の利害《りがい》に基く可くして虚名に依る可からず故に本制《せい》に於ては現行《げんかう》の本籍寄留法《はふ》に依らず凡市町村内に住居を定むる者は即市町村住民にして本籍寄畱《きりう》の別あることとなし尤市《し》町村住民籍即屬籍《ぞくせき》の例規は別に法令を以《もつ》て之を制定せんことを期《き》す故に玆《こゝ》に之を詳述《しやうじゆつ》せずと雖も要《えう》するに本制の行《おこな》はるゝ日より人民と町村との關係即《すなはち》町村の屬籍に付《つい》ては從來本《けん》籍寄留の例を一變《ぺん》ずるものなり但戸籍上の事《こと》即戸主家族の關係《くわんけい》に於ては之と相《あひ》關することとなく從前《じゆうぜん》の戸籍法を存して之を變更《へんかう》せざるなり」市町村《そん》住民の權利《けんり》は市町村の營造《ないざう》物を共用し其《その》財産所得の使用《しよう》に參與するに在り但法律《はふりつ》及市町村の條例規《き》則《そく》に據る可きは固《もと》より言を俟《ま》たず其義務《ざむ》は市町村の負《ふ》擔《たん》を分任するに在り其《その》義務の生ずるは即市町村に住居を定め住民と爲《な》りし時に起《おこ》る但し市町村内に住居を定《さだ》めず一時滯在《たいざい》する者即其市町村住民《じうみん》に非ざる者

住民タリ」住民トテ共用物ヲ使用スル權利ヲ有スルモノ
皇族」皇室ノ血統「掲載セズ」カゝゲ示サズ「公務」公ケノツトメ「特別」カクベツ「重大」大切ノヿ「民度」人民ノ智識及ビ世話向キ等ノ摸樣
「各地方ノ情況」各地方ノモヨウヲ考ル「其宜ヲ制スル」其人情風俗及ビ人氣ニ適合スルヲ以テ宜シトス
「權利上公平ヲ失ス權々」甲町乙村ニ於テ權利上異ナル點カアッテハ公平ヲ取ル主義ヲ悖ルモ

と雖《いへど》も其滯在の久きに至《いたつ》てハ市町村の負擔《ふたん》に任せしむるを當然《たうぜん》とす

(市制町村制第九十二條)

故《ゆゑ》に身羈旅《みきりよ》に在る者と一時《じ》の滯在者とを除《のぞ》くの外凡市町村內に住居を定むる者《もの》ハ即皆市町村住民たり軍人《ぐん》官吏の如きも亦皆然り然りと雖《いへど》も軍人官吏ハ公民權《こうみんけん》を行ひ及市町村の負擔《ふたん》を分任する上《うへ》に於て例外に置《お》くを必要と爲《な》すの條件あり即市制《せい》第八條、第九條、第十二條、第十五條、第五十五條、第九十六條、町村制《せい》第八條、第九條、第十二條、第十五條、第五十三條、第九十六條に定《さだ》むる所の如《ごと》し又皇族《くわうぞく》ハ市町村の屬籍《ぞくせき》外たることを勿論《もちろん》なれバ敢《あへ》て本町に掲載《けいさい》せず

市町村住《ぢゆう》民中公務に參與するの權《けん》あり又義務ある者《もの》ハ別に要件《けん》を定めて其資格《しかく》に適ふ者に限《かぎ》る之を公民《こうみん》とす(市制町村制第七條)

公民《こうみん》ハ住民中に在《あつ》て特別の權利《けんり》を有し重大《だい》の負擔を帶《お》びたる者とす其資格の要件《えうけん》ハ自ら民度風俗《ふうぞく》に從ひ各地方の情況を酌《く》み以て其宜《よろしき》を制するを便なりとす故に市町村の自主の權《けん》に任せ適宜之《これ》を制定《てい》せしむ可きが如しと雖《いへど》も又一方より考《かんが》ふれば各地方區々に出でゝ權利上

ノナルヲ以テ一定ノ法定メシナーリ〔案スルニ〕等フルコト〔特別ノ手續〕一般ノ外ニ定メタルモノ也〔適スルトキ〕チヨウドハマルトキ〔通例〕大抵人ノスル所トナス〔法人〕法律上一個ノ人トナスモノ〔特免〕其會ニ於テ特ニ免ス也〔多額〕多分ト云フガ如シ〔負擔〕引受ケ納ムル者〔特ニ選擧權ヲ行ハシムル云々〕一般ノ公民ニアラザレトモ三人中最モ多ク納ムル者ハ幾分カ信用徳義アルモノ

公平を失《しつ》するの恐《おそれ》なき能はず各國の例を案《あん》ずるに是亦異同ありて一定《てい》せず今本制は本邦の民度情体を察《さつ》し併せて各國《こく》の制を參酌《しやく》し之を制定せり」各國の例《れい》を案ずるに大略《りやく》二類あり一は則市町村住民にして法律上の要件に適《てき》するときは直に公民となるの法《はふ》とし一は則特別の手續《てつゞき》に依て公民權を得るの法《はふ》とす今第一の例《れい》を以て適當《てきたう》と爲す故に本制《せい》は市町村住民中市制町村制《せい》第七條に規定《きてい》したる要件に適《てき》するときは直《たゞち》に公民たるを得るものとす」

外國人及公權《こうけん》を有せざる者には公民權《けん》を與ふ可らざること疑《うたがひ》を容れず本制に於《おい》ては婦人及獨立《どくりつ》せざる者も亦皆公民外に置《お》くを通例とす但市制《し》町村制第十二條、第二十四條に於ては之《これ》に撰擧權を與《あたふ》るの特《とく》例《れい》あり官府其他總《すべ》て法人たる者《もの》も亦之に準《じゆん》ず其他は一般《ぱん》に二年以來市《し》制《けい》町村制第七條に列記《れつき》したる要件《えうけん》を有するを要《えう》す然るに一般《ぱん》に二年以上の制限《せいげん》あるは或は不公平《ふこう》を生ずるの恐《おそれ》ありと雖も市町村會に於《おい》て之を特免《とくめん》するの權利を有するを以《いう》て其《その》甚しきに至《いた》らざる可し其他《た》多額の納税者に就《つい》ても亦之に類《るい》する特例を設《まう》く（市制町村制第十

トスルヲ以テ也〔小民〕ツマランモノ〔放任〕マカセル〔無知無産〕チエモナク財産モナシ〔資産者〕財産アルモノ〔抑壓〕ヲサヘル〔擴充〕ヲシヒロメル〔細民〕百姓ナゾノモノヲ云フ〔不滿〕十分ナラズ〔絶タン〕ナクスルコト〔納税者〕税ヲ納ムル者〔標準〕メドトナシ〔賦課法〕中シ付ケ割リ付ケルシカタナリ〔達セサル〕屆カヌ〔頗ル〕ヨホド〔消滅〕キエテ其事ノナクナル〔國民籍〕日本國民タル本籍ナリ

二條〕甲《かふ》市町村の住《ぢう》民にして乙《おつ》市町村内に土地《とち》を所有《いう》し若くは營業《えいげふ》を爲すが爲《ため》に市《し》制《せい》町村制第九十三條に從《したが》ひ市町村稅《ぜい》を負擔する者あり此《かく》の如き者には固《もと》より完全の公民權《こう》を與へずと雖《いへど》も市制《せい》町村制第十二條に從て特《とく》に撰擧權を行《おこな》はしむるものとす蓋《けだし》本制に定《さだ》むる要件中《ちう》納税額の制限を設《まう》くる所以《ゆゑん》は市町村を以《もつ》て其盛衰《せいすゐ》に利害の關係を有《いう》せざる無智無産《むちむさん》の小民に放《はう》任することを欲《ほつ》せざるが爲《た》めなり然《しか》れども本制には二級若《きふもし》くは三級《きふ》撰擧法を行《おこな》ふに依て幸《さいはひ》に小民の多數《すう》を以て資《し》産者を抑壓《よくあつ》するの患《うれひ》を免る可《べ》きが故《ゆゑ》に其制限は之《これ》を低度《ていど》に定むるも妨《さまた》げなし元來撰擧《せんきよ》權を擴充《じゆう》し以《もつ》て細民不滿《ふまん》の念を絕たんことを期《き》するは此撰擧《せんきよ》法の他に優《まさ》れりとする所《ところ》なり故に本制に於《おい》ては二年以來《いらい》町村內に於て地租《ちそ》を納むる者は其《その》制限額《がく》を設けず其他《た》の納稅者は二圓以上《いじやう》とせり而して其稅額《そのぜいがく》直接國稅を標準《へうじゆん》と爲し市制町村制第十二條、第十三條の場合《ばあひ》の如く市町村稅を標準とせざる所以《ゆゑん》ものは現今町《ちやう》村費の賦課《ふくわ》法たる各地方異例《いれい》ありて未《いま》だ完全の域《ゐき》に達《たつ》せざるを以て町村稅《ぜい》に依《よ》り其《その》標準を立《た》つるは頗《すこぶ》る難事に屬するを以《もつ》て

〔公權〕日本國民タルノ權ヲ云フナリ〔住民權〕土地ニスム民タル權〔公費〕公同ノ費用ヲ云フ〔一戸ヲ搆フルヿ〕家一軒ヲモツコト〔治產ノ禁〕重罪輕罪ヲ犯シ又身代限リノ處分ヲ受ケ自分ノ身代ヲ自由ニスルコトヲサシトメラルヽ〔負擔ノ分任〕ヒキウケタルヤクメ〔滯納〕オサメザルモノ〔喪失〕ウシナウテフタヽビカヘラヌコト〔停止〕一時サシトメ〔代議〕撰擧セラレテ公同ニ代リ

なり
公《こう》民權を得《う》るの要件ある以上《いじやう》は其要件を失《うしな》ふ者は又其《その》權を喪《うしな》ふ可し（市制町村制《せい》は第九條）即公民權は左《さ》の事件と共《とも》に消滅《せうめつ》するものとす

一　國民籍《こくみんせき》を失《うしな》ふ事

二　公權《こうけん》を失ふ事

三　市町村內に住居《ぢうきよ》せざる事即住民權《ぢゆうみんけん》を失ふ事

四　公費《こうひ》を以て救助《きうじよ》を受くる事

五　獨立《どくりつ》を失ふ事即一戸を搆《かま》ふることを止《や》め又は治產《ぢさん》の禁《きん》を受くる事

六　市町村負擔《ふたん》の分《ぶん》任を止むる事

七　市町村內の所有地《しよいうち》を他人に讓《ゆづ》り又は直接《ちよくせつ》國稅二圓以上を納めざる事

租稅滯納處分《そぜいたいなふしよぶん》中の者は公民權を喪失《さうしつ》するにあらずして停止《ていし》せらるゝものなり其他《そのた》市制町村制第九條第二項に記載《きさい》せる塲合は總《すべ》て之に同じ喪失と停止との區別《ぐべつ》は停止の時《とき》は其權利を存《そん》して只法律に定《さだ》めた

テ政治ヲ議決スルヿ〔强制〕承知セヌ者ニモムリニシヒテオコナハスコト
〔拒辭〕コバミジスル
〔執務セザル〕ツトメヲトラヌ
〔懲罰〕コラシバツスル
〔增課〕ヨケイニワリツケル
〔裁制〕ムリオシ
〔訴願〕是非ヲタヾスコトヲウツタヘテガフ
〔精神〕コヽロ
〔内部〕内實ヲ云
〔整理〕トヽノヘオサムル
〔混同スベカラス〕イツシヨニミダレヌ
〔遵依シ〕シタガヒヨルヿ
〔立法權〕國ノ政

る事《じ》由の存する間之が執行《しつかう》を止《とゞ》むるに在り

公民權を有する者は一方に在ては撰擧《せんきよ》被撰擧の權《けん》利を有し一方に在ては市町村の代議《だいぎ》及行政上の名譽《めいよ》職を擔任《たんにん》す可き義務《む》を負《お》ふものとす此義務は渾《すべ》て法律上の義務《ぎむ》に於《お》けるが如く强制《きやうせい》して之を履行せしめざる可からず固より直接《ちよくせつ》に之を强制するを得ずと雖も故なく名譽《めいよ》職を拒辭《きよじ》し退職《たいしよく》し又は實際執務《しつむ》せざる者を懲罰《ちようばつ》するに公務に參與するの權を停止《ていし》し並市町村税を增課《ぞうくわ》するの例あるは即間接《せつ》の裁制《さいせい》を存する所以なり(市制町村制第八條)

其裁制を行《おこな》ふの權《けん》は之を市町村會に付與《ふよ》し、住《ぢゆう》民權公民權の有無《うむ》等に關する爭論《さうろん》も亦之を市町村會の議決《ぎけつ》に任じ(市制第三十五條町村制第三十七條)之《これ》に關する訴願《そぐわん》は參事會の議決に付し行政裁判所に出訴《しゆつそ》するを許《ゆる》して以て其權利を保護《ほご》するは皆本制大体の精神《せいしん》より出づる所なり

第三欵　自主《じしゆ》の權《けん》

自主《じしゆ》の權とは市町村等の自治体《じぢたい》に於て其内部の事務を整理《せいり》するが爲

体ハ立法行法司法ノ三權アリ今ヤ各々特立シテ政治ヲナスモノニシテ立法アツテ行法ニ於テ施シ司法ニ於テ處斷スルナリ故ニ立法ハ本トナル此立法權ハ一國ノ握ル所ナリ
〔特殊〕ベツダン
〔古來〕ムカシカラ
〔沿革〕アラタマル
〔伴隨〕トモナイツレテ
〔裁酌〕クミハカリ
〔適實〕ジツチニカナフ
〔模範〕テホント云ニ同ジ
〔増減〕マシタリヘラシタリ

めに法規《はふき》を立《た》つるの權利を謂《い》ふ所謂《いはゆる》自治の義と混《こん》同す可からず自治とは國の法律に遵依《じゆんい》し名譽職を以て事《じ》務を處《しよ》理するを謂ふ元來法規を立《た》つるは國權《けん》に屬するものなりと雖も或る範圍《はんゐ》内《ない》に於て之を自治區に付與《ふよ》する所以《ゆゑん》のものは一國の立法權を以て周《あま》ねく地方の情況を酌量《しやくりやう》し其特殊《とくしゆ》の需要《じゆえう》に應《おう》ずること能《あた》はざるに因る固より市町村の法規は其市町村の區域《くゐき》内に限り且國の法律を以て其自主權に任じたる事件《じけん》に限り効力《かうりよく》あるものとす其委任《ゐにん》の範圍《はんゐ》の如きは古來《こらい》の沿革《えんかく》及人民政治上の教育《けういく》の度に伴隨《はんずゐ》す可きものにして其範圍の廣狹《くわうけふ》に依て利害の分る丶所立法《りつ》官たる者最愼《つゝし》まざる可からず今本邦《はん》各地方の情況を裁酌《さいしやく》し自主《じしゆ》の權を適實《てきじつ》に施行《しかう》す可きの望なきものは法律《はふ》を以て之を規《き》定《てい》し或は法律を以て模《ぼ》範《はん》を示し猶地方の情況に依り自主の權《けん》を以て之を増減斟酌《ぞうげんしんしやく》するを許さんとす

市町村の自主《じしゆ》の權を以て設《まう》くる所の法規に條例《でうれい》及規則の別《べつ》あり規則とは市町村の營造物《えいざう》(瓦斯《がす》局、水道《すいだう》、病院の類)の組織《そしよく》及其使用法を規《き》定《てい》するものを謂《い》ひ條例とは市町村の組織又は市町村と其住民《ぢゆうみん》との關

〔營造物〕ダテツクルモノト云義
〔使用法〕ツカヒカタ
〔明條〕アキラカニ示シタルカデウ
〔列擧〕ナラビアゲル
〔條例ニ均シキ〕條例ト同ジキ
〔明言〕アキラカニイフ
〔新設〕アラタニマウケルコト
〔偏頗〕エコヒイキ
〔當初〕ハジメ
〔召集〕メシアツメヌ
〔事項ノ處分法〕コトガラヲサダムル法
〔一般ノ法理〕イヅレノ法律理論ニテモ

係即市町村の組織中に在《あつ》て權利《けんり》義《ぎ》務を規定するものを謂ふ其法律命令に抵觸《ていしよく》するを得ざるハ二者共に相同じ但條例に在てハ此外猶制限《せいげん》あり即法律に明文《めいぶん》を揭《かゝ》げて特例《とくれい》を設くることを許し或ハ法律の明條なくして自主《じしゆ》の權を許したる場合に限るものとす明文《ぶん》を以て條例を設くることを許《ゆる》したる場合を列擧《れつきよ》すれバ市制《しせい》に在てハ第十一條、第四十九條、第六十九條、第七十三條、第七十七條、第八十四條、第九十一條、第九十七條、第百二條、町村制に在てハ第十一條、第十四條、第三十一條、第五十二條、第五十六條、第六十五條、第七十七條、第八十四條、第九十一條、第九十七條、第百二條、第百十四條とす其他本制に於て條例と謂《い》ハずして條例に均《ひと》しき規《き》定を許《ゆる》したる場合も亦少からず其條例と明言《めいげん》せざる所以《ゆえん》ハ專ら許可を要《えう》せざるに在《あ》り（市制第四十條、第四十八條、第六十條、町村制第四十二條、第五十條、第六十四條）

條例規則《きそく》を新設改正するハ市《し》町村《そん》會之を議決《ぎけつ》し（市制第三十一條第一、町村制第三十三條第一）市《し》制《せい》第百二十一條第一及第百二十三條

〔發露〕アラハシ
〔沿革〕アラタマル
〔往時〕ムカシ
〔創始〕ハジマル
〔大則〕大体ノ規則
〔酌量〕クミハカル
〔完全ナル權利〕少シモ不足ナキマツタキ權利
〔參考〕ミクラベル
〔情况〕アリサマ
〔適合〕カナヒアフ
〔完備〕マツタクソナハル
〔時勢〕トキノイキホヒ
〔參酌〕クミトリ
〔要點〕カナメノトコロ
〔擴張〕オシヒロメル

第一、町村制第百二十五條第一及第百二十七條第一に依《よ》り許可《きよか》を受《う》く可きものとす但町村制第三十一條及第百十四條に於《おい》ては特例《とくれい》として之《これ》を郡參事會の議決《ぎけつ》に委任せり是《これ》町村會に於《おい》て此議決《ぎけつ》を爲すを得ず又其議決の偏頗《へんぱ》に失するの恐《おそれ》あるを以てなり又本制施行の當初未だ市町村會を召集《せうしふ》せざる間《あひだ》に於て條例を以《もつ》て規定す可《べ》き事項《じかう》の處分法は市制《しせい》第百二十八條及町村制第百三十一條に依《よ》る其他《そのた》町村規則を論《ろん》ぜず公布を竢《まつ》て初めて他人《たにん》に對して効《かう》力を有するは一般《ぱん》の法理《はうり》に照して疑《うたがひ》なき所なり

市制《しせい》町村制《せい》

第二章　市會《しくわい》町村會

市町村は法人《はうじん》たる者なれば之《これ》に代て思想を發露《はつろ》し之に代て業務《げふむ》を行《おこな》ふ所の機關《きくわん》なかる可からず其機關《きくわん》に代議の機關と行政《ぎやうせい》の機關との二者《しや》あり

代議《だいぎ》の機關とは即市會町村會にして其沿革《えんかく》の詳なるは今姑《しばら》く措《お》き往時町村の寄合《よりあひ》と稱《しよう》せしものに起《おこ》り維新後に至《いたつ》て府縣會と同く各《かく》地方

〔要件〕カナメノコトガラ
〔適人〕其人ノチカラニカナフヿ
〔撰擇〕エラム
〔減縮〕區域ヲヘラシチヾメル
〔公共事務〕市町村ノツトメ
〔穩當〕オダヤカ
〔代議會〕市町村會ヲイフ
〔預メ〕マヘカド
〔納税額〕ゼイヲオサムルタカ
〔等級〕シナダンドリ
〔伴隨〕トモナヒシタガフ
〔資産〕シンダイ
〔多寡〕オホキスクナキ
〔常例〕ツ子ノキマリ
〔創始ノ屬〕是マデナキヿニテハ

に町村會を開きたり然れども其法律《はう》を以て制定したるハ即明治十三年の區《く》町村會法を創始とし其後《のち》明治十七年《ねん》の改正を經《へ》て今日に及《およ》べり然れども其法律《はうりつ》ハ會議の大則《たいそく》を定めたるに過《す》ぎずして餘《よ》ハ之を各地方の適宜定むる所《ところ》に任《まか》せたり又全國《ぜんこく》の町村盡く之を開設《かいせつ》するに非《あら》ず小町村の如《ごと》き會議を設《まう》けざるも亦《また》少しとせず今《いま》之を改《あらた》めて會議の規則《きそく》を制定すと雖《いへど》も猶多少の酌《しやく》量を地方に任せ且《かつ》小町村の如きハ代《だい》議《ぎ》會を設けざるを許《ゆる》し代《か》ふるに撰擧人《にん》の總會を以《もつ》てせり

第一欵　組織《そしよく》及撰擧

代議機關《きくわん》ハ完全なる權利《けんり》を有せる市《し》町村民の撰擧に出づるものとす其組織《そしよく》の方法に至《いたつ》てハ外國の例《れい》を參考するに各《かく》多少の異同あり蓋《けだし》國の情況に適合《てきがふ》する完備の法《はう》を立つるハ易《やす》からざる所《ところ》なりと雖も今古來の沿革《えんかく》時勢人情を考察《かうさつ》し傍ら外國の例《れい》を參酌して以《もつ》て其宜を制定《せいてい》す其要點左《さ》の如し

一　撰擧權　撰擧權《せんきよ》ハ素より完全《くわんぜん》なる權利を有する公民に限りて之《これ》を有す可し然《しか》るに此權利を擴張《くわくちやう》し特例として之《これ》を公民《こうみん》なら

シメテノコト
〔團[illegible]〕ヨキツガウニナル
〔資格〕モチマヘ
〔流弊〕アシキクセニナガル、
〔多數ニ制セラル、〕多數ハ少數ヲ制スルハ理ノ當然ナレバ細民多キ時ハ公民モ爲メニ制セラル、モノナリ
〔地形〕山河高底ノナリモヨフ
〔單ニ〕タヾト云フ意
〔[illegible]〕メアテ
〔徴收〕トリタテル
〔良法〕ヨキシカタ
〔階級〕ダンノアル
〔等差〕ダンノチガフ

ざる者に與《あた》ふるときあり（市制町村制第十二條）是其人の利害に關する所《ところ》最厚く且《かつ》市町村税負擔《ふたん》の最重きが故《ゆゑ》なり此點《てん》は上に之を詳述《しやうじゆつ》せり

二 被選《ひせん》擧權　被《ひ》選擧權は選擧權を有する者に限りて之を有す可しと雖も其市町村の公民に非《あら》ざる者《もの》に至ては假令《たとひ》選擧權を有するも被《ひ》選擧權を有せず其他《た》被選擧權の要件《えうけん》を選擧權の要件に同くして別《べつ》に之が制限《せいげん》を設けざるは適任《てきにん》の人物を選擇するの區《く》域《ゐき》を徒に減縮《げんしゆく》せざらんが爲《た》めなり被選《せん》擧權を與へざる制限《げん》は或は外國の例《れい》を參酌《さんしやく》して之を取るものあり或は地方の情況《きやう》に照して已《や》むを得ざるものあり又本制《ほんせい》に於ては無給《むきふ》の市町村吏《り》員に被選擧權《けん》を與へたり市《し》町村の行政事務《じむ》を掌《つかさど》る名譽職を擔任《たんにん》し公共事務に從事《じゆうじ》する者を代議《だいぎ》會に加《くは》ふるを許《ゆる》すは穩當ならざるが如《ごと》しと雖も地方《ちはう》に依《よ》りては多《おほ》く適任《てきにん》の人を得可《べ》からざるを以《もつ》てなり行《ぎやう》政と代議と其利《り》害《がい》の抵觸し易《やす》き場合に關《くわん》しては市制第三十八條、第四十三條、第六十六條、町村制

〔代表者〕代議者ト云ニ同ジ
〔關スル所〕カヽハル所
〔細則〕コマカナル規則
〔規定〕サダメルナリ
〔公平〕ワタクシシナク
〔確實〕タシカ
〔行政廳〕府縣廳ヲ云
〔干渉〕セワヤク
〔定期〕サダメノキゲン
〔熟練〕ナレル
〔存續〕ナガラヘツヾク
〔解散〕會議ヲトキチラス
〔抽籤〕クジヲヒク
〔退任〕議員ノ任ヲヒク
〔任期中〕六年間ヲ云フ

第四十條、第四十五條、第百十三條、等に於て豫《あらか》め之に處するの法《はふ》を設けたり

三 撰擧等級《とうきふ》　本制に於ては納税《なふぜい》額に依つて撰擧《せんきよ》人の等級を立て撰擧《せんきよ》權を以て市町村税負擔の輕重に牽隨《けんずゐ》せしむ蓋名譽《めいよ》職に任ずるは町村公民《こうみん》の輕《かる》からざる義務《ぎむ》なれば資産ある者《もの》に非《あら》ざれば之《これ》に任ずることを能《あた》はず又其税《ぜい》額の多寡は姑《しばら》く之を論ぜざるも其《その》專ら自治の義《ぎ》務を負擔する者《もの》に相當の權《けん》力を有《いう》せしむるは固《もと》より當然の理《り》なり今等級《きふ》撰擧法を以《もつ》て常例とせるは即此要旨《えうし》に外ならず等級撰《けん》擧の例は本邦《けん》に於ては創始《さうし》に屬すと雖《いへど》も之を外國の實例《じつれい》に照すに明に其良結果《りやうけつ》あるを徵《ちやう》するに足《た》る本制被撰擧《せんきよ》權の資格を廣《ひろ》くして而して其流弊《りうへい》なきを信ずる所以《ゆゑん》のものは即此《この》撰擧法に依《よつ》て以て細民《さいみん》の多數に制せらるゝの弊を防《ふせ》ぐに足るべきを以《もつ》てなり

各《かく》地方の狀況を見《み》るに都鄙《とひ》に依て貧富を異《こと》にし地形に依て產業《さんげふ》に別あり故に各地に適《つう》ずる一定の税額を設けて等級《とうきふ》を分《わか》つことを得ず又

〔補闕員〕カケタルヲオギナフ議員
〔前任者〕マヘニ任ゼラレタル者ナリ
〔支障〕サシツカヘ
〔便法〕ベンギノ法則ナリ
〔基礎〕モトヒ
〔名簿〕ナマヘチヤウ
〔永續名簿〕一ドコシラヘテナガクモチユルヿ
〔縦覧〕カツテニミル
〔結了〕ムスビオハル
〔裁決〕サバキキメル
〔終局〕オハリヲムスブ
〔荏苒〕グズ〵〵
〔日ヲ曠ク〕ムダ

單《たん》に土地の所有を以て撰擧權《せんきよけん》の標準《へうじゆん》と爲すことを得ず是を以て等級法を立てんと欲《ほつ》するには市町村内に於《おい》て徴收する市町村税の總額《そうがく》を標《へう》準とし各自納税額の多寡《たくわ》に依て其順序《じゆんじよ》を定め等級を立つるの外他に良《りやう》法あるを知《し》らず然《しか》るに市は通《つう》じて三級とし町村は單《たん》に二級とせるは市《し》民《みん》は戸口《こかう》多《おほ》く貧富の階級あることと町村民の等差少《さ》きが如きに非《あら》ざるを以《もつ》てなり(市制町村制第十三條)但町村にして特別の事情あるものあり例《たと》へば撰擧人寡少《くわせう》にして其税額の等差《さうさ》も亦少く或は一二の納税者ありて非常《ひじやう》に多《た》額《がく》の税を納《おさ》むるか或は大町村に於《おい》て其納税者の等差極めて甚しきの類《るい》にして二級撰擧法を適當《てきたう》せざる場合《ばあひ》もある可し此場合に於ては撰擧條例を以て三級撰擧法を設《まう》くることとある可《べ》く或は等《とう》級を設けず或は更に他の方法を立《た》つることを得《え》せしめんとす尤《もつとも》二級若くは三級撰擧法を以て常例《じやうれい》と爲すが故に不得已《やむをえざる》の事情ありて許可を受くるに非《あら》ざれば此特例《このとくれい》を設《まう》くることを得ざる可し被《ひ》撰擧人は其區内級内の者に限《かぎ》らずと爲すは(市制第十三條、第十四條、町村制第十三條)市町村會の議員《ぎゐん》は全市町村の代表者《だいへうしや》たるの

二日ヲツヒヤス
〔錯誤〕アヤマリ
〔断定〕イヒキツテサダメル
〔準據シ〕ナラヒヨル
〔訂正〕アヤマリヲタヾス
〔正誤〕同上
〔召喚〕ヨビダシ
〔便宜〕カツテツガウ
〔召集状〕ヨビアツメルレイ状
〔投票〕フダイレ
〔多寡〕オホキスクナキ
〔統轄〕スベサハイス
〔集議体〕アツマリ評議スルシカタ
〔編製〕アミツクル
〔投票ノ効力〕フダイレノチカラナリ

原則《げんそく》より出づるものにして是亦實際《じつさい》の便宜とする所なり

四　撰擧《せんきよ》の手續《てつゞき》

撰擧の事務《じむ》たる其關する所輕《かる》からざるを以て其細則《さいそく》に至《いた》るまで法律《はうりつ》を以て之れを規定《きてい》するを要《えう》す其單《たん》に手續に屬《ぞく》する事項《じかう》と雖も力《つと》めて法律に之を制定《せいてい》する所以《ゆゑん》のものは撰擧の公平《へい》確實なることを保《は》し行政廳の干渉《かんせう》を防《ふせ》ぎ或は干渉の疑《うたがひ》を避《さ》けんが爲めなり其順序《じゆんじよ》大略左の如し

撰擧は通例《つうれい》三年毎《ごと》に之を行ふ之を定期《ていき》撰擧とし議員《ぎゐん》の半《はん》數を改撰す其半數を改撰するは事務《じむ》に熟練《じゆくれん》せる議員を存續《そんぞく》せしめんが爲めなり但解散《かいさん》の場合は此《かく》の如《ごと》くするを得ず又此法律施《し》行《かう》の當《たう》初に於て撰擧せられたる議《ぎ》員は初回の改撰に方《あた》り抽籤《ちうせん》を以て半《はん》數を退《たい》任せしむるに依り其半數は三年間在職《ざいしよく》するものとす此二箇《こ》の場合を除《のぞ》き議員は總《すべ》て六年間在職するものとす若し議員《ぎゐん》任期中に死亡《しばう》し若《も》しくは退職する時は直《たゞち》に補《ほ》闕員《けつゐん》を撰擧し前任者の任期を襲《つ》がしめざる可《べ》からず之を補闕撰擧とす然《しか》れども屢《しばし》撰擧を行ふ時は其煩に堪へざるが故《ゆゑ》に

〔公會〕オホヤケ會議ヲ云
〔秘密投票〕カクシテフダイレヲスル
〔封緘〕ノリニテハリツケ
〔密接〕ハナレヌヿ
〔重複〕カサナル
〔勸告〕カクセヨトス丶メツゲル
〔託セン〕タノミマカス
〔排除〕トリノケル
〔下級〕一番シタノダンヲ云
〔候補者〕闕員アリタラバ直ニオギナフタメニ設ケタル者
〔証憑〕シヨウコナリ
〔比較〕クラベル
〔過半數〕半ヨリ

補闕《はけつ》撰擧ハ定期撰擧を待《まつ》て之と同時《じ》に行ふを通例《つうれい》とす假令《たとひ》一二の闕員あるも事務《じむ》に支障《しやう》なかるべきを以てなり然《しか》れども若し多《だ》數《すう》の議員退任《たいにん》する等已むを得ず補闕《はけつ》員を撰擧するの必要《ひつえう》あるときハ市制町村制第十七條に於て之れが便法《べんぱふ》を設く

撰擧を爲《なす》の準備《じゆんび》に屬する事《こと》ハ之を行政機關《きくわん》即町村長若《もしく》ハ市長及市參事會に委任《ゐにん》せり而して其事務《じむ》ハ撰擧の基礎《きそ》たる撰擧名簿《めいぼ》を調製《てうせい》するを以て第一とす本《ほん》制ハ所謂《いはゆる》永續名簿《めいぼ》の法に依《よら》ず撰擧を行ふ毎に名簿を新《あらた》にするの法を取《と》れり（市制町村制第十八條）其調製したる名簿ハ撰擧前數日《すじつ》間關係《かんけい》者の縦覧《じゆうらん》に供し異議ある者ハ市町村長に申立て又ハ訴願《そぐわん》若くハ行政訴訟の手續（市制第三十五條、町村制第三十七條）を以て誤《あやまり》を正す可き便利《べんり》を與《あた》へたり此名簿《めいぼ》の調製《てうせい》ハ撰擧より數日前に終結《しうけつ》す可きが故に其結了《けつれう》の時に行ひたる裁決ハ之を執行《しつかう》す可しと雖も各訴願《そぐわん》の確定《くわくてい》終局に至る迄荏苒《じんせん》日を曠《むなし》くするを得ず撰擧の期日に至れバ其訴願に拘《かゝは》らず之を執行し若し名簿に錯誤《さくご》あるが爲め撰擧の無《む》効《かう》に歸することあれバ更《さら》に之を申立つることを得可《うべ》し又被撰《ひけん》人

多キカズ
〔正則〕タヾシキキソク
〔事宜〕事ノ便宜ヲハカリ
〔公益上〕一般ノ利益
〔監査〕シラベル
〔不服〕シヤウチセヌ
〔消長〕ヨワキトツヨキト
〔經過〕スギサル
〔發覺シ〕アラハレル
〔被撰擧權ノ要件〕被撰擧人トナル可キカナメノコトガラ
〔權限〕職務ノ權ニカギリアル
〔處務規程〕事務ヲ處理スル規則
〔大政〕天下ノ政治ニテ一地方ノ政ニアラズ

當《たう》撰を辭《じ》し或は撰擧を無効《むかう》なりと斷定せられたる時《とき》と雖も更《さら》に名簿を調製するを要《えう》せず判決《はんけつ》に準據《じゆんきよ》して舊《きう》名簿を訂正《ていせい》したる上之を用ふるものとし之《これ》が爲《た》めに更《さら》に關係人の縦覧《じゆうらん》に供して正誤中立の時間を與《あた》ふるにあらず唯名簿全体の不正なるが爲め全《ぜん》撰擧を無効《むかう》なりとなしたる時に至ては新簿《しんぼ》を調製《てうせい》することを已《や》むを得ざるなり

撰擧《せんきよ》の期日は町村長市《し》參《さん》事會之を定む本制に據《よ》れば撰擧《せんきよ》人を召喚するには公告《こうこく》を以て足れりとすと雖《いへど》も實際市《し》町村の便宜に依り各《かく》撰擧人に對《たい》し特に召集《せうしよ》狀を送付することあるも妨《さまた》げなし其他投票《とうへう》時間を定《さだ》むるは市長町村長に任《にん》じたるを以《もつ》て市長町村長は撰擧《せんきよ》人の多寡《たくわ》及地形等を參酌《さんしやく》し之《これ》を定む可し

撰擧事務《じむ》の統轄は之《これ》を自治の吏員《りゐん》に委任し(市制町村制第二十條)監《かん》督《とく》官廳は特に之が監督を爲《た》す可きのみ(市制第二十八條、町村制第二十九條)而《しか》して撰擧掛《かゝり》は集《しよ》議体に編制せり撰擧掛は撰擧《せんきよ》人代理者の許否《きよひ》、投票の効力《かうりよく》等直に之を裁決《さいけつ》せざるを得ずして此《かく》の如《ごと》きは一個《こ》の吏員に委任することを得ざるを以てなり固《もと》より撰擧掛に於て右等《ら》

【論及】ロンジオヨブ
【此界限】一分ノ委任ニヨリ大政ニ論及スルハ權ヲコヱタルモノヲ云
【悖戻】モトル
【怠慢】ユダンシアナドル
【防制】フセギトヾメル
【代表機關】公衆ニカハリ意想ヲアラハスハカリヲ云フ
【列載】ツラ子ノセル
【歲計】一年中ノ計算ナリ
【預算】マヘカドノミツモリ
【決算】キマリダカンジヤウ
【賦課法】ワリツケカタ

の事件を議決《ぎけつ》すと雖も後《のち》に至り撰擧の無効《むかう》を申立つる者《もの》あるときは之を裁決《さいけつ》する官廳に於ては右《みぎ》議決に拘らず至當《したう》の裁決を爲す可きものとす

撰擧會は撰擧《せんきよ》人に取りては公《こう》會なりと雖も（市制町村制第二十一條其撰擧は全《まつた》く秘密投票の法《はふ》を以てす即撰擧掛は勿論《もちろん》其他何人にても投票者《とうへうしや》に於て何《なに》人を撰擧せんとするかを知《し》らしめざるものとす故に撰擧の際《さい》は投票を用《もち》ひ票《へう》中に投票者の氏名《しめい》を記載《きさい》せず又之に調印せしめず封緘《ようかん》して之を差出《さしいだ》さしむ（市制町村制第二十二條、第二十三條）元來公撰擧《こうせんきよ》と秘撰擧との別《べつ》あり其利害得失《りがいとくしつ》に就《つい》ては互に論ありと雖も今特に地方《ちはう》自治區の撰擧《せんきよ》に就て之を考《かん》がふるに町村の事《じ》情たる居民常《つね》に相密接《みつせつ》するものなれば撰擧の自由《じいう》を妨げざらんが爲めに寧ろ秘密《ひみつ》撰擧を以て良法《りやうはう》と爲す而して撰擧《せんきよ》權を有《いう》せざる者の投票又は重複の投票を防《よせ》がんが爲めに《れ》は撰擧人自《みづか》ら出頭《しゆつとう》するの例ありて（市制町村制第二十四條）又名簿《まれぼ》に照して之《これ》を受《う》くるの法《はふ》（市制町村制第二十二條）あり撰擧人自《みづか》ら出頭して撰擧《せんきよ》を行ふの例《れい》を設くるは毫

〔管理〕サハイスルヿ
〔議決〕議事シテキメルヿ
〔上司〕カミニツカサドル處アルヲ云フ則チ内務大臣ヲサス
〔行政〕行政ノツトメ
〔監督〕シラベル
〔應ズル〕ウケコタヘル
〔具狀〕モヨウヲツブサニ申立ル
〔諮問〕タヅ子
〔始審〕始審裁判所
〔裁決〕サバキ
〔遵奉〕シタガヒタテマツル
〔不羈〕法ニツナガレヌヿ
〔委囑〕タノミ
〔恪遵〕ツヽシミシタガフ

も撰擧の利害《りがい》に關せざる輩《はい》の勸告に依《よつ》て之《これ》に投票《とうへう》を託せんとするが如《ごと》き者を排《はい》除し撰擧の自由を保護《ほご》する所以《ゆえん》なり但市制町村制第二十四條第二項に掲《かゝ》ぐるものは已《や》むを得ざるの特例《とくれい》なりとす撰擧を行《おこな》ふに下級《きう》を先《さ》きにし上級を後《のち》にするは（市制町村制第十九條）下級の擧撰人をして人《ひと》を擇《えら》ぶに充分の區域《くゐき》を得《ゑ》せしめんか爲《た》めなり而して先つ下級の撰擧を了《をは》るの後に上級の撰擧《せんきよ》に着手せしむ可し是《これ》一人にして數《す》級の撰に當《あた》ることを防《ふせ》ぎ且《かつ》上級の者をして下級《か》の撰擧に當《あた》らざる候補《こうほ》者を撰擇《たく》することを得《え》せしむるものなり撰擧《せんきよ》の結果《けつくわ》を證するが爲《た》めに撰擧錄《ろく》を製するの市制例《れい》第二十六條、町村制第二十七條）あるは撰擧《せんきよ》の効力を裁決《さいけつ》する證憑《ひよう》を備へんが爲なり
當撰の認定《にんてい》は議員の撰擧には比較《ひかく》多數の法を取《と》り（市制第廿五條、町村制第廿六條）市町村吏員《りゐん》の撰擧には遍半數《くわはん》の法を用《もち》ふ（市制第四十四條、町村制第四十六條、元來總《すべ》て過半數を以てするを正則《せいそく》とすれども事宜《じぎ》を計《はか》りて便法《はう》を設けたるなり
撰擧の効力《かうりよく》に關し異議を申立《まをし》つるの權利《けんり》は撰擧人及市《し》町村長の外公

〔條規〕カデウノキソク
〔助役〕タスケヤク
〔互選〕タガヒニエラム
〔熟練〕テナレルコト
〔任ニ堪フル〕ヤクメニモチコタヘル
〔責任〕ヤクメノセメ
〔密接〕スコシモヘナレヌコト
〔補助〕オギナヒタスク
〔統理〕スベオサメル
〔特任制〕衆議ニヨラズベツダンニ任ズル
〔集議制〕公共ノ集議ニヨツテ任スルナリ
〔錯綜ニ渉ル〕イリクミタルヿニ

益上よりして其《その》効力を監査《さ》するが爲めに郡《ぐん》長及府縣知事も亦《また》此權利を有《いう》す撰擧人及市長町村長の異議《いぎ》あるものハ市町村會の裁決に任じ郡長府縣知事《ちじ》の異議《いぎ》あるものハ參《さん》事會の裁決に任《にん》じ其郡參事《さんじ》會の裁決に不服《ふへく》あるときハ府《ふ》縣《けん》參事會に訴願《そぐわん》することを得其府縣參事會の裁決《さいけつ》に不服あるときハ行政裁判《さいばん》所に出訴することを得るものとす是實《じつ》に利害《りがい》上の爭にあらずして權利《けんり》の消長に關《くわん》すれバなり（市制第二十八條、第三十五條、町村制第二十九條、第三十七條）

一旦《たん》撰擧を有效《いうかう》と定め或ハ其《その》効力に異議《いぎ》なくして經過《けいくわ》したる後と雖も當選者被撰擧《せんきよ》權の要件《えうけん》を撰擧の當時《たうじ》に有《いう》せざりしことを發覺《はつかく》し或ハ其當時《たうじ》有したる要件《えうけん》を失《うしな》ふことある可《べ》し斯《か》る場合に於《おい》てハ固《もと》より市制第二十九條、町村制第三十條の結果《けつくわ》を生ず可し其《その》裁決の手續《てつゞき》ハ市制第三十五條、町村制第三十七條に據《よ》る

五　名譽《めいよ》職　市制町村制第十六條、第二十條、第七十五條、に依り名譽職《めいよしよく》を置《お》くハ本條大体の原《げん》則に出づるなり

第二款　職務《しよくむ》權限及處務《しよむ》規程

ナル
〔弊アリ〕アシキクセアリ
〔簡易〕テガルナル
〔編制〕アミツクル
〔參與〕アヅカリクミスル
〔適任者〕ヤクメニカナフタモノ
〔將來ノ變遷〕コレカラノカハリウツル
〔斟酌〕クミトリ
〔餘地〕充分ノアマルトコロヲ云フ
〔直隷〕タヾチニ隷屬スル
〔効益〕効力利益
〔經驗〕事ニアタリタルシルシ
〔候補者〕議員ノカケタルトキオギナフ人ナリ
〔推薦〕オシタテ

市會町村會ハ市《し》町村の代表者なり其《その》權限ハ市町村の事務《じむ》に止《とゞ》まり其他《た》の事務《じむ》ハ從來の委任《ゐにん》に依り又ハ將來《しやうらい》法律勅令に依《よつ》て特に委任《ゐにん》する事項に限《かぎ》りて參與するものとす若《も》し大政《たいせい》に論及する等《とう》凡そ此界限《かいげん》を踰《こ》ゆるものハ則法律《はうりつ》に悖戻《はいれい》するものなれバ法律上の權《けん》力を以《もつ》て（市制第六十四條第二項第一、第百二十條、町村制第六十八條第二項第一、第百二十四條）之《これ》を制《せい》せざる可からず其他《た》市制第百十八條、第百十九條、町村制第二百二十二條、第百二十三條ハ皆市會町村會の怠慢《たいまん》を防制するの權《けん》力なりとす

市會町村會ハ代表《だいへう》機關と爲すと雖も（市制第三十條、町村制第三十二條）外部《ぐわいぶ》に對《たい》して市町村を代表《だいへう》するハ行政機關《きくわん》の任《にん》とす（市制第六十四條第二項第七、町村制第六十八條第二項第七）即市會町村會ハ專《もつぱ》ら行政機關に對《たい》して市町村を代《だい》表するものなり市制第三十一條以《い》下及町村制第卅三條以下《いか》に列載《れつさい》したる職務《しよくむ》ハ皆此《この》地位に依《よつ》て生《しやう》ずるものとす

一　市會《しくわい》町村會ハ條例《でうれい》規則、歳計豫算《さいけいよさん》、決算報告、市町村税賦課

〔ス、メル〕

〔市吏員〕市ノヤクニン

〔兩屬〕兩方ニツク

〔資格〕モチマヘ

〔選任〕エラミ任ズル

〔樞要〕カナメ

〔收入役〕金銀ヲトリイレルヤク

〔無効〕ヤクニタヽヌ

〔治安〕オサマリヤスンズ

〔保持〕タモツ

〔拒ム〕シヨウチセヌ

〔地方分權〕地方ニ政治ノ權ヲ分ツナリ

〔公平ヲ失ス〕ワタクシゴトニナル

〔弊ヲ防ガン〕アシキクセヲフセセ

法及財產《ざいさん》管理上の重要《えう》事件等《とう》を議決す市《し》制《せい》第百十八條、第百十九條、町村制第百廿二條、第百二十三條の場合《ばあひ》を除くの外行政機關《きくわん》は議會の議決《ぎけつ》に依て方針《はうしん》を取らざるを得ず但其議決上司《じやうし》の許可を得可《うべ》きものは市《し》制《せい》第百二十一條より第百二十三條に至《いた》り及町村制第百二十五條《でう》より第百二十七條に至《いた》るの各《かく》條《でう》に依る

二 市會町村會の執行《しつかう》す可き撰擧は載《の》せて市制第三十七條、第五十一條、第五十八條、第六十條及町村制第五十三條、第六十二條、第六十三條、第六十四條、第六十五條に在り

三 市會町村會は市《し》町村《そん》の行務を監査《かんさ》するの權利《けんり》を有す其監査《かんさ》の方《はう》法は書類及計算書を撿閲《けんえつ》し町村長若《もし》くは市參事會に對《たい》して事《じ》務《む》報告を要求《えうきう》するの類是《これ》なり此權利《り》に對して町村《そん》長若《もし》くは市參事《じ》會は之に應ずるの義務《ぎむ》あり若し市會町村會に於て意見《いけん》あるときは之《これ》を官廳に具狀《ぐじやう》することを得可《う》し

四 市會町村會に於て官廳の諮問《しもん》を受くるときは之に對《たい》して意見《いけん》

グ
〔偏私〕一方ニカタヨリ私ゴトニナル
〔結局〕ツマリ
〔處分法〕事ヲハカラヒサダムル
〔適任〕其ヤクメニカナフコト
〔特遣〕ベツダンニエラム
〔派遣〕シユツチヤウスル
〔統一〕一ニスベルナリ
〔憂フ〕シンパイスル
〔總會〕選擧人ガアツマル
〔收入役〕金銀ヲトリタテカタ
〔恪守〕ツヽシミマモル
〔刑法等〕普通刑ヲ指ス
〔自主權〕地方ノ

を陳述ずるハ其義務《そのぎむ》なりとす

五　其他《そのかし》市會町村會ハ或場合に於て公法上の爭論《さうろん》に付始審《ししん》の裁決《けつ》を爲すの權あり（市制第三十五條、町村制第三十七條）

市會町村會の議員《ぎゐん》ハ其職務《しよくむ》を執行《しつかう》するに當《あたつ》てハ法令《はふれい》を遵奉《じゆん》し其範圍内《ない》に於て不羈《ふき》の精神《せいしん》を以て事を評議《ひやうぎ》す可し決して撰擧人の指示《しじ》若くハ委囑《ゐぞく》を受く可きものにあらず（市制第三十六條、町村制第三十八條）是固《これもと》より法理《はふり》に於て明なる所なりと雖も議員《ぎゐん》の職務を以て撰擧人の委任《ゐにん》に出づるものゝ如く視做《みな》し議員ハ選擧人の示したる條件を恪遵《らくじゆん》す可きものと爲すの誤《あやまり》を來《きた》さゝらんが爲めに特《とく》に其明文《めい》を掲ぐるなり

處務規程《しよむきてい》ハ市制第三十七條より第四十七條に至り町村制第三十九條より第四十九條に至るの各條に於て之を設く此條規ハ概《おほむ》ね説明《せつめい》を要《えう》せざる可し只茲《たゞこゝ》に一言《げん》す可きハ町村會ハ通《つう》例町村長若くハ其代理者《だいり》たる助役《ぢよやく》を以て議長とし（町村制第三十九條）市會ハ別に互撰《ごせん》して議《ぎ》長を置く（市制第三十七條）此區別《くべつ》を爲したる所以《ゆゑん》ハ町村に在《あつ》てハ

政治ヲ主ドルノ權
〔負擔〕ヒロキ
〔統轄者〕スベサハイスルヒト
〔强制權〕シイテナサシムル權
〔責任〕セメ受クルコト
〔範圍内〕法律デ出キル丈ケノ内ニテ
〔安寧〕ヤスラカナルコト
〔依遵〕シタガイマモル
〔準備シ云々〕マヘゴシラヘノヿ
〔背戻〕モトリソムク
〔民權内〕自己ノ意ヲ以テスルコトノテキルカギリ
〔認ムル〕ヲモウヿ

町村長及助役の外事務に熟練《じゆくれん》する者多からずして殊に議長の任《にん》に堪《た》ふる者は概《おほむ》ね少く且一人一個《こ》の責任《せきにん》を以て行政の全体《ぜんたい》に任ずる場《ば》合に於ては成《な》る可く議員と密接《みつせつ》の關係を有《いう》せしむること必要《ひつえう》なればなり町村制第四十四條の場合を除《のぞ》くの外《ほか》町村長及助役にして議決《きけつ》權を有《いう》するは其議員を兼《か》ぬる時《とき》に限《かぎ》る可し

市《し》制《せい》町村《そんせい》制

第三章　市町村行政《ぎやうせい》

代議《だいぎ》と行政とは各別《かくべつ》個の機關《きくわん》を設けざる可からざるは已に之を記述《じゆつ》したるが如し而《しか》して町村の行政は之《これ》を町村長一人に任じ補《ほ》助員《じよゐん》即助《じよ》役《やく》一名若くは數名《すめい》を置《お》き以て之を補助せしむ市《し》に於ては之を市參事會に任《にん》ぜり市長は其會員《くわいゐん》の一人にして其會の事務《じむ》を統理《とうり》し外部《ぐわいぶ》に對《たい》して參事會を代表《だいへう》するの權《けん》を有す即町村は特任制《とくにんせい》を取《と》り市《し》は集議《しふぎ》制に依るものなり抑地方の自治行政には集議制を以てするに若くものあらず然るに獨《ひと》り市に施して之を町村に適《てきよう》用せざる所以《ゆゑん》のものは集議《ぎ》制《せい》は特任制《とくにんせい》に比《ひ》し頗《すこぶ》る錯綜《さくそう》に渉《わた》るの弊あり而して小町村の行政は

〔濫用〕ミダリニ用ユルヿ
〔整補〕タヾシクソナハル
〔防制〕マヘカラフセグコト
〔踰越〕ユヘスグルコト
〔裁決〕サイバンシテキメルヿ
〔説明〕其事柄ハカク〻〻ヨリ出デ來ルナヅ總テトキアカスナリ
〔定額〕カネテ定リタルカネ
〔預筭〕マヘヨリ大概コノ位トアラマシサダメルコト
〔職權〕シヨク務デアルヿノ出キル權利ナリ
〔制限〕コレマデヨリ外ニハデキントカギルナリ

力《つと》めて簡易《かんい》の編制《へんせい》に依《よ》るを要するを以てなり且《かつ》集議制を行はんと欲《ほつ》すれバ名譽《めいよ》職を以て行政に參與《さんよ》す可き適任者《てきにんしや》を多《おほ》く求《もと》めざるを得ず而して此事たる今日《こんにち》の情況にては都會《とくわい》の地《ち》に非ざれバ望《のぞ》む可からざれバなり大《だい》町村に於ても亦此集議制を施行す可《か》き必要《ひつえう》ありや否又之を施行し得可《うべ》きや否ハ姑《しばら》く將來《しやうらい》の變遷《へんせん》を俟《ま》て知る可きなり

本制《はんせい》市町村行政の條規《でうき》ハ力《つと》めて活用の區域を廣《ひろ》くし以て各地方の情況を斟酌《しんしやく》するの餘地《よち》あらしめんことを務《つと》めたり

町村長、助役、市《し》參《さん》事會及市長ハ皆《みな》是市町村の機關《きくわん》にして國に直隷《ちよくれい》する機關にあらず是《こゝ》を以て此機關に屬《ぞく》する吏員《りゐん》は總《すべ》て市町村自ら之を選任《せんにん》するを當然《たうぜん》とす是《これ》各國の通《つう》則にして其効《かう》益亦實際の經驗に著はる丶所なれバ本制も亦之に倣《なら》へり（市制第五十一條、第五十八條、第五十九條、第六十條、第六十一條、町村制第五十三條、第六十二條、第六十三條、第六十四條、第六十五條）然《しか》れども市町村ハ又國の一部《ぶ》分《ぶん》にして市町村の行政ハ一般《ばん》の施政《しせい》に關係《くわんけい》を及《およ》ぼし從て國《こく》家の利害《りがい》に關せざることなし且市町村及其吏員に委任《ゐにん》するに國政に屬

〔時宜〕トキノヨロシキユヨル
〔強制〕シイテソレヲトメルナドノコトガデキルナリ
〔列記〕ナラベテシルシアルヿ
〔國政〕一國ノ行政事務ニツキカンケイシテイケンヲノベルヿガ出キル
〔監視〕カントク視察ノヿニテヨキアシキヲタヾス也
〔直接〕外ノヒトノ手ニヨラズスグニトイフコト
〔指揮〕サシズナリイヽツケ也
〔比較〕甲ト乙トクラベルコト
〔擧行〕事務ノ滯ラヌヨウニヨク

する事務《じむ》を以《もつ》てすることあり市制第七十四條、町村制第六十九條の如《ごと》き是《これ》なり市《し》長の撰擧《せんにん》ハ市會より候補《こうは》者《しや》を推薦《すゐせん》し裁可《さいか》を求《もと》むるの例あるが如《ごと》きも亦此理《り》由《いう》あるに依《よ》る(市制第五十條)但其撰任の例を異にすと雖《いへども》も市《し》長ハ均《ひとし》く市《し》の機關にして一の市吏《しり》員なり法律上より其地《ち》位《ゐ》を論《ろん》ずるときハ一面《めん》ハ市に屬し一面ハ國《くに》に隷《れい》す猶町村長の町村と國とに兩屬《りやうぞく》するがごとし此資《し》格《かく》ハ撰《せん》任の例《れい》を異《こと》にするが爲めに變更することとなし其他樞要《すうえう》の市町村吏員ハ即町村長、市町村助役、收入《によ》役ハ監督《かんとく》、官廳の認《にん》可を受けしめ其認可を得ざるときは其撰擧は無《む》效《かう》に屬《ぞく》するが故《ゆゑ》に(市制第五十二條、第五十八條、町村制自第五十九條、至第六十一條)國《くに》の治《ち》安《あん》を保《は》持《ぢ》する上に就《つい》ては十分の權力を有するを得《う》可《べ》し

又之《これ》を認《にん》可《か》するに方て徒《いたづら》に其活動《くわつどう》を牽《けん》制《せい》せざらんことを欲《はつ》し認可を拒《こば》むに一定の理《り》由《いう》を示さず其地《そのち》の事情と人物《じんぶつ》とを參酌して其認可《にんか》不認可を決《けつ》するを得せしめんとす其裁決《さいけつ》の權ハ專ら地方分權の原則に準じ之を郡《ぐん》長又は府縣知《ち》事《じ》に委任せり然《しか》れども其公平《こうへい》を失するの

スルニハ云々
〔乙法〕ヲ行フニ若カズ—乙法ヲ行フ方ガ宜シキナリ
〔明言〕アキラカニ云フ
〔別法〕ベツダンノキソクニユヅルナリ
〔委任〕タノミマカス
〔固有〕モトヨリ
〔補助員〕町村長ノ事務多クシテ手廻リカヌル𪜈之レヲタスケナス也
〔若干名〕五六名又ハ何十名ト言フ如ク數ノ明ニ分ラサルモノナリ然レ𪜈五六名以上ナルヿナリ
〔情況〕ハ情風俗地形等總ベテモ

弊《へい》を防がんが爲《た》め若くは偏私《へんし》の誹《そしり》を免れんが爲めに其認可《にんか》を拒《こば》まんとするときは郡參《ぐんさん》事會又は府縣參事《さんじ》會の同意を得《え》るを必要《ひつえう》と爲せり又已に官廳の認可《にんか》を受けしむるの法《はふ》を設くるときは其結局《けつきよく》の處分法なかる可《べ》からず即其《その》撰擧遂に適任《てきにん》の人を得ずして已《や》むを得《え》ざるときは官廳より其代理《だいり》者を特撰し若《もし》くは官吏を派遣《はけん》して市町村の事務を執《と》らしむることを得《う》可し以上《いじやう》の例規《れいき》に依り市町村吏員の撰擧を以て之を市《し》町村に委任するも國《くに》の治《ち》安統《あんとう》一を保つことに於《おい》て憂《うれ》ふ可《べ》きの弊なきを信《しん》ず

町村に於《おい》て吏《り》員《ゐん》を撰任《せんにん》するの權は之《これ》を町村會若くは總會《そうくわい》に委任《ゐにん》し唯《たゞ》使丁に限《かぎ》り之を町村長に委任《ゐにん》し(町村制第五十三條、第六十二條、第六十三條、第六十四條、第六十五條)市《し》に於《おい》ては之《これ》を市參事會に委《ゐ》任《にん》し參事會員、委員及收入役の撰定に限り之を市會に委任せり(市制第五十一條、第五十八條、第五十九條、第六十條、第六十一條)市町村の吏《り》員《ゐん》を撰任《せんにん》するに付ては固《もと》より法律上の要件《えうけん》を恪守《らくしゆ》せざる可からず其要件《えうけん》は市《し》制、第五十五條、第五十八條、第六十條、第六十一條

ヨウヲイフ

〔増減〕多クシ又ハヘラシテ其職ヲカヘルヿ

〔決議權〕其會議ヲキメテ決スル權ヲ云フ

〔處務規定〕イロ〳〵ノ役所事務ノ細則ナリ

〔內務省令〕內務省トテ行政事務ヲ統轄スル所ヨリ出スコトナリ

〔固有〕古ヨリアル所ノモノナリ

〔處理〕シヨチスル

〔地位〕ベツノヤクノヨウデハアルト雖氏ヲナジヿト云フヿ也

〔統理〕スベテヲサメル

〔外部〕町村ノ外ヿ也

町村制第五十三條、第五十六條、第六十四條、第六十五條に在《あ》り其他の制限《せいげん》ハ刑法等他《た》の法律《はうりつ》に存す

其他《そのた》市町村吏員組織《そしよく》の大要ハ法律中《ちう》に定むるものありと雖《いへど》も各地方情況を異にするを以《もつ》て市町村の自主權《じしゆけん》に廣濶なる餘地《よち》を與《あた》ふることを得可《べ》く又《また》之を與ふるを要《えう》するなり

本制《はんせい》に定むる市《し》町村吏員ハ左《さ》の如《ごと》し

一 町《ちやう》村長　町村長ハ町村の統轄者《さうかつしや》なり即町村の名を以《もつ》て委任の強制《きやうせい》權を執行する者《もの》とす其強制《せい》權の幾部分は既《すで》に町村制中に制定《せいてい》せりと雖《いへど》も（例へバ町村制第百二條の類）多《おほ》くは別法を以て之を設《まう》けざる可からず其他《た》町村長ハ町村の事務《じむ》を管理《くわん》するの任《にん》あり故に一方に在《あつ》てハ町村に對《たい》して其執行《しつかう》の責《せき》任を帶《お》び一方に在《あつ》てハ法律の範圍《はんゐ》內並官廳より其《その》權限內にて發《はつ》したる命令《めいれい》の範圍內に於《おい》て百般の事項《じこう》に涉り町村の幸福《かうふく》を增進《ぞうしん》し安寧を保護《ほご》するを務《つと》めとす而して町村長に於《おい》て町村會の議決《ぎけつ》に遵依す可《べ》き程度《ていど》ハ町村制第三十三條以下《いか》に詳《つまびらか》なり同條記載の

〔代表〕其ヿヲ表ハス
〔急施〕急ギテ施サネバナラズ至極早キヲ貴ブトキナリ
〔分業〕其事業ヲ分チテ各自ニ一郡ツヽヲナサシムルナリ
〔緊要〕カンジンデアル
〔各地方〕其土地柄ヲ云フヿ
〔習熟〕ナラヒナレルヿ
〔施政〕マツリゴトヲ行フコト
〔難易〕ヤスキトタカキ也
〔短處〕ナシ能ハサルコト
〔廢置〕ヤメ又ハヲクコト、
〔緩急〕ユルヤカナルトキウナル

事件に就《つい》てハ町村長ハ議會《ぎくわい》の議決に依《よ》らずして之を施行《しかう》することを能《あた》ハざる而已《のみ》ならず猶其《その》議事を準備《じゆんび》し議決を執行《しつかう》するの義務《ぎむ》あり故に町村會に於て法律に背戻《はいれい》することなく其權限《けんぐ》內にて議決《ぎけつ》したる事項《かう》ハ假令町村《そん》の爲《た》めに不便ありと認《みと》むるも町村長は之を執行《しつかう》せざるを得《え》ず唯《たゞ》町村長其議《ぎ》決に對して大《おほい》に意見を異にし公衆《しゆう》の利益を害《がい》すと認《みと》むるときハ町村制第六十八條第二項第一に從《したがつ》て議決《けつ》の執行を停止《ていし》するの權《けん》を有す即之を停止して郡參《ぐんさん》事會の裁決《けつ》を請ふことを得可《う》し其法律命《めい》令に背き又は權限《けんぐ》を越《こ》ゆるものも亦之《これ》に同じ尤僅《けつか》に利害の見込《みこみ》を異にしたるのみにては未《いま》だ以て之《これ》を停止《ていし》するの理由と爲すに足らず必公益《こうえき》を損害《そんがい》すと認むる時《とき》に限る可し蓋《けだし》公益の爲めに町村長をして此《この》停止權を有《いう》せしむるは或《あるひ》は之を濫用するの恐《おそ》なきに非《あら》ずと雖《いへど》も今日町村治《ぢ》の未だ整備《せいび》せざるより考《かんが》ふるときは姑《しばら》く此例を存するの已《や》むを得《え》ざるものあり又監督《かんとく》官廳より町村長に停止《ていし》を命《めい》ずるハ國の利害に關《くわん》し已むを得ざるもの

コト
〔便識〕ワキマヘシルコト
〔協同〕心ヲ合セ力ヲ共ニシテ爲スコトナリ
〔代議機關〕市會町村會ノ議員ハ行政事務ニツキ其實務ヲ執ルモノニ非ズシテ共同物ノ使用又ハ公益ノ点ニ關シ其他市町村ノ利益トナル可キコトヲ議スルモノニテ實務ヲ執ル者ニアラサルナリ之ヲシテ實務ヲ執ラシムルトキハ行政吏員トナレアヒ彈正スルコト能ハサルノヘイガイアラントスルヲ以テ行政事務ヲ執ラシメサ

にして監督《かんとく》官廳も亦常《つね》に町村會議《ぎ》決の報告を徴《ちょう》して其注意を怠《おこた》らざる可し其停止權を濫《らん》用するの弊《へい》は參事會の參與《さんよ》あるを以て自ら之を防制《ばうせい》することを得可《べ》し其政行裁《さい》判所へ出訴するの權《けん》を法律勅令に背戾《はいれい》し及權限を踰越《ゆゑつ》するの場《ば》合に限りたるハ行《ぎやう》政裁判所ハ專ら法《はう》律上の爭論《さろう》を判決す可《べ》きものにして公《こう》益に關する事《こと》ハ一に利害の爭《あらそひ》に過《す》ぎざればなり郡參《ぐんさん》事會の裁決《けつ》に不服ある者《もの》ハ府縣參事《じ》會に訴願し其《その》府縣參事會の裁《さい》決に不服ある者《もの》ハ政行裁判所に出訴《しゆつそ》し若くハ內務大臣に訴願するを得可《べ》きこと町村制《せい》第百十九條及第百二十條の規定に依て明なり

其他《そのた》町村長の町村事務ハ町村制《せい》第六十八條第二項第二より第九に列載《れつさい》したる條件に依《よつ》て明なり其各條件《けん》に關してハ玆に說明《めい》を要せざる可し町村會の定額《ていがく》豫算に關《くわん》する職權に依て町村長の權利《けんり》に制限を加《くは》ふる所以ハ第《だい》四章に於て之《これ》を說明す可《べ》し

又町村會の議《ぎ》決町村制第百二十五條以下《いか》に從ひ官の許可《きよか》を受

ルナリ之レ代議ノ名アル所以ナリ

〔行政機關〕行政吏員ハツネニ實務ヲ取リソノ部内ノ公益ヲ圖ルモノナリ故ニ代議者ト行政者トノ別アルヲ知ルベシ機關トハカラクリトイフガ如ク其智識又ハ事務ヲ動ス道具ナリ此處ニ於テハ事務ト云ヘル如ク解シテ不可ナキ也

〔隷屬〕ハ奴隷ノ主長ニ從フ如キ者ニテツキシタカウモノナリ區長ハ市町村ノ行政廳ニシタガヒスベテサシズヲ受クル者也

く可きものハ之を受《う》くるの前《まへ》に施行するを得《え》ざること固《もと》より言を俟《ま》たず且《かつ》時宜に依りてハ監督《かんとく》官廳の懲戒《ちようかい》權を以て之を强制《せい》するを得可し

町村制第六十九條に列記《れいき》したる事務に關《くわん》してハ町村長ハ全《まつた》く前述《じゆつ》の塲《ば》合《あひ》と異《こと》なりたる地位《ちゐ》を有するものとす已《すで》に前《ぜん》章に記述《じゆつ》したる如《ごと》く國は町村をして國政《こくせい》に關する事務《じむ》に參與《さんよ》せしむることとある可《べ》し之《これ》を參與せしむるの法《はふ》二あり國政《せい》に屬する事務を以《もつ》て町村に委任《ゐにん》し其自治權を以《もつ》て之を處辨せしむるものあり又其事務《じむ》を町村に委任せずして直接《ちよく》に町村長其《その》他町村の吏員《りゐん》を指定して之《これ》を委任《ゐにん》するものあり此《この》區別《べつ》の緊《きん》要なる點《てん》ハ第一の例《れい》に據れバ斯《かゝ》る事件の議《ぎ》決も亦町村會の職權《しよくけん》に歸《き》し町村長若くハ當該《たうがい》吏員《りゐん》ハ此事件に關《くわん》し町村會に對《たい》して責任を帶び且常《つね》に其監視を受《う》くるものとし第二の例《れい》に據《よ》れバ町村長ハ直接《ちよく》に官命に依て事務《じむ》に從事し町村會と相關《あひくわん》せず此事務に關《くわん》する指揮命令ハ直《たゞち》に所屬官廳より之《これ》を受け特《とく》に其官廳に對《たい》し

〔周到〕行キ渡リテアマネク屆クコトナリ
〔勞費〕手カヅノヿ
〔襲用〕シキタリヲ用ユルヿ
〔良元素〕ヨキタネ
〔隸帶〕市町村吏員ノ外ニモ收入役ト云ヘルモノガアル之ノ職掌ハ市町村有財産ノトキアカシヲスル時目條ニ於テ説明スルト云フ
〔機械的〕使丁ハ小使ノ如シ東奔西走雜用最モ極マルモノナリ市町村ノ手足ノ如クスルモノナリ
〔保擔〕保證スルヿナリ

て責任を帶《お》ぶるものとす元來《ぐわんらい》甲乙二例を比較《ひかく》するときハ互《たがひ》に得失あると雖《いへど》も今日の情況《じやう》に照《てら》し事務の擧行《きよかう》を期するに付《つい》てハ乙法を行《おこな》ふに如《し》かず故に本制《ほんせい》ハ乙法を採《と》りて之《これ》を第六十九條に明言《めいげん》せり但細則に渉《わた》るものハ別法《べつぱふ》に讓らんとす且《かつ》此乙法を行《おこな》ふに至てハ其委《ゐ》任《にん》の職務に付き生ずる所の費《ひ》用ハ何れの負《ふ》擔《にん》なるかを明《めい》言せざるを得《ゑ》ず依《よつ》て同條末項《こう》に之《これ》を揭ぐ其他《た》町村固《こ》有《いう》の事務に要《えう》する費用ハ町村の自ら負《ふ》擔《たん》す可きこと言を俟《ま》たずして明なり

二

町村助役　助役《じよやく》ハ各《かく》町村に一名《めい》を置《を》くを通例《つうれい》とす然《しか》れども各地方《はう》の需要《じゆえう》に應《おう》じて或ハ之を增加《ぞうか》す可きことありと之を町村條例の定《さだ》むる所《ところ》に任《にん》ぜり（町村制第五十二條）助役の町村長に屬するハ共《とも》に集議《しふぎ》體《たい》を爲《な》すにあらず町村役場《やくば》の事務《じむ》ハ皆町村長の專決《せんけつ》に在《あ》り其責任《せき》も亦町村長一人に屬《ぞく》す故《ゆえ》に助役ハ其補《ほ》助員にして一に町村長の指《し》揮《き》に從《したが》ひ之《これ》を補佐《ほさ》するものとす唯《たゞ》町村長故障《こしやう》ありて之を代《だい》理する塲合及委任を受けて事務を專任

〔節約〕ケンヤクシテスクナクスル
〔公務上支障〕ツトメムキノ上ニ於テ支障トテサシツカヘナキヿ
〔冗費〕ムダノ費用
〔公益〕一般ノ利益
〔顧問〕サウダンアイテ
〔專務職〕モッパラ其事務ニノミカヽリ他ノ事務ヲ帶ビザルヿ
〔名譽職〕是ハ國民ノ義務ナルヲ以テ其市町村區内ニ盡ス義務ナリ資力名譽徳望アルモノニアラザレバ爲ス能ハズ故ニ名譽職ト云フ

する場合に限《かぎ》り自ら其責《そのせき》任を負《お》ふものとす但《たゞし》事務を委任《ゐにん》するには町村會の同意《どうい》を得るを要《えう》し（町村制第七十條）其町村長に委任の事務に係《かゝ》るときは監督《かんとく》官廳の許可を受《う》くるを要《えう》す（町村制第六十九條）

三　市參《さん》事會　市に於《おい》ては市長及助役を置《お》くことと町村の制に同くして別《べつ》に名譽《めいよ》職參事會員若干《じやくかん》名を置き合せて集議《しうぎ》體を組織《しよく》し之を市參事會とす役町村の異《こと》なる所なり助役及名譽職參事會員の定員《ていゐん》は市制《しせい》第四十九條に之を定《さだ》むと雖も市の情況《じやう》に依《よ》り増減《ぞうげん》を要《えう》するときは市條例を以て之を增減することを得可し（市制第四十九條）市長は一箇の決議《けつぎ》權を有し員數相半《すうあひなかば》する時は專決《せんけつ》することを得此集議《このしふぎ》會の職務は全く町村長の職務と其例と同くす（市制第六十四條）其詳細《せうさい》の說明は玆に要せざる可し其處務《しよむ》規《き》程《てい》は本《ほん》制に於て多《おほ》く設《まう》くるを要せず（市制自第六十五條至第六十八條）其細目《そのさいもく》に至ては内務《ないむ》省令を以て之を定むることとある可し

〔擴張〕ソノ職務權限等總テ區域ヲヲシ廣メル也
〔論述〕ロンジ又ハノベルコトナリ
〔徇依〕シタガヒ守ルナリ
〔專務吏員云々〕其職務ヲ專ラ掌トル所ノ者即他事ヲ爲サヽル所ノモノナリ
〔養成〕發達スルヿニテヤシナイ成スヿ
〔使丁〕小使ヒノ類ヲ云フ
〔繁多〕事務ノ多忙ナルヲ云フ
〔準據〕シテ法律ニ從ヒテ以テト言フガゴトシ
〔適用〕アテモチユル
〔服從〕シタガフ

市長は市の固有《こいう》の事務を處理《しより》すると委任《ゐにん》の事務を處理《しより》するとは各《かく》別段《だん》の地位を占《し》むるものとす即《すなは》ち市の固有の事務《じむ》に就《つい》ては參事《さんじ》會の議事を統理《とうり》し之を準備《じゆんび》し議決を執《しつ》行し時に臨では議決の執《しつ》行を停止《ていし》し（市制第六十五條）外部《ぐわい》に對《たい》して市を代表するものにして唯急施《たゞきうし》を要《えう》する場合に限《かぎ》り議決を俟《ま》たずして專行することを得《う》可し（市制第六十八條）然《しか》れども市制第七十四條に列載《れつさい》する委任の事務《じむ》に就《つい》ては參事會の參與《さんよ》を受けずして專行《せんかう》するものとす此區別あるは即前《ぜん》述の乙《おつ》法を取り之を市に委任せずして特《とく》に市長に委任《ゐにん》したるに依《よ》る

市助役《しじよやく》及其他の參事《さんじ》會員は會中《ちう》に在ては市長と同《どう》一の議權を有すと雖も議事《ぎじ》外に在ては町村助役《じよやく》の町村長に於《お》けると同く市長に對《たい》して補助員《ゐん》の地位に在《あ》るものとす（市制第六十九條、第七十四條、第二項）殊《こと》に都府の地《ち》に於《おい》ては分業の必要《ひつよう》なる可きを以《もつ》て事務を分《わかつ》て參事會員に專任《せんにん》せしむること最緊要《きんえう》なりとす此需要《じゆえう》に應せんが爲《た》め本制は之《これ》を市條例《れい》の適宜《てきぎ》定むる所

フ
「譴責」シカル
「過怠金」ヲコタリヨリ生スル罰金
「解職」職務ヲヤメル
「專決」ヒトリニテキメル
「懲戒權」官吏ヲ懲ラシムル權ナリ
「嚴肅」キビシクタヾシクスルナリ
「隨時」イツデモ
「行狀」身ノ總テノ行ナリ
「紊亂」ミダレル
「廉恥」人ニ貴ブベキ所ノ義ヲ失ヒナクスコトナリ
「公務上」職務上也
「私行」公務ニア

に讓《ゆづ》り（市制第六十九條第三項）以《もつ》て各《かく》地方の便《べん》に從《したが》はんとす

四 委員《ゐん》 委員を設《まう》くるは市町村人民をして自治《ぢ》の制に習熟《しよじゆく》せしめんが爲《た》めに最效益《かうえき》あり委員あるときは多數《すう》の公民をして市町村の公益の爲《た》めに力を盡《つく》すことを得せしめ自治《じち》の效用を擧ぐることを得可《べ》し何となれば市《し》町村公民は特《ひと》り會議又は參事《さん》會に加はるのみならず委《ゐ》員《へん》の列に入りて市《し》町村《そん》の行政に參與し之《これ》に依て自ら實務《につむ》の經驗を積《つ》み能く施政《しせい》の難易《なんい》を了知することを得可《う》し又地《ち》方の事情を表白《へうはく》するの機會《きくわい》を得て大に專務《せんむ》吏員の短處《しよ》を補ふことを得可《うべ》し蓋《けだ》し委員は自治の制《せい》に於て緊要なる地位《ちゐ》を占むるものにして本制施《はんせい》行の際《さい》委員の設けを促して市町村公《こう》民をして之に參與《さんよ》せしめんことを務《つと》む可し委員の廢置《はいち》は固より市町會村會の決議《けつぎ》に在り其《その》組織及職務は市町村條例《でうれい》の定むる所《ところ》に在りと雖も町村長及市參事會は正系《せいけい》の行政機關にして委《ゐ》員《へん》は其《その》一部分に參《さん》與するに過ぎざれば委員は

ラサルヿ平生ノ行ヒナリ
〔含蓄〕フクミヲル
〔繼續〕ツヽクコト
〔撰擇ノ區域〕公民ニ非レバエラビテ用ユルヿガデキスト云フヿニハ人ヲ登用スル場所ガセマク隨テヨキ人ヲ得ルヿガデキヌユエカクヒロメテ定ムルナリ
〔一身ノ全力〕專務吏員ハ名譽職ト異リテ已レノ一身ヲ以テソノ職ニ當テ日時ヲ費シ盡スモノナレバ相當ノ給料ヲ附與セサル可ラサル也
〔就職〕ヤクニツ

町村長若《もし》くは市參事《じ》會に從屬し概《おほむ》ね市長若《もし》くは町村長を以《もつ》て委員長と爲《な》し參事會員を以《もつ》て多《おほ》く之に加へ市會町村會議《ぎ》員《ゐん》も亦成る可《べ》く此委員に列《れつ》せしめんことを要《えう》す市會町村會の議《ぎ》員《ゐん》にして行政の事《じ》務《む》に加はるときは能《よ》く施政の緩急《くわんきふ》利害を辨識し行政吏《り》員《ゐん》と互に協《けふ》同して事務を擔《たん》任するの慣習を生じ自ら代議機關《きくわん》と行政機關との軋轢《あつれき》を防制することを得可し

五

區長　區域《くゐき》廣濶又は人口稠密《ちうみつ》の地は施《し》政《せい》の便を計《はか》らんが爲め之を數區に分《わか》つの必要《ひつえう》ある可し故《ゆゑ》に本制は市町村に區を劃設《くわくせつ》することを許《ゆる》し之に區《く》長及代理者なる行政《ぎやう》の機關を設置《せつち》せり此機關《くわん》は其市町村の行政廳《ぎやうせい》に隷《れい》屬するものにして其指揮命令を奉《ほう》じて事《じ》務《む》を區内に執行《しつかう》するものとす其委《ゐ》任《にん》事務の範圍は土地の情況と市町村行政廳《ちやう》の酌量に在るものにして豫《あらかじ》め之を定めずと雖《いへど》も區長は名《めい》譽職にして別に區《く》の附屬員《ぞくゐん》なる者あるにあらざれば（三府《ぷ》を除くの外《はか》）實際此《この》事情を斟酌《しんしやく》せざる可からず要《えう》するに區《く》は市町村内別《べつ》に特立したる一の自治体《じちたい》たる

クヿ
〔報酬〕其ヿノニムクヒンイヲ表スルナリ
〔勤勞〕ツトメガイソガワシク自分ノ業ヲヤメルヿ甚ダシケレバ多ク報酬ヲ與ヘザル可ラズ小ナレバ報酬モ又隨テ少ナキナリ
〔退隱料〕之ハ若干年間職務ニ從事シタル功勞ニ報ユルモノニテ有給市町村吏員ニハ之ヲ給與スルナリ
〔任期滿限〕年期ノスムヿ
〔糊口〕世話スルヿナリ
〔生計〕世ヲ渡リクラシヲナス
〔鼻息〕ハナイキ

に非ず區《く》長も亦其固有《こいう》の職權あるに非《あら》ずして單《たん》に町村長市參《さん》事《じ》會の事務を補助《ほじよ》執行するの便《べん》に供ふるに過《す》ぎず故に區《く》長は市町村の機關《きくわん》にして區の機關に非《あら》ず區《く》は法人の權利《けんり》を有せず財産《ざいさん》を所有せず、歳計《さいけい》豫算を設《まう》けず又議《ぎ》會若くは其他の機關《きくわん》を存することとなし蓋《けだし》區を設くるときは施《し》政《せい》の周到なるを得《う》可く、一市《し》町村内の各部に於《お》て利害《りがい》の軋轢するを調和《てうわ》し、市町村費《ひ》賦課の不平衡《へい》を矯め又能《またよ》く行政の勞費《らうひ》を節略するを得可し要するに區長を設《まう》くるは更《さら》に自治の良元素《りやうそ》を市町村制《せい》中に加ふるものにして舊《きう》制の伍《ご》長組《くみ》長等の例を襲用《しふよう》せるなり但從《じう》前の區内に存《そん》する戸長の類《るゐ》と混す可らず又《また》區にして從來《じゆう》固有の財産ある時《とき》の例は第五章の説明《せつめい》に詳述す可し

六　其他《そのた》の市町村吏員　以上市町村吏員の外收入《はかしう》役あり（市制第五十八條、町村制第六十二條）其職《そのしよく》掌は市町村有財《いうざい》産と連《れん》帶して説明《せつめい》す可し又書記《またしよき》其他技術《ぎじゆつ》上に要する吏《り》員あり又使丁《してい》なる者あり機械的《きかいてき》に使用《しよう》する者とす此等《これら》の吏員を置き相當の給《きよ》料

ヲウカヾフト云フコトニテ財産ナキモノ任滿チテ解職スルトキハ又他ニ糊口ノ策ヲ計ラ子バナラヌ然レバ即チ遂ニ再撰セラレンヿヲ欲シ常ニ町村會ニ諛ヒテ其意ヲ迎ヘソレガ爲ニ公益ヲ圖ルノ大義ヲ忽諸ニスル如クナラン是ヲ以テ退隱料ヲ給シテ罷職ノ後生計ニ苦シムノ恐レナカラシメ以テ公益ヲ計ルニ憂ナカラシムルモノナリ〔國庫〕租税ノ如キ國税金ノ收入金ヲ容ルヽ國ノ金庫也〔加重〕ヲモクス

を與《あた》ふるは市町村の義務とす（市制第百十七條、町村制第百二十一條）町村に於ては書記其他の吏員を置き俸給《ほうきう》を支出《しゝゆつ》するの義務ありと雖も本制は小町村の爲め一の便法を設け町村長に一定の書記《しよき》料を給して其便宜《そのべんぎ》に從《したが》ひ書記の事務を保擔するを許《ゆる》さんとす此《これ》便法を設け及其書記料の額《がく》を定《さだ》むるは町村會の職《しよく》權に在る可きものとす（町村制第六十三條第一項）若《も》し町村長に於て其《その》金額《かく》に不足ありと爲すときは町村長第七十八條に依り之を郡《ぐん》參事會に申立《まうしたて》つることを得可し其他の細目は之を制定せず蓋書記料を給與するときは町村長に於ては自ら其事務《む》費《ひ》を節約《せつやく》するを得可し監督《かんとく》官廳も亦能《またよ》く是《こゝ》に注意《ちうい》し公務上支障《しゝやう》なき限りは町村に説示《せつし》して繁雜を省《はぶ》き冗費《じやうひ》を減《げん》ぜんことを務《つと》めざる可からず要するに本制《ほんせい》は分權《ぶんけん》の主義に依り名《めい》譽《よ》職を設け從《じゆう》來の町村費を節減《せつげん》せんことを期《き》すと云ども若し市町村に於て度《ど》外《がい》の節約《せつやく》を行《おこな》ひ依て公益を害《がい》するに至らんとするときは監督《かんとく》官廳に於ては則《すなは》ち之に干渉《かんせう》するの道《みち》あり

ル
〔實驗〕實際アリタルヿヲ見レバ
〔盛衰〕サカンナルトオトロヘルトハヨキ人ヲ得ルト得ザルトニアルト云ヿ
〔有爲〕大ニ智識アツテ隨分何事ヲモ爲シトゲル人ナリ
〔人材〕ジンブツ
〔繁榮〕サカエル
〔固有〕モトヨリアルコト
〔汎論〕ヒロクロンジテミルトキ
〔同一ノ權利〕一個ノ人トヲナジヨウニ權利ヲ有スルモノニシテ市町村其モノハ自ラ經濟ヲヲサメテ行フノ專權ガアル

市は勿《もち》論其《その》他大なる町村に於ては文化《ぶんくわ》の進《すゝ》むに從ひ高《かう》等の技術《じゆつ》員（法律顧《こ》問《もん》、土木工師、建築技《けんちくぎ》師、衛《ゑい》生技師等の類を使用す可き必要《ひつえう》を生ずるに至る可し之《これ》を使用するには或《あるひ》は通《つう》常雇入《いれ》の契約《けいやく》を以てし或は市制村吏員《りゐん》と爲すことある可し又時宜《またじぎ》に依り之を給有《いうきう》の助役として任《にん》用するの便あり本制《ほんせい》は此《この》件に關《くわん》しては全く市町村の自由《じいう》に任《にん》ぜんとす尤警察學事《じ》等《とう》の爲めに特別《とくべつ》の人《じん》員を置くに付ては別段《べつだん》の法規《はうき》を要す可しと雖《いへど》も皆是別《このべつ》法を以て定む可きものなり

市町村の公務《こうむ》に任《にん》ずる者は名譽職と專務《せんむ》職との二種《しゆ》に分《わか》つと雖も本制《ほんせい》に於《おい》て主《しゆ》として名譽《めいよ》職を擴張したる理由は上に之を論述《ろんじゆつ》したるが如し又本制《ほんせい》に於て名譽職と爲《な》す可きことを規定《きてい》したる場合《ばあい》に於ては市町村は必《かならず》之に遵依《じゆんい》す可し決して有《いう》給職と爲すを得ず然《しか》れども小町村に於て名譽職に屬するものと雖《いへど》も大市《たいし》町村に在ては專務《せんむ》吏《り》員《いん》を置くを要することもあり專務《せんむ》職とは特別《とくべつ》の技術若くは學問《がくもん》上の養成《やうせい》を要する職務《しよくむ》並事務繁

〔資力〕財產ノ力
〔消長〕サカンニナリ又ハヲトロヘルナゾクニノ盛衰ニカヽハルト云フガ如シ
〔財源〕國家ノ財政ノ源トナルモノナリ
〔涸渇〕カツシツクス
〔恪遵〕マモラシム
〔干涉〕其事ニ喙ライルヽコト即チカヽハリアツカル
〔自治制度〕町村市ハ其郡分獨立シテ市制町村制ヲ施行シ人ノ干涉ヲ受サルナリ
〔拘束〕トラヘシバルヨウニ自由ナラシメザルヲ云フ

多《た》にして本業の餘暇《よか》を以《もつ》て無《む》給にて負擔《ふたん》せしむると能はざる職務《しよくむ》なり此《かく》の如き職務《しよくむ》は有《いう》給吏員と爲すを常例と爲せり此《この》條理《り》の範圍《はんゐ》内に於《おい》て市町村は自己《じこ》の便宜《べんぎ》に依り有給吏員若くは無《む》給吏員を置く可きものとす

今《いま》本制に於ては市《し》長吏助役市町村收入役及市町村附屬員使丁は皆專務吏員《せんむりゐん》と爲す可き者《もの》とす町村長町村助役は名譽職と爲すを原則《げんそく》とすと雖も町村の情況《じやうきやう》に依て之を有《いう》給の專務職と爲すを得せしむ（町村制第五十五條第五十六條）參事會員（市長助役を除く（委員《ゐん》區長は名譽職とす但三府の區長は有《いう》給吏員《ゐん》と爲すてとある可し

專務《せんむ》吏員及名譽職吏員《りゐん》は共に市町村吏員なり本制《はんせい》に於て其區別《べつ》を爲さゞるものは總《すべ》て此兩種に適用《てきよう》するものとす又市町村吏員《りゐん》たる者は其何《そのいづ》れの種類に屬《ぞく》するに拘《かゝは》らず法律に準《じゆん》據して所屬《しよぞく》の官廳及市町村廳に對《たい》して從順なる可《べ》く均《ひと》しく懲戒法に服從す可《べ》し其懲戒を行《おこな》ふは町村長及市參事會（町村制第六十

〔阻碍〕サマタゲジヤマヲスルコト
〔適度〕コノ位ハ人情其他風俗ニモカナフト思所ヲ以テ
〔基本財産〕市町村有ノ不動産又ハ金穀等ノ固有財産ノ類
〔濫費〕ムダノツイヘナリ
〔凶荒〕早秡又ハ其他ノ災ヒニヨリ作物ノ登ラサルワルキ年ヲ云フ古ノ所謂飢饉年ノ如シ
〔費途〕イリヨウノミチ
〔上司〕其上役ヲ勤メ居ルモ
〔一般ノ使用權〕其町村人民ハ何人ニテモ使ヒ用

八條第二項第五、市制第六十四條第二項第五）及監督《かんとく》官廳（郡長、府縣知事）の任《にん》とす（町村制第百二十八條、市制第百二十四條）懲戒《ちやうかい》の罰として本制《ほんせい》は左の三種《しゆ》を設く

一　譴責《けんせき》

二　過怠金《くわたいきん》

三　解職《かいしよく》

譴責又《また》は過怠金に處《しよ》するは當該吏員《がいりゐん》の專決に屬《ぞく》し其處分に對《たい》する訴願《ぐわん》も均く當該吏員《かいりゐん》の裁決に任《にん》じ其裁決に不服《ふふく》ある者は行政裁判所に出訴《しゆつそ》することを得《ね》せしむ是專ら懲戒《ちやうかい》權の執行を嚴肅《げんしゆく》ならしむる所以なり獨り解職《かいしよく》の處分に對しては大《おほい》に保護を加へざる可《べ》からず（但隨時《じ》解職し得《う》可き吏員《りゐん》は懲戒裁判の法《はふ》に依らず解職《かいしよく》するを得《え》せしむ）故《ゆゑ》に本制は解職の理由《りいう》を指定せるのみならず（但行狀《ぎやう》を紊亂《びんらん》し廉耻を失《うしな》ふとは公務上に止《とゞ》まらず私行《しかう》に關することも含蓄《がんちく》するものなり（郡參《ぐんさん》事會府縣參事會なる集議体の裁決に任《にん》ぜり（市制第百二十四條、町村制第百二十八條）

ユルヿガデキル
〔實例〕實際ニ於テ
〔舊慣〕古ヨリノシキタリ
〔市町有ノ所有物〕コノ物件ヲ使用スルノ權アルモノハ何人モ使用スルコトヲ得ルト雖モ元ト市町村ノ共有物ナレバ使用權ノ方法ヲ限リ或ハ取上ゲル等ハ所有者タル市町村ノ權内ニ在ルヿ勿論ナリトス
〔細民無産〕財産ナキモノナリ
〔民法〕人間相互ノ關係ヲ規定スル法律ノヿナリ
〔全國ノ公益〕日本國民ノ利益
〔市村町局部〕前

専務《じむ》吏員及名譽職吏員《りゐん》とも職務《しよくむ》上大率ね同《どう》一の權利義務《ぎむ》を有すと雖も深く其性質に就《つい》て考ふるときは互《たがひ》に相異なる所《ところ》あり専務職を辭《じ》するは吏員《りゐん》の隨意に在《あ》りと雖も名譽《めいよ》職は公民の義務《ぎむ》として之れに應ぜざるを得《え》ず其已《すで》に擔當したる職務《しよくむ》を繼續するの義務あると否とに付ても亦《また》此差別あり（市制第八條、第五十五條第三項、町村制第八條、第五十七條）又《また》市制第五十六條、第五十八條及町村制第五十八條、第六十二條の制限《せいげん》の如きは専務《せんむ》吏員に非ざれば負擔《ふたん》せしむることを得ず市制《しせい》第五十九條、町村制第六十三條に記載《きさい》したる吏員《りゐん》れ其任《そのにん》用の時此等の關係《くわんけい》を約定するを可《か》とす有給職《しよく》に任用するに其《その》市町村の公《こう》民《みん》たる者に限《かぎ》らざるは徒《いたづら》に撰擇《せんたく》の區域を減《げん》縮せざらんが爲めなりと雖《いへど》も高等の有給《きう》吏員には其職《そのしよく》に就くと同時《どうじ》に其市町村の公民權を付與《ふよ》すること當然《たうぜん》なり（市制第五十三條、第五十八條、町村制第五十六條第二項）専務《せんむ》吏員は一身《しん》の全力を擧《あ》げて市《し》町村の爲めに盡《つく》す可きを以《もつ》て相當の給《きふ》料を受くるは元《もと》より至當《したう》なりと雖も名譽《めいよ》の爲めに就職《しうしよく》する公民には給《きふ》料を給せず（市制町村制第七十五條）尤町村

ニ反シ市町村ノ如キセマキ限リニツキテハカル所ノ公益ガアル
〔枚擧〕一々カゾエルニイトマガナイ
〔交通事務〕各國ト交ルヿニツキ起ルシゴト
〔衛生事務〕自体ノ健康ヲハカリ人心ノ壯ニナルヿヲ掌ル
〔最重要〕ナカデモ一バンカンジンデアル
〔意向〕市町村ノカンガヘナリ
〔限界〕カギリ
〔撿束チ解キ〕今マデノ規則ヲ廢シ自マヽ勝手ニサスルトキハ
〔將來ノ爲〕今ヨリサキ

村の公務の爲《た》めに要する實費《じつぴ》は之を辨償せざるを得ず唯《に》其《その》名譽職の事務頗《すこぶ》る繁忙にして本業を妨《さまた》げらるヽときは多少《たせう》の報酬を與《あた》ふるは當然《ぜん》なり其額は固《もと》より勤勞に相當《さうたう》せざる可《べ》からず此規則《きそく》は町村長（一町村制第五十五條第二項）は勿論《もちろん》町村助役《じよやく》及名譽職市參事會員《ゐん》にして市町村事務を分任《ぶんにん》する者（市制第六十八條第二項、町村制第五十五條第二項）の爲《た》めに之《これ》を設《まう》く其報酬額《そのはう》は市町村會之を議定《ぎてい》し（市制町村制第七十五條）其額《そのがく》に關する爭論《さうろん》は市制町村制第七十八條に依《よつ》て處分し司法《しはう》裁判を求むるを許《ゆる》さず

有《いう》給市町村吏員《りゐん》の財産上の要求《たうきう》は上に記載したる理由《りいう》あるに依《よ》り其職重《おも》ければ從て其《その》給料に關して官廳《くわん》の干渉を要すること多《おほ》しとす尤給料額は元來市町村《そん》の自ら定むる所《ところ》に任じ條例《れい》を設けて之《これ》を一定《てい》し又は撰任《せんにん》の前に方て議《ぎ》會の議決を以《もつ》て之を定む可《べ》し然《しか》れども監督《かんとく》官廳は斯く市町村の定むる給料《きふ》を以て多きに過ぎ又は不足《ふそく》ありと爲《な》すときは認可《にんか》を拒み所屬《ぞく》の參事會をして之《これ》を斷定せしむるの權利《けんり》あり有《いう》給市町村吏員には退隱料《たいいん》を給するを當然《たうぜん》とす然れども市町村吏員

〔顧慮云々〕ヲモンパカル所ノモノガアル

〔專制ノ弊〕自已ノヲモイノ通リヒトリニテキメル所ノウレイガナイ何トナレバ上訴トテ上々ヘ訴ヘルミチガ定メアルヲ以也

〔資金〕資テ以テ事業ヲ起スノモト金ナリ

〔市稅〕市ノ爲ニ費ス諸入費ノ稅

〔町村稅〕町村ノタメニ要スル所ノ諸費用ノ稅ナリ

〔使用料〕凡ソ財産ナルモノハ其之ヲ使用シテ以テ始メテ其功用ヲ爲スモノニシテ其自体ヲシテ

に對《たい》して官吏の恩給《おんきう》令を適用することを得《ゑ》ず是《これ》其地位の異《こと》なるのみならず市《し》町村吏員は定期《ていき》を以て選任《せんにん》せられ任期滿限《まんげん》の後《のち》は再《さい》選若くは再任を受《う》くるに非《あらざ》れバ其職に在《あ》らざるを以《もつ》てなり若《も》し其吏員《りゐん》任期滿限後再選若《せんもし》くは再任せられざるときは遽《にはか》に糊口《こゝう》の道を失《うしな》ふに至る可し故《ゆゑ》に此《この》結果を防《ふせ》ぐに非《あら》ざれば一方《はう》に在ては有力《いう》の人進《すゝん》で市町村の職《しよく》に就くことを屑《いさぎよ》しとせざる可《べ》く一方《ばう》に在ては再選に依て生計を求むるが如《ごと》き輩をして常《つね》に市町村會の鼻息《ひそく》を窺《うかゞ》ひ以て公《こう》益を忘れしむることとなしとせず加《くは》ふるに市町村《そん》の職務ハ昇等《しようとう》増給の途少きを以《もつ》て其退隱《たいゝん》料を給するハ官吏《くわんり》より厚くするを至當《したう》とす然《しか》れども目下《もくか》一定の法律《りつ》を以て之を定《さだ》めんよりは寧《むし》ろ市町村の條例《でうれい》を以て之を設定《てい》せしむるの便《べん》なるに若《し》かざるなり

有給と無給《むきよ》とを論ぜず凡《およそ》市町村吏員の職務《しよくむ》上の收入は市《し》町村の負《ふ》擔《たん》たることを疑を容《い》れずと雖《いへど》も之が明文を掲《かゝ》ぐるも亦無用《むよう》にあらざる可《べ》し(市制町村制第八十條)

市町村と吏員《りゐん》との間に起《おこ》る給料及退隱料《たいゝんれう》の爭論は司法《しはふ》裁判に付せず

不動ノモノタラシムル片ハ毫モ收益スルノ利アラサルモノナリ
〔現行法〕現今行ヒ居ル所ノ法律規則ノコトナリ
〔修補〕ヲギナイツクロウ
〔徵收法〕トリタテカタ
〔附加稅〕附加トハ主タル稅ニツケクハヘル
〔修補〕修正オギナヒ
〔定率〕サダメノワリカタ
〔偏輕偏重〕一方ヲカルクシ一方ヲ重クス
〔準率ヲ均一ニ〕ワリカタヲオナシク
〔國庫〕國ノ金庫ナリ

市制町村制《せい》第七十八條に依《よつ》て處分す可《べ》きなり其保護は此方法を以《もつ》て足れりとす之《これ》に反《はん》して市長と國庫《そくこ》との間に起《おこ》る給料及退隱《たいいん》料の爭論は一般の法律規則《きそく》に據て處分す可し

結局に至《いたつ》て倘注意《ちうい》す可きことあり抑《そもく》退隱料の規則《きそく》を設くるときは市町村の負擔《ふたん》を加重《かちよう》するの恐《おそれ》ありと雖も他《た》國の實驗に據《よ》れば決して多額《たがく》の負擔を爲《な》すものにあらず市町村《そん》に於ては多くは適任《てきにん》の吏員《りゐん》を再撰し吏員も亦《また》再撰を受《う》けざるときは必《かなら》ず他《た》の地位を求《もと》めざる者《もの》あらざる可《べ》し故《ゆゑ》に實際退隱《いん》料を支出するの場合は甚少かる可きなり又一方より論《ろん》ずるときは市《し》町村の盛衰は有爲《いうゐ》の人材を得《う》るの多少《たせう》に關し有爲《いうゐ》の人材を得《う》ると得ざるとは其《その》生計を安全《あんぜん》ならしむると否《いな》とに關するものにして市《し》町村自治の權《けん》を得るに於ては退隱料負擔《ふたん》の如きは之《これ》を重しと謂《い》ふ可からず況《いはん》や有給の町村長助《じよ》役を設《まう》けざる町村に於ては此負擔《ふたん》を受くるの場合少《すくな》きに於てをや又況《またいはん》や名譽職を設《まう》くるに於ては行政《ぎやうせい》の費用大に減少《げんせう》す可きに於《おい》てをや蓋《けだし》市町村の繁榮は斯の如き法《はふ》ありて始《はじ》めて將來に期望《きばう》す可《べ》きなり

〔財源〕財産ノモト
〔超過〕コヘスギル
〔非常〕ヒトヽホリデナキ丁
〔概シテ〕オシナベテ
〔疑點ヲ生ズ〕ウタガヒガオコル
〔此區別ニ就テハ〕國税ニ直接間接ノワカチヲスルハ
〔調査〕シラベ
〔第九十一條〕特別税ハ賦課税ノ外別ニ町村限リ税目ヲ起シテ課税スルモノナリ
〔滯在〕寄留ニモアラズ逗留シテ居ル者ナリ
〔占ムル〕サダムル丁
〔所得〕金ヲ儲ケ

第四章　市町村有財産《いうざいさん》の管理《くわんり》

市町村に於て自ら其事業《じげふ》を執行《しつかう》するに付ては必之に要する所の資金なかる可からず故《ゆゑ》に各市町村固有《こいう》の經濟《けいざい》を立て以て必要の費用《ひよう》を支《し》辨《べん》するの道を設《まう》く可し即市町村は財《ざい》産權を有すること概ね一個人と同一なり然れども細《こまか》に觀察《くわんさつ》するときは其一個人又ハ私立組合の類《るゐ》と相異《あひこと》なるものは市町村の事業《じげふ》及支出の大半《さいはん》は法律規則に依《よつ》て定まり市町村民に對《たい》して其義務《ぎむ》として負擔《ふたん》せしむることを得るの一點《てん》に在り蓋《けだし》市町村の經濟《けいざい》は之を汎論《はんろん》するときは一個人と同一の權利を有するものにして市町村は自《みづか》ら其經濟を管理《くわんり》するの專權ありと謂《い》ふ可し而して之に二樣《やう》の制限《せいげん》あり第一市町村の資力《しりよく》は大に國《こく》家の消長に關係《けい》あるを以て政府は須《すべから》く此點《このてん》に注意《ちうい》せざる可からず第二政府《せいふ》は市町村の經濟を以て國の財政《ざいせい》に抵觸《ていしよく》せざらしめ之が爲めに國の財源《ざいげん》を涸渇《こかつ》せざらんことを務《つと》めざる可からず故に市町村の財《ざい》政を以て立《りつ》法の範圍《けんゐ》に入《い》れ立法權を以て市町村の財政に關《くわん》する法規《はふき》を設けて之を

ルヿ
〔同一ニ歸セザル〕ヒトツニナラヌ
〔重複ノ課税〕同税ヲカサネテワリツケルヿ
〔往々〕ユクサキ
〔特權〕特別ノ權利
〔此例〕他國ノ例
〔便法〕便利ノ法ナリ
〔掲載〕カヽゲノス
〔公共〕衆人相共ニ
〔水利〕水ノ便利
〔土功〕フシンヲスル
〔慈善協會〕人ヲイツクシム法ヲ協議スル會ヲ云
〔民法〕戸籍貸借婚姻養子等ノ縁組ニ至ルマデヲ

恪遵《らくじゆん》せしむ可き而已《のみ》ならず其經濟上の處分苟《いやしく》も國の利害は關渉するものは皆政府の許可《きよか》を得せしめんとす

以上の論點《ろんてん》に關する規定《きてい》は市制第四章及第六章幷町村制第四章及第七章に載《の》す抑《そも〳〵》市町村の經濟《けいさい》に對し政府の干渉《かんせふ》する所の程度は自治《じち》政度《せいど》を論《ろん》ずる者の視《み》る所に依て各異《かくこと》なる所ある可しと雖も要するに市町村の行政に對《たい》し官廳の監視《かんし》を重《おもん》じて之を拘束《こうそく》するに過《す》ぐるときは其弊《そのへい》や遂《つい》に市町村の便宜《べんぎ》を妨《さまた》げ其自ら進《すゝん》で幸福《こうふく》を求むるの道を阻碍《かい》するを免《まぬか》れざらんとす然れども一方より見るときは自ら從來の慣行《かう》ありて遽《にわか》に之《これ》を變《へん》じ難《かた》きものあり故に漸《せん》を以て市町村の自主《じしゆ》を擴張《ちやう》するを是《ぜ》なりとす此點《このてん》に於ては本制は最愼重《しんちよう》を加《くは》へ今日の情《じやう》勢に照《てら》して適度《てきど》を得たりとする所を以て制定せり

市町村の法人《はふじん》たるは已《すで》に法律の認《みと》むる所なれバ市町村の財《ざい》産を所有するの權利《けんり》を有す可きこと固《もと》より疑《うたがひ》を容《いれ》れず而して市町村財産に二種の別あり（甲）市町村の費用《ひよう》を支辨《しべん》するが爲めに消費するものあり例《たと》へバ土地家屋《かおく》等の貸渡料。醫藥の所得。市町村税及手數料等の

云フ
〔私法上〕ワタクシゴトニカヽル
〔結社〕會社ヲ結ブ
〔國家ノ公益〕クニ一般ノ利益
〔調査〕シラベル
〔頗ル〕ヨホド
〔納税義務者〕民タル者ハ國ノ爲メ市町村ノ爲メ税ヲ出スベキ義理ツトメガアル
〔平等〕厚薄輕重ナクウチナラシテ
〔例外〕キマリノホカヲ云
〔數部〕市町村ノ幾郡分ヲ云フ
〔專用〕他ニモチヒサセズヒトリ用ユルヿ
〔營造物〕瓦斯局、水道、電信等ヲ

如《こ》き是れなり又基本財産と稱《しよう》するものあり基本財産は其入額を使用するに止まり其原《げん》物を消耗《せうまう》せざるものとす蓋此《けだし》區《く》別を立つるは市町村の資《し》力を維《ゐ》持《ぢ》するが爲めに極《きわ》めて緊要《きんえう》なるものにして國家は特《とく》に市町村の基《き》本財産を保護《ほご》して其濫費《らんひ》を防《ふせ》がざる可からず且《かつ》經常歳入の外に臨時《りんじ》の收入例へば寄《き》附金額《がく》の如きは成る可く經常歳費に充てしめざるを要す唯《たゞ》寄附者に於て寄附金支出《しゝゆつ》の目的《もくてき》を定めたるか或は非常《ひじやう》の水害《すいがい》若くは凶荒《きようくわう》等の爲め經常《けいじやう》の收入を以《もつ》て其費途《ひと》に充《あ》つるに足《た》らざるが如きの場合は固《もと》より別段《べつだん》なりと雖も是亦上司の許可を受《う》くるを要すと爲すは其經濟《けいざい》上の處分を重《おもん》ずる所以なり（市制第八十一條、第百二十三條第二、町村制第八十一條、第百二十七條第二）

〔乙〕凡市町村の財産《ざいさん》は市町村一般《ぱん》の爲めに使用《しよう》すること固《もと》より言《こと》を俟《ま》たず故に特《とく》に之を法律に掲載《けいさい》するを要せずと雖も若し住民《ぢゆうみん》中其財産《さん》に對して特別の權利《けんり》を有《いう》する者あるときは自ら其證明《しようめい》を立《た》つるの義《ぎ》務《む》あり即民法上其證明を認《みと》むるに於ては特別《とくべつ》の權利を有するものとし其證明なきものは即一般の使用權《しようけん》あるものとす（市制町村制第

八十二條）
市《し》町村の所有《いう》に屬する不《ふ》動産《どうさん》の使用を直接《ちよくせつ》に住民に許《ゆる》すは從來の實例少《すくな》しとせず故《ゆゑ》に其舊慣あるものは特《とく》に之を存《そん》し今より後《のち》は概《がい》して新《あらた》に使用を許《ゆる》すを禁《きん》ぜり（市制町村制第八十三條、第八十四條）又一方《ぱう》に於ては使用權に相當《さうたう》する納稅義務《ぎむ》を定《さだ》め（市制町村制第八十五條）且《かつ》條例に依《よ》り使用者より金圓《きんゑん》を徵收することを許《ゆる》せり（市制町村制第八十四條）然《しか》れども其使用《しよう》を許したる物件《ぶつけん》は元來市町村の所有《しよいう》物にして使用《しよう》の權利は市《し》町村住民たる資格《しかく》に隨伴するものなれば市《し》町村は固より使《し》用權を制限《せいげん》し若くは取上《とりあ》ぐるの權《けん》利なかる可からず（市制町村制第八十六條）但其議決《ぎけつ》は上司の許可《きよか》を受《う》くるを要《えう》すと爲《な》すは（市制第百二十三條第四、町村制第百二十七條第四）細民《みん》無產の徒の不利《り》となる可きものを防《ふせ》がんが爲《に》めなり之《これ》を要《えう》するに以上の規定は市《し》町村住民たる資格《しかく》に附隨《ずゐ》する使用權にのみ用ふるものにして民法《みんぱう》上の使用權《けん》には關係なきものとす蓋《けだし》此使用權は民法に據《よつ》て論定す可《べ》きものにして其爭《そのさう》論も亦司法《しはふ》裁判所の判決に屬す可き

〔準率〕法ヲ立テヽ之ニナラハスヿ
〔反シテ〕反對ノヿ
〔例則〕キマリ
〔查定〕シラベサダメル
〔專務〕モツパラカヽリツトムヿ
〔經濟法〕ヨワタリ法
〔舊時〕幕府ノ時代
〔金納法〕金ニテオサム
〔課出〕ワリツケダサス
〔慣行〕ナラハシ
〔河溝〕カハミゾ
〔堤坊〕ツヽミ
〔修繕〕ツクロヒ
〔農隙〕ノウゲフノスキマ
〔負荷〕オヒニ

〔輕減〕カロクシヘラス
〔季節〕キコッジセツ
〔夫役ニ應ズ〕人夫役ニ出ル
〔趣ヲ異ニス〕ヨウスノカハリタルヿ
〔開通〕ミチナキ處ヘモミチヲヒラクヿ
〔將來〕ユクスヱ
〔負擔〕ソノセメヲヒキクウルコト
〔適應〕カナヒヲウズル
〔從事〕コトニシタガフ
〔撰擇〕エラム
〔算出〕カンヂヤウスル
〔等差〕等級チガイ
〔急迫〕イソグバ

ものとす而《しか》して前段の使《し》用《よう》權に關する爭論《さうろん》は市制町村制第百五條に依《よつ》て處分《しよぶん》す可きなり

市町村財《ざい》産の管理は町村長及市《し》參《さん》事會の擔任とす（町村制第六十八條。市制第六十四條）其《その》管理上市町村會の議《ぎ》決《けつ》に依る可きは町村制第三十三條、市制第三十一條及市制町村制第八十七條等に於てし又上司《じやうし》の許可を受《う》く可き條件《でうけん》は載せて市制《しせい》第百二十三條、町村制第百二十七條等《とう》に在り

市町村は其《その》住民をして市《し》町村の爲めに義務《ぎむ》を盡《つく》さしむるの權利なかる可《べ》からずして此《この》權利なきときは共同《どう》の目的を達《たつ》することを能《あた》はざるは上既《すで》に之《これ》を論述せり其《その》義務の廣狹は市《し》町村事業《じげよ》の範圍に從はざる可《べ》からず其事《じ》業は全國の公《こう》益の爲めにするものなり或《あるひ》は一市町村局部《よ》の公益より生《しよう》ずるものあり其《その》全國の公益《こうゑき》に出づるものは軍《ぐん》事、警察、教育等の類にして是皆《みな》別に規定す可《べ》きものとす其《その》局部の公益より生ずるもの即共同事務《じむ》は各地方の情《じやう》況に從て異同《いどう》あれば玆《こゝ》に枚《まい》擧するに暇《いとま》あらずと雖も農業《のうげふ》經濟、交通事務、衞生事務等の如きは其

〔多寡〕チホキスクナキ
〔準ズル〕ナラフテ
〔直接〕スグニテワタシス
〔準率〕ワリカタニ
〔範圍〕コレダケノバショトカコヒヲスル
〔各個人〕メイメイ々ニト云
〔公法上〕公益上ノ法
〔準據〕ナラヒヨル
〔不服〕ショウチセヌ
〔提出〕モチイダス
〔裁決ヲ經テ〕サイバンヲウケテ
〔結局〕ツマリ
〔[illegible]〕ツテノ

最重要なるものとす之《これ》を要するに一市町村の公益上に於て必《ひつ》要なる事項《かう》は悉く共同事務《じむ》に屬す可きなり本制《ほんせい》に於て設《まう》けたる委任《ゐにん》の國政事務と固有《こいう》の事務即共同《どう》事務との區別《くべつ》は專ら市町村長の地位《ちゐ》の兩岐に分《わか》るゝ所にして且《かつ》市町村の必要《ひつえう》事務と隨意《ずゐい》事務との區別《くべつ》を立つるの根據《こんきよ》となるものなり即此《この》區別は官權《けん》の及ぶ可《べ》き限界《げんかい》を立つるに在りて必要事務《じむ》は監督官廳に於て强制豫算の權利《けんり》(市制第百十八條、町村制第百二十二條)あるものとす而《しか》して必要《ひつえう》事務とは委任《ゐにん》の國政事務は勿論《もちろん》共同事務中市町村の需要《じゆえう》に於て闕《か》く可からざるものに限り必要事務と謂《い》ふを得可し市制《しせい》町村制第八十八條の規定《きてい》は實に此《この》精神に出でたるものにして市《し》制第百十八條、町村制第百二十二條に云《い》ふ所のものも亦《また》同じ此の如《ごと》き規定あるときは共同行政上の事件《じけん》に至るまで市町村《そん》の意向《いかう》を顧みずして負擔《ふたん》を受けしむることを得從て官の監督權は重《おも》きに過《す》ぐるの恐ありと雖も一方《はう》より考《かんが》ふるときは全く撿束を解きて市《し》町村の自由《じいう》に任ずるは却《かへつ》て將來の爲め顧慮《こりよ》する所あり故《ゆゑ》に市町村の公益上《こうえき》已《や》むを得ざるものは姑《しばら》く市町村會の意見に拘らず監督官廳の命令を以《もつ》て之を執行《かう》するの權利《けんり》を存せざるを得ず但其處分に對《たい》しては上訴《そ》を許したるを以《もつ》て專制の弊《へい》を免るゝを得《う》可し其他必要《ひつえう》の支出は本制市町村の組織《そしよく》に關する條件中に含有せり隨意《ずゐい》事務に就《つい》ては市町村に十分《ぶん》の自由《じゆう》を與ふと雖も若し過度の負擔《ふたん》を爲すに至《いた》つては之《これ》を制するには市制《しせい》第百二十三條第六、町村制第百二十七條第六の規定《きてい》を適用するを得可《うべ》し市町村に於《おい》て其費途《ひと》を支辨するが爲《た》めに左《さ》の歳入あり

一　不動産《ふどうさん》、資金《しきん》、營業（瓦斯局、水道等の類）の所得

二　市町村の金庫《きんこ》に收入する過怠《くわたい》金、過料（市制第四十八條、第六十四條第二項第五、第九十一條、第百二十四條、町村制第五十條、第六十八條第二項第五、第九十一條、第百二十八條

三　手數料、使用料《しようれう》

四　市税、町村税

手數《てすう》料とは市町村吏員の職務上に於いて一箇人の爲め特に手數を要するが爲め市町村に收入《しうにふ》するものを謂《い》ひ使用《しよう》料とは一箇人に於て市

〔歳入〕年々收入スル
〔支辨〕シハラヒベンズル
〔豫メ〕マヘカド
〔資本〕モトデ
〔蓄積〕タクハヘツム
〔極メテ難カルヘシ〕此上モナキムヅカシキ
〔需用〕モトメ
〔募集〕ツノリアツメル
〔收入時期〕オサムルトキ
〔到來セザル〕イタリキタラヌ
〔歳入ヲ使用ス〕年中ニ收入シタル税金ヲツカフ
〔大事業〕オホヒナルシゴト
〔奬勵〕スヽメハゲマス
〔償却〕ツグナヒ

カヘス
〔財政〕財産ノマツリゴト
〔影響〕サシヒヾクヿ影ノ形ニ從ヒ響ノ聲ニ應ズルガ如ク
〔輕忽〕カロ〻〻シク
〔實力〕實際ノチカラ
〔傾向〕一方ニカタムク
〔漫リニ〕メドノナキヿ
〔後年ニ傳ヘ〕ナガクツタヘル
〔論旨〕ギロンノムネ
〔起因〕オコリ
〔事項〕コトガラ
〔逐一〕イチ〻〻
〔列擧〕ナラビアゲル
〔制限〕キリモリ
〔適合〕カナヒア

町村の營造物《えいざう》等を使用するが爲め其料金《れうきん》を市町村に收入するものを謂《い》ふ例《たと》へば手數料とは帳簿《ちやうぼ》記入又は警察事務《じむ》上に於て特に調査《てうさ》を爲すときの收入を謂ひ使用料《しようれう》とは道路《だうろ》錢《せん》橋錢《せん》等の類を謂ふ手數《てすう》料、使用料の額は法《はふ》律勅《ちよく》令に定むるもの、外市町村會の議決を以て定むべきものなり（市制第三十一條第五、町村制第三十三條第五）尤市町村條例《でうれい》を以て一般の規定《きてい》を設《まう》け（市制町村制第九十一條）其他の慣行に依り相當《さうたう》の手續《てつゞき》を以て公告すべきものとす

且若《かつも》し手數料使用料を新設《しんせつ》し又は舊《きう》來の額を増加《ぞうか》し又は其徴收の法を變更《へんかう》するときは内務大藏兩大臣《だいじん》の許可《きよか》を受くるを要す（市制第百二十二條第二、町村制第百二十六條第二）但徴收《ちようしう》の法を改むることなくして唯《たゞ》其額《がく》を減《げん》ずるに過《す》ぎざるときは其許可《きよか》を受くるを要せず手數料《てすうれう》を納《をさ》むるの義務《ぎむ》あるは行政上の手數を要する者にして使用料を納《をさ》むるの義務あるは營造《えいざう》物等を使用する者とす之を免除《めんじよ》するは市制町村制第九十七條、第九十八條の塲合に限る可し第九十六條の塲合《あひ》は町村の課税《くわぜい》を免除するに止《とゞま》りて手數料、使用料等の事に及ばざ

フ
〔相當ノ處分〕重カラズ輕カラザルハカラヒ
〔舊債〕古キ借金
〔償還〕ツグナヒカヘス
〔傳染病〕ハヤリヤマヒ
〔不慮〕ヲモヒガケナキ
〔災厄〕ワザハヒ
〔遭遇〕アヒ
〔一時〕ソノバ
〔開設〕ヒラキマウケ
〔永久ノ利益〕後世ニノコル利益
〔生産〕スギハヒ
〔經濟力〕ヨワタリノチカラ
〔增進シ〕マシスヽメル
〔永遠〕後世ニノコル
〔常費〕キマリノ

るなり
町村税《ぜい》に關しては本制は成《な》るべく現行《げんかう》法を存するの精神《せいしん》なり町村税を十分に改正《かいせい》せんとすれバ先《さ》づ國税徵收法を改正せざる可からず故に本《ほん》制に於ては現行の原則《げんそく》に依り多少《せう》の修補《しうほ》を加《くは》へたるに過《す》ぎず現《げ》今《こん》町村費の賦《ふ》課《くわ》目即地價割戸《わりこ》別《べつ》割營業割等の如き皆國税府縣税に附加《か》して徵收する者に外《ほか》ならず又或は特別《とくべつ》の町村税あり故に本《ほん》制に定むる所の課目《くわもく》は現行《げんかう》の課目を存するに於て妨《さまた》げなきものなり
附加《ふか》税とは定率《りつ》を以て國《こく》税府縣税に附加するものにして納税《なふぜい》の負擔《ふたん》に偏輕偏重《へんけいへんちよう》の患なからしめんが爲めに其準率《じゆんりつ》を均《きん》一にするを例則とせり（市制町村制第九十條）其賦《ふ》課法《くわはふ》を定むるは市町村會の職權《しよくけん》に屬す故に市町村會は臨時《りんじ》の議決又は豫算《よさん》議定の際《さい》に之を議決すべきなり若《も》し此例則《れいそく》の外に於て課法《くわはふ》を設《まう》けんと欲《はつ》するときハ郡參事會（町村制第百二十七條第七）若くハ府縣參事會（市制第百二十三條第七）の許可《きよか》を受《う》くるを要す
税率《ぜいりつ》の定限ハ豫《あらかじ》め之を設けずと雖も獨《ひと》り地租《ちそ》及直接國税に於てハ

イリヨウ
〔準シ〕ナラフ
〔償還〕ツグナヒカヘス
〔到底〕ツマリ
〔適準〕ヨリナラフ
〔例規〕キマリ
〔還了〕カヘシヲハル
〔定額〕サダメタカ
〔支出〕ハラヒダス
〔會計年度〕一年中ニ二期ノカンヂヤウヲスル之ヲ會計年度ト云フ
〔時期〕トキ
〔增額〕タカヲフヤス
〔規約〕サダメヤクソク
〔目的外〕メアテノホカヲ云フ

市制第百二十二條第三、町村制第百二十六條第三に定めたる制限《せいげん》を越《こ》えんとするときハ内務大藏両大臣の許可《きよか》を受《う》くるを要す是れ國庫《こくこ》の財源《ざいげん》に關係する所あるを以てなり就中《なかんづく》地租《ちそ》の如きハ從前此定限を超過《てうくわ》するを得《う》るハ非常特別《とくべつ》の塲合に限れり而して特別許可《か》の道《みち》を存せざるが如きハ地方《ちはう》に依《よつ》てハ却て課《くわ》税の平均を得ざるの弊《へい》あり是れ本制現行の例《れい》を移《うつ》して多少《たせう》の便《べん》法を開きたる所以《ゆゑん》なり間接《かんせつ》税ハ概して市町村の附加税《ふかぜい》を課《くわ》するに便ならず故に市制第百二十二條第四及び町村制第百二十六條第四に從ひ渾《すべ》て官の許可を要《えう》すとせり各種《かくしゆ》國税府縣税の内何《いづ》れを直税とし又何れを間税《かんぜい》とす可きかハ往々疑點を生《しやう》ずることあり此區別に就てハ今内務大藏両省の省令《しやうれい》を以て之を定《さだ》むることゝせり（市制第百三十一條、町村制第百三十六條）

附加《ふか》税の特別税に優《まさ》る所以のものハ附加税《ぜい》に在てハ納税《なふぜい》者既に國税又ハ府縣税の賦課《ふくわ》を受くるを以《もつ》て別に其收益《しうえき》等の調査を爲《な》すを要《えう》せざるに在《あ》り唯其町村《そん》税ハ免除《めんぢよ》せざるも國《こく》税府縣税の賦課《ふくわ》を受《うけ》ざる者（一箇人又ハ法人《はうじん》）に限り更に其《その》調査を要す可《べ》きに付此《この》塲合に於《れい》て

〔均シク〕オナジク
〔收支〕收入ト支出ト
〔細目〕コマカナルカデウチ云
〔規定〕サダムル
〔整理〕トヽノヘオサム
〔收支〕收入ト收出
〔平衡〕平均ニツリアフ
〔權力〕權利ノチカラ
〔强制〕シヒテオシツケル
〔狹小〕セマクチイサキ
〔資力〕モトデノチカラ
〔酌量〕クミハカル
〔省令〕内務省ノ布令ナリ
〔擔任〕ヒキウケ

は町村長若《もし》くは市參事《じ》會に於て其國《こく》税府縣税徵收の規則に據り其調査《さ》を爲さゞる可からず

特別《べつ》税は市制町村制第九十一條に從《したが》ひ條例を以て之を規定せざる可からず此點《てん》に於ては既《すで》に手數料に就《つい》て說明したる所《ところ》に同じ但特《とく》別税は市町村必要《ひつえう》の費用を支《し》辨《べん》するに附加税《ぜい》を以てし猶《なほ》足らざるときに限《かぎ》り始《はじ》めて之を徵收するものとす（市制町村制第九十條）

市町村税を納《をさ》むるの義務《ぎむ》を負擔する者に就てば一個《こ》人《じん》と法人とを區別《べつ》せざる可からず即《すなは》ち左《さ》の如《ごと》し

甲《かう》　一個人

凡《およ》そ納税義務は市《し》町村の住民籍《せき》に原くものとす（市制町村制第六條第二項）故《ゆゑ》に此義務《ぎむ》は市町村內《ない》に住居を定むると同時に起るものなり故に一旦住居《ぢうきよ》を占めたる者は時々《じゞ》他の市町村に滯在《たいざい》することありと雖も納税義務を免《まぬか》るべきに非ず若《も》し之に反して住居《ぢうきよ》を定めずして一時滯在するに止《とゞ》まるものは未《いま》だ此義務を帶《お》びず唯三ヶ月以上《いじやう》滯在するときは住居《ぢうきよ》を占むると同《おなじ》く納税の義務を生《しやう》ずるものとす（市制

〔職權〕職務ノ權限
〔全權ニ任セズ〕町村會ニ付テノコラズ權利ヲマカセヌヿ
〔撿束〕トリシマル
〔否決〕會議ノ事項ガアシヽトキマリタルヿ
〔監督〕メツケタヽス
〔過度〕カゲンヲスゴスヿ
〔制止〕キリモリシテトメル
〔二樣〕兩方ヲ云
〔効力〕キヽメノチカラ
〔理事者〕事ヲヲサムルヒト即チ事務處理スルモノナリ
〔收支ヲ爲スノ
輸越〕權限ヲコ

町村制第九十二條）又例令《たと》ひ市町村内《ない》に住居若くは滯在《たいざい》せずと雖も其《その》市町村内に土地家屋《とちかれく》を所有し又は店舗《てんぽ》を定めて營業《えい》を爲す者は均《ひとし》く其市町村の利益《りえき》を蒙《かうむ》るに依り共に納税《なふぜい》の義務ありとす但此義務は一般《ぱん》の負擔《ふたん》に渉らずして唯《たゞ》其土地家屋營業《えい》若くは是《これ》より生ずる所得に賦課す可《べ》き市町村税《ぜい》に限りて負擔《ふたん》の義務あるものとす（市制町村制第九十三條）住居《ぢうきよ》と滯在とは常《つね》に必ず同一に歸《き》せざるを以《もつ》て或は重複《ふく》の課税を受《う》くるの患なしとせず此弊害《このへいがい》を防《ふせ》ぐが爲には即《すなは》ち市制町村制第九十四條、第九十五條の規定《きてい》あり他國に於ては往々《わう〳〵》住居を定むる市《し》町村に特權を與《あた》ふるの例ありと雖《いへど》も本制は特に此《この》例に傚はず要《えう》するに此《かく》の如きは皆《みなし》施行規則中に適宜《てきぎ》の便法を定《さだ》む可きこととす

市町村税の免除《めんじよ》を受くるは市制《しせい》町村制第九十六條、及第九十八條に揭載《けいさい》したる人員《じんゐん》に限れり

乙《おつ》　法人

法人《はふじん》は市制町村制第九十三條に從《したが》ひ唯其所有の土地家屋《とちか》若くは之《これ》に

ヱル
〔制限〕キリモリスル
〔超過〕豫算ノ外ニコヱスギル
〔費目〕費用ノ節目
〔流用〕ユウヅウシモチユル
〔事項タル〕預算ヲ議決スルコトガラ
〔均シク〕ヲナジヤウニト云
〔預備費〕マヘカドニ備ヘ置ク費用ナリ
〔實例〕實際ノタメシ
〔命令者〕イヒツケルヒト
〔出納者〕金銀ヲダシイレスル役即チ會計役
〔分離獨立〕職權ヲハナシテヒト

依《よつ》て生《しやう》ずる所得に賦課《ふくわ》する市町村《そん》稅に限り納《なふ》稅す可きものとす抑《そも〳〵》法人され政府、府《ふ》縣(郡も亦郡制々定の上ハ法人と爲すの見込なり)市町村、公共組合(例《たと》へバ水利土功《どこう》の組合、社寺《しやじ》定款の組合の類《るい》)慈善協會、其他《そのた》民法及商法に從《したが》ひ法人たる權利《けんり》を有す可き私法上の結《けつ》社《しや》を謂ふ其私《し》法上の結社ハ市制《しせい》町村制第九十七條の免稅の部《ぶ》に入《い》れず又官設《せつ》の鐵道電信の如《ごと》きハ官の營業《えいげふ》に屬すと雖《いへど》も是等ハ特《とく》に國家の公益《こうゑき》の爲《ため》に免稅とす(市制町村制第九十三條)私《し》設《せつ》鐵道に至《いたつ》てハ各市町村に於《おい》て其收益を調査《てうさ》する頗《すこぶ》る難きを以て市《し》行規則中に於て詳《つまびらか》に之を規定するを要す

凡《およ》そ納稅義務者に課稅《くわぜい》するハ總て平等《びやうどう》なる可きなり唯市制町村制第八十五條ハ此例《このれい》外として使用の土地《とち》物件に係る費用《ひよう》を其使用者に課《くわ》せり又一市《し》町村の數部若くは數區《すうく》に分れたるとき其一部《ぶ》一區の專用《せんよう》に屬する營造《えいぞう》物の費用ハ其《その》一部一區の負擔《たん》とせり(市制町村制第九十九條第二項)尤其《その》一部一區に特《とく》別の財産あるときハ先《ま》づ其收入を以て其費用《ひよう》に充て猶《な》足らざる時特別《とくべつ》に其一部一區の人民《みん》に課稅し又

リダチニス
〔希望〕ノゾム
〔罕〕スクナイ
〔寧ロ〕イッソ
〔可トス〕ヨシトスル
〔比隣〕トナリ
〔收支命令權〕會計役ヲイヒツケル權利ヲ云
〔監査〕シラベル
〔時機〕トキノキクワイ
〔憾〕ザンネンニヲモフ
〔命令ノ正否〕イヒツケノタヾシキカイナカ
〔適合セズ〕アハヌ
〔豫備費〕ソナヘヲキノ費金
〔道守〕シタガヒマモル
〔賠償〕ツグナヒ
〔懲戒〕懲戒令ア

ハ一般に市町村税中に區別を立《た》て其準率を高《たか》くす可し之《これ》に反して第九十九條第一項の場合《ばあひ》に於て數個《すこ》人の負擔に屬《ぞく》する營造物《えいぞう》の費用は必其《その》數個人の負《ふ》擔《たん》とし之を他《た》人《にん》に賦課することを得ざるものとす但市《し》町村税は總《すべ》ての納税義務者《ぎむしや》と平等に賦課《ふくわ》するを以《もつ》て例《れい》則と爲《な》すが故に若《も》し此例則に違《たが》はんとするときは官《くわん》の許可《きよか》を受くるを要す（市制第百二十三條第八、町村制第百二十七條第八）

各《かく》納税者の税額を査定《さてい》するは法律規定に依り市制町村制第百條の規《き》定《てい》に從ひ町村長（町村制第六十八條第八）及市參事會（市制第六十四條第八）の擔任《たんにん》とす大いなる町村及市に於ては之が爲め專務《せんむ》の委《ゐ》員を設《まう》くるを便宜とす社《しや》會經濟法の稍《やゝ》進步《しんぽ》したる今日に在ては舊時の夫《ふ》役現品《やくげんひん》に代《か》へて金納法を行ふに至《いた》れり然れども町村費の課《くわ》出に於ては夫役《ふやく》現品の法を存するは特に必要なるのみならず往々《わうく》便《べん》利なる者あり且古來《かつこらい》の慣行《くわんかう》今日に傳ふる者其例少からず夫役《やく》賦《ふ》課《くわ》は專ら道路《ろ》、河溝《かこう》、堤防《ていばう》の修築《しうちく》、防火《ばうくわ》水又は學校、病院の修繕等の爲めに行ふものなり殊《こと》に村落《そんらく》に在ては農隙《のうげき》の時を以て夫役を課《くわ》するときは租

リ失錯ヲコラシイマシム
〔制裁〕キリモリシ裁決ス
〔消滅シ〕キエテナクナル
〔監査〕メツケシラベル
〔追加豫筭〕一旦預筭表ヲ作ルモ不足スルキアトヨリヲヒクハヘルナリ
〔簿記ノ標準〕チヤウメンノブアア
〔一般出納〕イヅレノ會計モ
〔訓令〕ヲシヘ示スノ法例
〔釀シ〕コシラヘル
〔賠償〕ツグナヒ
〔當否〕至當カ至當デナイカ
〔査定〕シラベサ

税《ぜい》の負《ふ》荷《か》を輕減《けいげん》せんが爲めに大に便宜《べんぎ》とする所あり農民《のうみん》の如きは季《き》節《せつ》に依り夫役に應《おう》ずるを得るの間隙《かんげき》あることと市民と其趣《おもむき》を異《こと》にす且地方道路の開通《かいつう》を要するもの將來必少からざる可きを以《もつ》て夫役賦課の法《はう》を存《そん》するときは幾許《いくばく》か市町村の負擔を輕減《けいげん》するの效《かう》あることと必《ひつ》せり依て市制町村制第百一條に於て市町村に許《ゆる》すに夫役賦課の法を以てせり但此點《このてん》に於ては今日の經濟に適應《てきおう》せしめんが爲め本制は本人自ら其役《そのやく》に從事《じゆうじ》すると適當《てきとう》の代理者を出し又は金額を納《をさ》むるとを以て義務《ぎむ》者《しや》の撰擇《せんたく》に任ぜり其金額に筭出《さんしゆつ》するは其地の日雇賃《ひやとひちん》に準じ日數を以て等差《とうさ》を立つるを通例とす唯火災《くわさい》水害等の如き急迫《きふはく》の場合に於ては金納《きんなふ》を禁《きん》ずることを得べしと雖《いへど》も代人を出すは本人の隨意《い》に在るものとす

夫役《ふやく》は總《すべ》て市町村税を納《をさ》む可き者に賦課《ふくは》し其多寡《たくわ》は直接市町村税の納額《なふがく》に準《じゆん》ずるものとす若し此準率《じゆんりつ》に依らざるときは郡參事會（町村制第百二十七條第九）及府縣參事會（市制第百二十二條第九）の許可《か》を受くることを要す此場合の外は都《すべ》て市町村限り許可を受けずし

ダメル

〔審査〕ツマビラカニシラベルナリ

〔會計主任者〕會計ノ事務ヲツカサドルヤクメナリ

〔理事者〕事務ヲ處理スル者

〔兼掌〕カネルカサドル

〔適用〕アテモチユル

〔特別ノ財産〕町村有ニ屬スルノ外ベツニ財産アルモノヲ云

〔畫シタル〕是ヨリ是マデトカギルヿ

〔統一ヲ尚フ〕各部各區ニ別ルヽヿヲキラフ

〔小組織〕チイサキクミタテカタ

て之《これ》を賦課《ふくわ》することを得べし

一般《はん》に夫役を賦課《ふくわ》すると賦課せざると及夫役の種《しゆ》類并範圍《はんゐ》を定むるは市町村會職權（市制第三十一條第五、町村制第三十三條第五）に屬《ぞく》し之《これ》を各個人に割賦《わつふ》することは町村長 町村制第六十八條第八）及市《し》參《さん》事會（市制第六十四條第八）の擔任とす

以上市町村の收入は皆《みな》公法上の收入《しうにゆ》に屬するものにして其徵收は市制町村制第百二條より第百五條に準據《じゆんきよ》すべきものとす而して其賦課徵收上の不服《ふく》は司《し》法《はう》裁判所に提出《ていしゆつ》するを許さず郡參事會府縣參事會の裁決《さいけつ》を經《へ》て結局《けつきよく》の裁決は行政裁判所に屬す此公法上の收入は司法上の收入と相混《あひこん》同すべからず例《たと》へば市町村有の地所を一個人《こじん》に貸渡したるとき其借地《しやくち》料は民法及訴訟《そしよう》法に準據《じゆんきよ》して徵收す可《べ》きなり

將來《しやうらい》市町村の事業《じげふ》漸く發達《はつたつ》するに從ひ經常《けいじやう》の歲入を以て支辨《しべん》すること能《あた》はざる所の大事《だいじ》業《げふ》の起《おこ》る可きは勢《いきほひ》の免《まぬか》れざる所なり然れども豫《あらかじ》め其費用《ひよう》に備《そな》へんが爲め資本《しほん》を蓄積《ちくせき》せんとすることも亦極《またきは》めて難《かた》かる可《べ》し故《ゆゑ》に經常歲入を以て支《さゝ》へ能《あた》はざる所の需要《じゆよう》に應《おう》ぜんと欲《ほつ》

〔存續〕ナガラヘツヾカス
〔斷行〕ケツダンシテヲコナフ
〔享有〕ウケタモツ
〔傷害〕キズツケソコナフ
〔概シテ〕ヲシナラシテ
〔部落〕ムラ
〔第九十九條ノ原則〕數個人ニ於テ專ラ使用スル所ノ營造物アルトキハ其修築及保存ノ費用ハ之ヲ其關係者ニ賦課スル
〔別段ノ組織〕第九十九條ノ外ニベツニクミタテスル
〔指揮〕サシヅ
〔分別〕部分ヲワカツヿ

すれば市町村をして豫《あらかじ》め將來《しやうらい》の歳入を使用《しよう》することを得せしむるの道《みち》を開《ひら》くの外なかる可し即公債募集《こうさいぼしよ》の方法是なり抑公債募集の利益《えき》ハ收入時期《しうにうじき》の未《いま》だ到來《たうらい》せざるに先《さきたつ》て豫め歳入を使用し以て町村住民の爲《た》めに大事業《だいじげふ》を起《おこ》し其經濟及納税力を奬誘《いう》し且以て納税者の負擔《ふたん》を輕減《けいげん》するに在るなり公債《こうさい》の事たる利益《りえき》の在《あ》る所斯の如《ごと》しと雖も之に件《ともな》ふ所の弊害《へいがい》も亦自ら免《まぬか》れざるものなり若し市町村に於て此方法に依り豫《あらかじ》め將來の歳入《さいにふ》を使用《しよう》するときは則其元利償却《しやうきやく》に充《あ》つる所の金額は將來の歳入中より減却《げんきやく》するものなれバ負債額の多寡と償還《しやうくわん》期限《げん》の長短《ちやうたん》とに從ひ市町村の財政に影響《えいきやう》する所少からず又市町村會に於ては資本《しほん》の得《え》易《やす》きが爲めに經忽《けいこつ》に其市町村の實力に相當《たう》せざる事業《じげふ》を起《おこ》すの傾向《けいかう》を爲し又は今日に負擔《ふたん》す可きの義務《ぎむ》を漫りに後年《こうねん》に傳《つた》へんとするの弊害《へいがい》なきこと能《あた》はず是《これ》最も行政官の注意《ちうい》す可き所にして市制第百六條、第百二十二條第一及町村制第百六條、第百二十六條第一の規定《きてい》あるは以上の論旨《ろんし》に起因《きいん》するものとす
本制《ほんせい》は公債募集《しよ》の事項を逐《ちく》一列擧《れつきよ》せず唯已むを得《え》ざるの必要《ひつえう》若くは

〔職掌〕職務ノツカサドル所
〔却テ希望〕是ヨリノゾム
〔壓抑〕ムリヲサヘニヲシツケル
〔一部限〕全市町村ニアラズ其一部分也
〔一般ノ原則〕何レニモ用ユル原則ヲ云フナリ
〔條例ノ規定〕此法律ノサダムル條例ニテ即チ市町村ノ條例ナリ
〔普通〕ヒトヽホリ
〔偏頗ノ處置〕エコヒイキノハカラヒ
〔徵ス〕メス
〔情願〕情實ノネガヒナリ
〔構成〕コシラヘル

永久《えいきう》の利益と云《い》ふを以《もつ》て之れか制限《せいげん》を立てたり若《も》し此制限に適合《てきがふ》するの證明《めい》なきものは許可《きよか》を與ふ可からず若し又《また》償還期限三年《ねん》以内にして許可《きよか》を要せざる者は町村制第六十八條第一及市制第六十四條第一に依《よつ》て相當の處分《しよぶん》を爲す可きなり其必要已《ひつようや》むを得ざるの支出《ししゆつ》とは舊債《きうさい》を償還し又は傳染《でんせん》病流行若くは水害等《とう》不慮の災厄《さいやく》に遭遇《さうぐう》して一時の窮《きう》を救はんとするとき又《また》は學校を開設《かいせつ》し道路を修築《しうちく》する等法律上の義務を盡《つく》さんとするか如き場合《ばあひ》を謂ひ永久の利益となるへき支出《しゆつ》とは市町村の力《ちから》に堪ふ可き事業《じげふ》を起し以て市《し》町村有財産の生産力若《もし》くは住民の經濟《けいざい》力を增進し假令《たとひ》一時の負擔《たん》を增《ま》すも永遠の利益を生ず可き場合《ばあひ》を謂ふなり尤《もつとも》何れの場合に於ても一時の歳入を以て支辨《しべん》し能はざる時に限るものとす但年々《ねん〳〵》要する所の常費《じやうひ》は必經常の歳入《さいにふ》を以て支辨《べん》す可きものにして公債《こうさい》を募《つの》るを得ず公債募集《こうさいぼしよ》に當ては深《ふか》く注意を加《くは》へ成るべく住民の負擔を輕《かる》くし利息は時の相場に準じ隨時《ずいじ》償還の約を立て丶市町村に便利を與ざる可らず到底償還方法の確定《くわくてい》するに非ざれバ募《ぼ》集《しよ》を許《ゆる》さず又公債は成る可く市町村の財政

〔依準〕ヨリナラヒ
〔有力〕財産ナド多クアリテ負擔ニ堪フル者ヲ云
〔造成シ〕二三町村ヲ合セテツクル
〔別ニ區畫ヲ設ク〕市町村制ニ設ケタ區畫ノ外ニ別ニ設ク
〔漫ニ〕目アテナク
〔簡明ナラズ〕簡明ハコトズクナヲ云フ今ハ簡明デナキバアヒ
〔錯綜〕イリミダレル
〔實例〕實地ニ行フタメシ
〔水利〕水道ナドノ便利ナリ
〔土功〕フシン
〔活路〕ハタラキ

に適準《てきじゅん》し償還期限は長《なが》きに過ぐ可《べ》からず（本制に於ては償還は三十年以内に始まるものとし年々《ねんく》の償還歩合《ひ》を定め且募集《ぼしよ》の時より三十年以内《いない》に還了するを以《もつ》て例規《れいき》と爲せり若《も》し此例規に違《たが》はんとするときは必《かならず》官の許可《きよか》を要す（市制第百二十二條第一、町村制第百二十六條第一）元來《ぐわんらい》許可《きよか》を要せざる公債《こうさい》の種類と雖《いへど》も右の例規に違《たが》ふときは亦《また》官の許可を請《こ》ふ可《べ》し

公債《こうさい》を起《おこ》すと起さゝると及其《その》方法の如何《いかん》は市町村會《くわい》の議決《ぎけつ》に屬す（市制第三十一條第八、町村制第三十三條第八）唯《たゞ》定額豫算内《ない》の支出《し》を爲すが爲めにして一會計《くわいけい》年度内に償還す可き公債《こうさい》は市に於《おい》ては市會の議決を要せず市參事會の意見《いけん》を以て募集《ぼしよ》するを得《う》ざ雖も（市制第百六條第三項《かう》）町村に於ては町村《そん》會の同意を要《たつ》することと勿論《もちろん》なり蓋《けだし》斯の如き公債は收入《しよにう》支出の多き市の如きに在《あつ》ては自然已《や》む可からざるものにして其支《そのし》出の時《じ》期《き》と收入期限《けん》と常に相合《あひがふ》一せざるが故なり

凡公債《こうさい》を募《ぼ》集《しよ》するに付許可《きよか》を受く可きは右《みぎ》に陳述したる場合及曾《かつ》て

ノミチ
〔協議〕ソウダン
〔相當ノ資力〕マニアフダケノ資本ノアルコト
〔事情〕土地市町村ノモヨフ
〔遠隔〕トホクヘダヽルヿ
〔古來ノ慣習〕ムカシカラノシキタリ
〔調和〕ソウダントヾノナハヌヿ
〔異議〕義論一決セヌコト
〔事務共同ノ爲メ〕事務ヲ同シクスルタメ
〔獨立〕ヒトリダチヲスルヿ
〔多寡〕ヲホキスクナキト
〔協議〕共ニ相集リテサウダンスル

負債なきに新に公債《こうさい》を起し又は舊債《きうさい》を増額するときに在《あ》り故に前記《き》の如き一時《じ》の借《かり》入金を爲《な》し又は舊債《きうさい》償還の爲《た》めにする公債《こうさい》にして其規約舊債《きやくきうさい》より負擔《たん》を輕くするときの如《ごと》きは渾て許可《きよか》を要せず其《その》他は償還期限《きげん》三年以内のものを除《のぞ》くの外内務《ないむ》大藏兩大臣の許可《きよか》を受《う》く可《べ》し

既《すで》に募集したる公債《こうさい》を豫定の目的《もくてき》外に使用《しよう》せんとするときハ市町村會の議決を要《えう》し且若し其《その》公債にして官許《くわんきよ》を要するときは許可を受く可《べ》きこと言を俟《ま》たず

市町村の財政《ざいせい》は政府の財政《ざいせい》に於けると均《ひと》しく三個の要件《えうけん》あり即ち

甲《かふ》　定額《ていがく》豫算表を調製《てうせい》する事

乙《おつ》　收支《しうし》を爲《な》す事

丙《へい》　決算《けつさん》報告を爲す事《こと》

以上《いじやう》の三要件にして法律《はうりつ》中に細目《さいもく》を設く可き必要《ひつえう》あるものは本制第四章第二款に於《おい》て之を規定《きてい》せり

甲《かふ》　財政を整理《せいり》し收支の平衡《へいかう》を保つには定額豫算表を設けざる可

〔妥當〕アタリサワリナキヿ
〔強制〕ムリヲシニスルヿ
〔事務管理ノ方法〕事務ヲサハイスルシカタ
〔就中〕トリワケ
〔分擔〕部分ヲワケテ擔任スルヲ云
〔關係町村〕其分擔ニカヽワル町村
〔實際ノ場合〕實地ニ施ストキ
〔特別ノ議會〕町村會ノ外ニ設クル議會
〔個ニ〕町村ゴトニ別々ニト云
〔一致〕意ノ相合フヿ
〔全組合〕各個組合ヲサス
〔廣狹〕ヒロキセ

からず本制《ほんせい》ハ（市制町村制第百七條）市町村をして豫算表調製《せい》の義務を負《お》はしむ故《ゆゑ》に若し市町村《そん》に於て此義務《ぎむ》を盡さゞるときハ法律《はうりつ》上の權力を以《もつ》て之を強制《きやうせい》するを得《う》可く若し之を議《ぎ》決《けつ》せざるときハ府縣參事《さんじ》會郡事會の議決《ぎけつ》を以て之を補ふことを得可《べ》し（市制第百十九條、町村制第百二十三條）此《この》義《ぎ》務ハ決して免《まぬか》る可からざるものなれバ狹小《けふせう》の町村と雖も猶《なほ》之を負擔《たん》せざるを得ず其《その》豫算表ハ一年《ねん》の見積を以て之を設け其會計年度《ねんど》ハ政府の會計年度に同くせり其他《た》本制ハ豫算表調製の細目《もく》を定めず要《えう》するに一切《さい》の收支及收入不足の場合《ばあひ》に方り支辨《しべん》法を定むるを以《もつ》て足れりとす但財產《ざいさん》整理上に於て其市《し》町村の資力を酌量《しやくりやう》す可き必要の細目《さいもく》ハ省令を以て之を定むることある可し

定額豫算《ていがくよさん》の案を調製することハ町村長及市制事會の擔任にして之《これ》を議決《ぎけつ》するハ市町村會の職權《しよくけん》に屬す收支を許可《きよか》することハ市《し》町村會の全權《ぜんけん》に任せずして法律《はうりつ》上の撿束を設《まう》くるものあ

マキ
（多寡）オホキスクナキ
（納税力）税ヲ納ムル力
（厚薄）多キヲ厚ト云少キヲ薄ト云
（標準）メアテ
（詮定）サダメ
（採擇）トリエラブナリ
（監督ノ目的）凡ソ事トシテ目的ナカルベカラズ故ニ今監督ノ目的ヲカヽグ
（各處）アチラコチラ
（贊セズ）ムダニイハヌ
（要點）カナメノトコロ
（既括）ヒキクルメテ云フ
（有効ノ命令）効

り即當然支《たうぜんし》出す可《べ》きものを否決《ひけつ》したるときは監《かん》督官廳に於て強制豫算《よさん》を令するの權《けん》（市制第百十八條、町村制第百二十二條あり又其議決《ぎけつ》の越權に渉《わた》り又は公益《こうえき》を害《がい》するものは其議決《ぎけつ》を停止するの權《けん》（市制第六十四條第一、町村制第六十八條第一）あり事項《じかう》に依りては官《くわん》の許可を要するが故《ゆゑ》に（市制第百二十二條、第百二十三條第十第六、町村制第百二十六條、第百二十七條、第五第六）市町村住民《ぢうみん》の爲めに過度《くわど》の負擔を制《せい》止《し》するの方法《はう》は十分備《そな》はれりと謂《い》ふ可《べ》し故に豫算《さん》表は市町村會の議決《けつ》する所に依《よ》り其全体に於て許可《きよか》を受《う》くるを要《たう》せず唯右に記載《きさい》したる場合《ばあひ》に限りて許可《きよか》を受くるを要《たう》するのみ凡《およそ》定額豫算表《へう》は二樣の効方《かうりよく》あり即一方《ぱう》に於ては理事者《りじしや》をして豫定《よてい》の收支を爲《な》すの權利を得《ね》せしめ一方に於ては踰越《いえつ》す可からざるの制限《せいげん》を負はしむるものなり殊《こと》に豫算《よさん》外の支出豫算《よさん》超過の支出若《もし》くは費目の流用《りうよう》を爲すに當《あたつ》ては更に市町村《そん》會の議決を輕《ふ》可《べ》きものとす此《この》場合に於て市《し》町村會は當初《しよ》豫算《さん》を議定

力アル命令ヲナスヿ
〔遵守〕シタガヒマモル
〔監視〕メツケミル
〔錯亂〕ミダレル
〔澁滯〕トヾコホル
〔強制ヲ施ス〕異議ヲ申立ツルモムリヲシニヲシツケル
〔保持〕勞費セズタモツヿ
〔査閲〕シラベルヿ
〔現況〕現場ノモヨウ
〔視察〕トクトミル
〔檢閲〕アラタメミルコト、
〔懲戒處分〕事務ノ失錯又ハ議會ナドニ怠慢アル

するとき同一の規定に從《したが》て之を議決す可《べ》きなり其追加《つゐか》豫算若《もし》くハ豫算の變更《へんかう》を議決するに當《あた》り其事項《じかう》たる官の許可《きよか》を要するときハ均《ひとし》く其許可を受《う》く可きこと、す豫備費《よびひ》を設《まう》く可きと否と及其額の如何《いかん》ハ市町村會の議定《ぎてい》に在りと雖《いへど》も已《すで》に之を設《まう》けたるときハ市制《しせい》町村制第百九條の制限《せいげん》を除《のぞ》くの外町村長及市《し》參事《さんじ》會の之を使用するに任《にん》ず但其《その》決算報告を爲す可きハ固《もと》よりなりとす

乙

市《し》町村收支《しふし》の事務《じむ》ハ之を官吏《くわんり》に委任せずして之を町村の吏員即收入役《しうにふやく》を置《おい》て之に委任す是《これは》多く各國に行ハるゝ所の實例にして其吏員《りゐん》は市町村に於《おい》て之を選任《せんにん》し有給《いうきふ》吏員と爲せり要《えう》するに本制の旨趣は收支命令《めいれい》者と實地《じつち》の出納者《すいたふしや》とを分離《ぶんり》獨立《どくりつ》せしめんと欲《ほつ》するに在《あ》り故《ゆゑ》に收入役の事務《じむ》を町村長に委任《ゐにん》するは本制《ほんせい》の敢《あへ》て希望《きばう》する所に非《あら》ずして此の如き場合《ばあひ》は極めて罕なる可し若《も》し町村の情況に依り別《べつ》に有給《いうきふ》の收入役を置くを要せざるときは寧《むし》ろ之を助役に委任《ゐにん》するを可《か》とす又比隣《ひりん》の小町

キニ處分スルヿ
〔解散ス〕會議ヲトキ退散サスヿ
〔開設〕ヒラキマウクル
〔專決〕協議セズヒトリニテ決斷スルヿ
〔市制第七十四條〕市長タル者法律命令ニ從ヒ事務ヲ管掌スル區域權限ヲ掲グル
〔町村制第六十九條〕町村長ノ管掌スル事務ヲカヽグ
〔一般ノ法律〕行政一般ノ法律ナリ
〔列載〕ナラベノセル
〔自己ノ發意〕ジブンノ意想ヲオコス

村は町村制第百十六條に從《したが》ひ共同して收入役一名を置《お》くも又便宜《べんぎ》に任《まか》す

收支《しゆし》命令權は町村長若くは市參事會及監督官廳《かんとく》に屬《ぞく》す收支命令は書面《しよめん》を以てせざる可からず收支命令を受《う》けずして爲したる支拂《しはらい》は市町村に於て之を認定《にんてい》するを要《よう》せず抑《そもそ》も收支《しゆし》命令と實地の出納とを分離《ぶんり》するは支拂前に於て其豫算に違ふ所なきやを監査《かんさ》するに便《べん》なるが爲めなり元來決算《けつさん》報告を爲《な》すは即此目的《もくてき》に外《ほか》ならずと雖も既《すで》に支拂後に係《かゝ》るを以て其監査《かんさ》は往々《わう／＼》時機《じき》に後《おく》るゝの憾《かん》あり故に本制は（市制町村制第百十條）收入役に負《お》はしむるに其命令の正否《せいひ》を査《さ》するの義務を以《もつ》てし其命令若し定額豫算《ていがくよさん》又は追加豫算若くは豫算變更の決議に適合せず又豫備費《よびひ》より支拂《しはら》ふ可きとき該費目の支出に關《くわん》する規定を遵守《じゆんしゆ》せざるに於ては之を支出するを得《え》ざるものとす此義務は收入役の賠償責任《ばいしやうせきにん》と懲戒處分《ちようかい》の制裁《せいさい》を以て十分に之を盡さしむるを得可《うべ》し

（執行）トリヲコナフ
（第一次）郡長ハ第一次ニ裁決シ府縣知事ハ第二次ニ裁決スルモノナリ
（法律ニ明文アル）法律ニ明カニ記載シテアルノ
（消長）キエルトノビルト
（妥當）其理ヲ得タル同シ
（屢々）タビヽヽ
（最上官衙）一番カミナルヤクシヨ即チ内務大臣ニ訴願スル場合
（記述）カキノベル
（要旨）カナメノムネ

若《も》し町村長に收入役の事務《じむ》を擔任《たんにん》せしむるときハ收支命令と支拂との別《べつ》ハ自《おのづか》ら消滅《せうめつ》し隨て上に記載したる監査の法も亦之《こ》れなきに至《いた》る可し

收入役をして右の義務《ぎむ》を行《おこな》ひ易《やす》からしめんが爲め定額《ていがく》豫算表ハ勿論《もちろん》追加《ついか》豫算若くハ豫算變更《へんかう》の議決ハ必ず之を收入役に通報《つうはう》せざる可からず其豫算《よさん》表及臨時《りんじ》の議決《ぎけつ》ハ併《あは》せて簿記の標準と爲《な》るものなり本《ほん》制ハ簿記《ぼき》の事に就《つい》てハ規定《きてい》を立つることとなしと雖も簿記及一般《はん》出納事務《じむ》に就《つい》てハ追《おつ》て訓令を以て原則を示すこととある可し又本制《けんせい》ハ出納を檢査《けんさ》するを以て市町村の義務《ぎむ》と爲せり（市制町村制第百十一條）若し理事者《りじしや》に於て此義務《ぎむ》を行ハず又ハ檢査《けんさ》を行ふて盡《つく》さゞる所あるが爲《た》め市町村に損害《がい》を釀《かも》したるときハ市町村に對《たい》して賠償義《ばいしようぎ》務を負《お》ハしむ可きなり此賠償《ばいしやう》義務の外懲戒《ちようかい》を加《くは》へ得可きハ言《こと》を俟《ま》たず

丙

決算報告《けつさんはうこく》の目的《もくてき》ハ二あり左の如し

一　計算《けいさん》の當否《たうひ》及計算《けいさん》と收支命令と適合《てきがふ》するや否《いな》を審査《しんさ》する

事（會計審査）

二　出納《すいたふ》と定《てい》額豫算表又ハ追加《ついか》豫算若くハ豫算變更《よさんへんかう》の議決又ハ法律《はふりつ》命令と適合《てきがふ》するや否を査定《さてい》する事（行政審査）會計審査《しんさ》ハ會計主任者（即收《しう》入役又ハ收入役の事務《じむ》を擔任《たんにん》する助役若くハ町村長）に對《たい》し行《おこな》ふものにして行政審査ハ市町村の理事者《りじしや》市町村長若くハ市參事會に對《たい》して行ふものなり其會計《くわいけい》審査ハ先づ町村長（但町村長に於て會計を兼掌《けんしやう》するときハ此限《このかぎり》に在《あ》らず）及市參事會に於て之《これ》を行ひ次《つい》で市町村會に於て右二樣《やう》の目的《もくてき》を以て會計を審査《しんさ》す（市制町村制第百十二條）是故《このゆゑ》に收支命令者（町村長、助役、市參事會員）にして市町村會の議員を兼《か》ぬるときハ其議《ぎ》決《けつ》に加《くは》ハることを得ず（市制第四十三條町村制第四十五條）若《も》し又議長《ぎちやう》たるときハ其議事《じ》中議長席に居《ゐ》ることを得《え》ざるものとす（市制第百十二條、町村制第百十三條）是利害《りがい》の互《たがひ》に抵觸《ていしよく》するを以てなり

決算報告《けつさんはうこく》の時會計に不足《よそく》あるときハ市制第百二十五條若
くハ町村制第百二十九條を適用《てきよう》す可し

市制《しせい》町村制《そんせい》

第五章　市町村內特別《とくべつ》の財產《ざいさん》を有《いう》する市區《しく》又ハ各部《かくぶ》の行政《ぎやうせい》

行政の便利《べんり》の爲めに畫《くわく》したる區《く》と一市町村內に於て獨立《どくりつ》の法人《はうじん》たる權利《けんり》を有《いう》する各部との區別《くべつ》あるハ固《もと》より言《こと》を待《ま》たず本制ハ一市町村の統一《とう》を尙《たつと》ぶものにして一市町村內に獨立《どくりつ》する小組織を存續し又ハ造成《ざうせい》することを欲《ほつ》するにあらず然《しか》れども强《しひ》て此原則《げんそく》を斷行《だんかう》せんとするときハ一地方《ちはう》に於《おい》て正當《せいたう》に享有《きやう》する利益を傷害するの恐れあり故に慨《がい》して此旨趣《ししゆ》に依て論《ろん》ず可からざるものあり大市町村に於《おい》てハ現《げん》今既《こんすで》に特別の財產《ざいさん》を有する部落《ぶらく》あり現今の小町村を合併《がつぺい》するときハ更《さら》に又此《かく》の如《ごと》き部落《ぶらく》を現出《げんしゆつ》す可し其部落ハ卽獨立の權利《けんり》を存《そん》するものと謂《い》ふ可し又他の一方より論《ろん》ずるときハ市制町村制第九十九條の原則《げんそく》に依り其部落ハ義務《ぎむ》を負擔《ふたん》することあり雖とも之《これ》が爲め直に別段《べつだん》の組織を要《えう》することなかる可し其特別財產《ざいさん》又ハ營造《えいざう》物の管理《くわんり》ハ

之を其全市町村の理事者《りじしや》たる町村長又は市參事會に委任するも妨げなし（市制第百十四條、町村制第百十四條、町村制第百十五條）若し區長を置《お》くとき町村長又は市參事會に於《おい》て區長に指揮《しき》して其管理《くわんり》の事務《じむ》を取扱《とりあつか》はしむることを得可し尤其一部の權利《けんり》を傷害《しやうがい》す可からざるは言《こと》を俟《ま》たず本制《ほんせい》に於て其一部の出納《すいたふ》及會計の事務《じむ》を分《ぶん》別す可きものとするは即是が爲めなり議會の職掌《しよくしやう》を論《ろん》ずれば（市制自第三十條至第三十五條、町村制自第三十二條至第三十七條）特別事務と雖も總《すべ》て之を市町村會に委任《ゐにん》するも妨《さまた》げなき而已《のみ》ならず却《かへつ》て希望《きばう》す可き所なり然《しか》れども地方に依りては全《ぜん》市町村と其各部落《かくぶらく》との利害は互《たがひ》に相抵觸《あひていしよく》することも往々《わう〳〵》之《こ》れあり其甚きに至《いたつ》ては多數《たすう》の爲に壓抑《ちつよく》を蒙《かうむ》ることあり依て其一部限りの撰擧《せんきよ》を以て特別《とくべつ》の議會を起《おこ》し以て其議事《ぎじ》を委任《ゐにん》することを得《う》可し其之を起すの利害《りがい》に就ては一般の原則《そく》を設け難《かた》きが故に姑《しばら》く條例の規定《きてい》に任ぜざる可からず但此條例は固《もと》より普通の規定に依《よ》る可くして特《とく》別のものに非《あら》ずと雖も其之を設け並其事項《じかう》を定《さだ》むるは市町村會の議決《ぎけつ》に任《にん》ぜずして之《これ》を郡若くは府縣參事會に委任《にん》せり何《なん》となれバ利《り》害《がい》の相抵觸《あひていしよく》するが爲め偏頗《へんぱ》の處置《しよち》あらんことを恐《おそ》るればなり唯《たゞ》市町村會の意見《いけん》を徵《ちよう》す可きハ勿論なり要《えう》するに區《く》會ハ市町村會又ハ區內人民《じんみん》の情《じやう》願に依り之を設《まう》くるを當然《ぜん》とす區會の搆成《こうせい》ハ本制に規定《きてい》したる市町村會の組織《そしき》に依準《いじゆん》し條例中に之を定《さだ》む可きものとす區會の職　掌《しよくしやう》ハ市町村會の職掌に同じ唯其特別事件《じけん》に限《かぎ》るのみ

町村制《ちようそんせい》

第六章　町村組合《くみあひ》

本制《ほんせい》の希望《きばう》する如く有力の町村を造成《ざうせい》し又郡を以て自治体《じちたい》と爲《な》すときハ其他《た》別に區畫《くゝわく》を設くるの必要《ひつえう》なかる可きなり殊《こと》に一事件ある每に特《とく》別の聯合《れんがふ》を設《まう》くるを要せざる可し若し漫《みだり》に聯合を設くるときハ行政事務簡明《かんめい》ならず其組織錯綜《そしよくさくそう》を極め費《ひ》用も亦隨て增加するを免れざるハ英國《えいこく》の實例を以《もつ》て證するに足《た》る可し獨り永利《すいり》土功《どこう》の聯合又ハ小町村に於て學校の聯合《れんがふ》を設くるが如《ごと》きハ萬已むを得《え》ざるものにして皆《みな》別法を以て規定《きてい》せざる可からず然《しか》れども其別法の發布《はつふ》せざる間

ハ本制《はんせい》に於て豫め之《これ》が方法を設《まう》けざる可からず又此《この》必要あるの外往《わう》く々町村組合を設《せつ》くるの活路《くわつろ》を示す可きものあり即本制に於《おい》てハ關係町村《そん》の協議《けふぎ》を以て其組合《くみあひ》を為すの目的《もくてき》、組合會議の組織《そしき》、事務《じむ》管理《くわんり》の方法及費用《ひよう》の支辨方《はう》法等を定むるときハ（町村制第百十六條第一項、第百十七條第一項）監督《かんとく》官廳即郡長の許可《きよか》を得て組合《くみあひ》を成すことを許《ゆる》せり町村に於《れい》て相當の資力《しりよく》を有せざるとき組合《くみあひ》を為《な》さしむるを必要《ひつえう》と為すが如き是なり此《かく》の如き場合《ばあひ》あるときハ町村《そん》即第四條に於て合併す可きことを規定《きてい》すと雖も事情に依《よ》りてハ合併《ぺい》を施す可からず又ハ之《これ》を不便と為《な》すこととなしとせず例《たと》へバ該《がい》町村の互に相遠隔《ゑんかく》するが如き又《また》ハ古來の慣習《くわんしよ》に於《れい》て調和《てうくわ》を得ざるが如きの類《るい》あり此の如きに至《いたつ》てハ其《その》町村の異議《ぎ》あるにも拘《かゝは》らず事務共同《どう》の為め組合《あひ》を成《な》さしむるの權力《けんりよく》なかる可からず其組合《くみあひ》を成すときハ第四條の場合に異にして其《その》各町村の獨立《どくりつ》を存し又別に町村長及町村會若《もし》くハ町村總會を有《いう》す可き理なり然《しか》れども其組合《くみあひ》を成す所《ところ》の共同事務の多寡《たくわ》及種類ハ其《その》組合に依て互《たがひ》に異《こと》なるものとす抑《そもそも》協議《けふぎ》に依らずして組《くみ》合を設くるは町村の獨立權を傷《きずつ》くるの恐《おそ》れあるに依《よ》り郡《ぐん》參事會の議《ぎ》決《けつ》に任ずるを妥當《だいたう》なりとす（町村制第百十六條第二項）果《はた》して其共同事務《じむ》の區域を定《さだ》め强制を以《もつ》て組合を成《な》さしめたるときは議《ぎ》會の組織、事務管理《じむくわんり》の方法、費用支辨《ひようし》の方法就中分擔《ぶんたん》の方法に至ては先《ま》づ關係町村《そん》に於て之を協議《けふぎ》するを要《えう》す若《も》し其《その》協議調《とゝの》はざるに及ては郡參《ぐんさん》事會に於て之《これ》を議決《けつ》するの外なし

組合議會《ぎくわい》の組織、事務《じむ》管理《くわんり》の方法、費用《ひようし》支辨の方法殊《こと》に分擔の割《わり》合は本制に於《おい》て豫《あらかじ》め之を規定せず實際《じつさい》の場合に於《おい》て便宜其方法《はう》を制す可し故に組合《くみあひ》は特別の議《ぎ》會を設け或は各《かく》町村會を合《がつ》して會議を開《ひら》き或は互《ご》撰《せん》の委員を以て議會を組織《そしよく》し或は各町村別個に會議を爲し其各《かく》議會の一致《ち》を以て全組合《くみあひ》の議決と爲すの類《るい》各其宜きに從《したが》ふ可し又町村長の如《ごと》きも組合に一の町村《そん》長を置き且《かつ》之を永久獨《どく》立とし或は各町村長の交番《かうばん》と爲すを得《う》可し又組合の費用《むよう》は或は特別の組合費として之を各個《かくこ》人に賦課し或《あるひ》は之を各町村《そん》に賦課し以て其賦課徵收《ちようしう》の法を各町村《そん》の便宜に任ずるを得《う》可し各町村分擔の割合は利害《りがい》の輕重

土地《とち》の廣狹《くわうけう》人口の多寡及納税《なふぜい》力の厚薄を以て標《へう》準と爲す可し但其納税力の詮定方《かた》に至ても亦《また》之を一定すること能《あた》はざる可し以上《いじやう》の各事項に關し本制《せい》は全く實地《ち》宜きに從ふを許《ゆる》せり故に各《かく》地方に於て其便と爲す所《ところ》を採擇す可し

組合町村は之《これ》を解《と》くの議決《ぎけつ》の爲すを得《う》と雖も郡長の許可を得るを要す(町村制第百十八條)

市制《しせい》　第六章　町村制《ちやうそんせい》　第七章　市町村行政の監督

監督の目的《もくてき》及方法は本説《せつ》明中各處《かくしよ》に之を論《ろん》ぜり故に復《ま》た之を贅《ぜい》せず唯茲《たゞこゝ》に其要點《えうてん》を概括《がいくわつ》せんとす

(第一)監督《かんとく》の目的《もくてき》は左の如し

一　法律《はうりつ》、有効《いうかう》の命令《めいれい》及官廳より其權限《けんげん》内にて爲したる處分《しよぶん》を遵守するや否《いな》を監視《かんし》する事

二　事務《じむ》の錯亂澁滯《さくらんじふたい》せざるや否《いな》を監視《かんし》し時宜《じぎ》に依ては強制《きやうせい》を施す事(市制第百十七條、町村制第百二十一條)

三　公益《こうえき》の妨害《ばうがい》を防《ふせ》ぎ殊《こと》に市町村の資力《しりよく》を保持《ほぢ》する事

以上《いじやう》の目的を達《たつ》するか爲めには左の方法あり

一　市町村の重役《ぢやうやく》の認可《にんか》し又は臨時《りんじ》町村長助役を撰任する事（市制第五十條、第五十一條、第五十二條、町村制第五十九條、第六十條、第六十一條、第六十二條）

二　議決《ぎけつ》を許可《きよか》する事（市制第百二十二條、第百二十三條、町村制第百二十六條、第百二十七條）

三　行政事務《じむ》の報告《はうこく》を爲さしめ書類《しよるい》帳簿を査閲《さたつ》し事務の現況を視《し》察《さつ》し並出納を撿閲《けんえつ》する事（市制第百十七條、町村制第百二十一條）

四　强制《きやうせい》豫算を命ずる事（市制第百十八條、町村制第百廿二條）

五　上班《じやうはん》の參事會に於《おい》て代《かわつ》て議決《ぎけつ》を爲す事（市制第百十九條、町村制第百二十三條）

六　市町村會及參事會の議決《ぎけつ》を停止《ていし》する事（市制第六十四條、第一、第六十五條、町村制第六十八條、第一）

七　懲戒《ちようかい》處分を行ふ事（市制第百二十四條、第百二十五條、町村制

第百二十八條、第百二十九條）

八　市町村會を解散《かいさん》する事（市制第百二十條、町村制第百二十四條）

（第二）監督官廳は左《さ》の如《ごと》し

町村に對《たい》しては

一　郡長《ぐんちやう》　　二　知事《ちじ》

三　内務大臣《ないむだいじん》

市《し》に對《たい》しては

一　知事《ちじ》　　二　内務大臣《ないむだいじん》

法律《はふりつ》に明文ある場合《ばあひ》に於ては郡《ぐん》長若くは知事は郡參《ぐんさん》事會若くは府縣參事會の同意《どうい》を求むるを要《えう》す但參事會を開設《かいせつ》するまでは郡《ぐん》長知事の專決に任《にん》ず（市制第百二十七條、町村制第百三十條）市町村吏員の處分若くは議決《ぎけつ》に對する訴願《そぐわん》に就ては先《ま》づ市町村の事務《じむ》と市制第七十四條、町村制第六十九條に記載《きさい》したる事務との間《あひだ》に區別を立てざる可からず市制第七十四條、町村制第六十九條に記載《きさい》したる事務に關して訴願《そぐわん》を許すと否《いな》とハ一般の法律《はふりつ》規則に從ふものとす之《これ》に反して市町村の事務《じむ》に關してハ此法律に明文《めいぶん》ある場合《ばあひ》に限《かぎ》れり（市制第八條第四項、第二十九條、第三十五條、第六十四條第一、第七十八條、第百五條、第百二十四條、町村制第八條第四項、第二十九條、第三十七條、第六十八條第一、第七十八條、第百五條、第百二十八條）本制《せい》ハ訴願の必要《ひつえう》なる場合を列載《れつさい》し悉《つく》したるものとす又監督《かんとく》官廳ハ自《じ》己《こ》の發意《はつい》に依り其職權《しよくけん》を以て監督權《けん》を行ふを得《う》るのみならず人《ひと》の告知に依《よ》て亦之を行《おこな》ふことを得《う》可し而して其告知《こくち》ハ本條に所謂訴願の種類《しゆるゐ》にあらざれバ期《き》限《げん》を定めず又前《さ》きの處分《しよ》若《も》しくハ議決の執行《しつかう》を停止することを得《え》ざるなり（市制第百十六條第二項、第五項、町村制第百二十條第二項、第五項）

市町村の行政事務に關《くわん》し郡長若くハ府《ふ》縣知《けんち》事の第一次《じ》又ハ第二次《じ》に於《おい》て爲《な》したる處分若《ぶんもし》くハ裁決に對《たい》してハ其參事《さんじ》會の同意を得《う》ると否《いな》とに拘らず一般《はん》に訴願《そぐわん》を爲すを許《ゆる》せり特に法律に明文ある場合《ばあひ》に限りて之を許さゞるものとす（市制第百十六條第一項、町村制第百二十條第一項） 若《も》し其處分《しよぶん》又は裁決郡長より發したるものなるときは之《これ》に對《たい》する訴願は知事《ちじ》之を裁決し郡《ぐん》參事會より發《はつ》したるものなるときは府縣參事《さんじ》會之を裁決す知事《ちじ》及府縣參事《じ》會の裁決に不服《ふふく》ある者は共《とも》に內務大臣に訴願《そぐわん》するものとす而《しか》して權利《けんり》の消長に關《くわん》する結局の裁決《さいけつ》は之を行政裁《さい》判所に委任するを妥當《だたう》と爲すは上來屢々之を說明せり但權利《けんり》の爭論は一般《ぱん》に行政訴訟《そしよう》を許すにあらずして之れを許《ゆる》す可きの必要《ひつえう》ある場合に限《かぎ》り特《とく》に之が明《めい》文を掲ぐ故《ゆゑ》に其明文なき場《ば》合に於ては結局《けつきよく》の裁決は常に內務《ないむ》大臣に屬《ぞく》するものとす而して行政訴訟を許《ゆる》したる場《ば》合に於ては內務大臣に訴願《そくわん》するを許《ゆる》さず最上官衙《くわんが》の裁決を以《もつ》て法司の審判に付《ふ》するを欲せざるが故《ゆゑ》なり但本制《せい》に於て行政裁判所の權限を規定《きてい》したるは市《し》町村の行政《せい》事務に關する事《こと》に止まり其他《そのた》の事務に涉《わた》る權限は他《た》日別法を以て定《さだ》む可きことゝす又目下行政裁判所の設《まう》けなきを以《もつ》て之《これ》を開設《かいせつ》するまでの間《あひだ》は內閣に於て其《その》職務を擔任《にん》す可きことを止むを得《え》ざるなり（市制第百二十七條、町村制第百三十條）

下圖ハ市町村ノ訴願ニ對スル一次二次三次ト順序ヲ定メタル者ニテ町村ハ第一次ニ郡長其二次ニハ知事ト段々ニ上等ノ官衙ニ進ム市制ノ分モ之ニ倣ヒ知ルベシ

以上記述《きじゆつ》する所の要旨《ようし》は則左《さ》の如《ごと》し
市《し》町村の行政事務に屬《ぞく》せざる事件《じけん》に對する訴願《そぐわん》及其順序は一般《はん》の法律規則《きそく》に從ふものとす
（第二）市町村の行政《ぎやうせい》事務に關すと雖も市町村吏員の處分若くは裁決に對しては本制《ほんせい》に明文を掲《かゝ》げたる場《ば》合に限り訴願《そぐわん》を許し之に反《はん》して監督《かんとく》官廳及は郡《ぐん》府縣參事會の處分若《しよぶんも》しくは裁決に對《たい》しては一般に訴願を許す其訴願《そぐわん》の順序は左圖《さづ》の如し

町村
　郡長——知事
　郡參事會—府縣參事會
　　內務大臣
　　行政裁判所
　但法律に明文ある場合に限る　但法律に明文ある場合に限る

市
　知事
　府縣參事會
　　內務大臣
　　行政裁判所

但法律に明文ある場合に限る　但法律に明文ある場合に限る
前《ぜん》圖の順序《じゆんじよ》は必履行《りかう》せざる可からざるものにして内務大臣《ないむだいじん》に訴願し又は行政裁判所《さいばん》に出訴《しゆつそ》せんとするには必其前段《ぜんだん》の順序を經由《けいいう》したる後《のち》に在《あ》る可きものとす

市制町村制理由書終

明治二十二年一月五日印刷
全　年一月十日出版

發行者　東京府平民
辻本九兵衛
京橋區南傳馬町一丁目十番地

纂釋者　千葉縣平民
生稻道藏
京橋區彌左衛門町壹番地

印刷者　千葉縣平民
鈴木義宗
京橋區彌左衛門町壹番地

發兌所　辻本尚古堂
京橋區南傳馬町一丁目

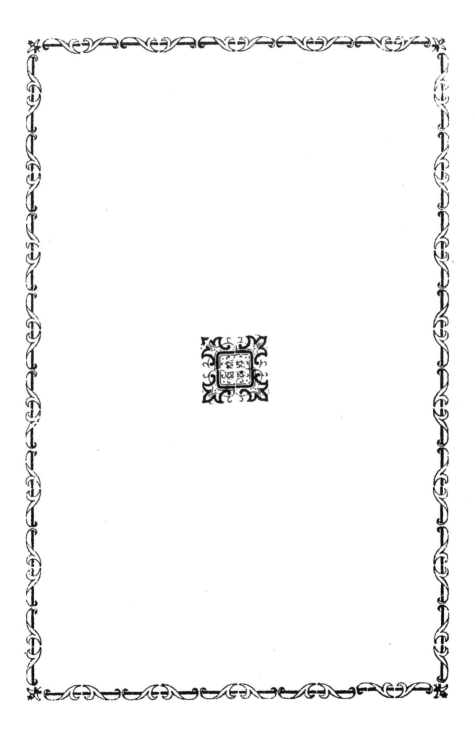

地方自治法研究復刊大系〔第220巻〕

鼇頭 市制町村制略解 附 理由書

日本立法資料全集 別巻 1030

2017(平成29)年4月25日　復刻版第1刷発行　6996-3:012-010-005

著　者　生　稲　道　蔵
発行者　今　井　貴
　　　　稲　葉　文　子
発行所　株式会社信山社

〒113-0033 東京都文京区本郷6-2-9-102東大正門前
Ⓣ03(3818)1019　Ⓕ03(3818)0344
来栖支店〒309-1625 茨城県笠間市来栖2345-1
Ⓣ0296-71-0215　Ⓕ0296-72-5410
笠間才木支店〒309-1611 笠間市笠間515-3
Ⓣ0296-71-9081　Ⓕ0296-71-9082

印刷所　ワイズ書籍
製本所　カナメブックス
用　紙　七洋紙業

printed in Japan　分類 323.934 g 1030

ISBN978-4-7972-6996-3 C3332 ¥28000E

広中俊雄 編著 〔協力〕大村敦志・岡孝・中村哲也

日本民法典資料集成

第一巻 民法典編纂の新方針

【目 次】

来栖三郎著作集Ⅰ～Ⅲ

《解説》安達三季生・池田恒男・岩城謙二・清水誠・須永醇・瀬川信久・田島裕利谷信義・唄孝一・久留都茂子・三藤邦彦・山田卓生

信山社

◆穂積重遠

法教育著作集

われらの法

全3集　【解題】大村敦志

■第1集　法　学

◇第1巻『法学通論（全訂版）』／◇第2巻『私たちの憲法』／◇第3巻『百万人の法律学』／◇第4巻『法律入門―NHK教養大学―』／◇正義と識別と仁愛　附録―英国裁判傍聴記／【解題】（大村敦志）

■第2集　民　法

◇第1巻『新民法読本』／◇第2巻『私たちの民法』／◇第3巻『わたしたちの親族・相続法』／◇第4巻『結婚読本』／【解題】（大村敦志）

■第3集　有閑法学

◇第1巻『有閑法学』／◇第2巻『続有閑法学』／◇第3巻『聖書と法律』／【解題】（大村敦志）

◆フランス民法

日本における研究状況

大村敦志　著

信山社

日本立法資料全集 別巻

地方自治法研究復刊大系

農村自治之研究 明治41年再版〔明治41年10月発行〕／山崎延吉 著
市制町村制講義〔大正8年1月発行〕／樋山廣業 著
改正 町村制詳解 第13版〔大正8年6月発行〕／長峰安三郎 三浦通太 野田千太郎 著
改正 市町村制註釈〔大正10年6月発行〕／田村浩 編集
市制町村制 並 附属法 訂正再版〔大正10年8月発行〕／自治館編集局 編纂
改正 市町村制詳解〔大正10年11月発行〕／相馬昌三 菊池武夫 著
増補訂正 町村制詳解 第15版〔大正10年11月発行〕／長峰安三郎 三浦通太 野田千太郎 著
地方施設改良 訓諭演説集 第6版〔大正10年11月発行〕／鹽川玉江 編輯
東京市会先例彙輯〔大正11年6月発行〕／八田五三 編纂
市町村国税事務取扱手続〔大正11年8月発行〕／広島財務研究会 編纂
自治行政資料 斗米遺粒〔大正12年6月発行〕／樫田三郎 著
市町村大字読方名彙 大正12年度版〔大正12年6月発行〕／小川琢治 著
地方自治制要義 全〔大正12年7月発行〕／末松偕一郎 著
帝国地方自治団体発達史 第3版〔大正13年3月発行〕／佐藤亀齢 編輯
自治制の活用と人 第3版〔大正13年4月発行〕／水野錬太郎 述
改正 市制町村制逐條示解〔改訂54版〕第一分冊〔大正13年5月発行〕／五十嵐鑛三郎 他 著
改正 市制町村制逐條示解〔改訂54版〕第二分冊〔大正13年5月発行〕／五十嵐鑛三郎 他 著
台湾 朝鮮 関東州 全国市町村便覧 各学校所在地 第一分冊〔大正13年5月発行〕／長谷川好太郎 編纂
台湾 朝鮮 関東州 全国市町村便覧 各学校所在地 第二分冊〔大正13年5月発行〕／長谷川好太郎 編纂
市町村特別税之栞〔大正13年6月発行〕／三邊長治 序文 水谷平吉 著
市制町村制実務要覧〔大正13年7月発行〕／梶康郎 著
正文 市制町村制 並 附属法規〔大正13年10月発行〕／法曹閣 編輯
地方事務叢書 第三編 市町村公債 第3版〔大正13年10発行〕／水谷平吉 著
市町村大字読方名彙 大正14年度版〔大正14年1月発行〕／小川琢治 著
通俗財政経済体系 第五編 **地方予算と地方税の見方**〔大正14年1月発行〕／森田久 編輯
町村会議員選挙要覧〔大正14年3月発行〕／津田東璋 著
実例判例文例 市制町村制総覧〔第10版〕第一分冊〔大正14年5月発行〕／法令研究会 編纂
実例判例文例 市制町村制総覧〔第10版〕第二分冊〔大正14年5月発行〕／法令研究会 編纂
町村制要義〔大正14年7月発行〕／若槻禮次郎 題字 尾崎行雄 序文 河野正義 述
市制町村制 及 府県制〔大正15年1月発行〕／法律研究会 著
農村自治〔大正15年2月発行〕／小橋一太 著
改正 市制町村制示解 全 附録〔大正15年5月発行〕／法曹研究会 著
市町村民自治読本〔大正15年6月発行〕／武藤榮治郎 著
市制町村制 及 関係法令〔大正15年8月発行〕市町村雑誌社 編輯
改正 市町村制義解〔大正15年9月発行〕／内務省地方局 安井行政課長 校閲 内務省地方局 川村芳次 著
改正 地方制度解説 第6版〔大正15年9月発行〕／挟間茂 著
地方制度之栞 第83版〔大正15年9月発行〕／湯澤睦雄 著
改訂増補 市制町村制逐條示解〔改訂57版〕第一分冊〔大正15年10月発行〕／五十嵐鑛三郎 他 著
実例判例 市制町村制釈義 大正15年再版〔大正15年9月発行〕／梶康郎 著
改訂増補 市制町村制逐條示解〔改訂57版〕第二分冊〔大正15年10月発行〕／五十嵐鑛三郎 他 著
註釈の市制と町村制 附 普通選挙法 大正15年初版〔対照5年11月発行〕／法律研究会 著
実例町村制 及 関係法規〔大正15年12月発行〕自治研究会 編纂
改正 地方制度通義〔昭和2年6月発行〕／荒川五郎 著
註釈の市制と町村制 附 普通選挙法〔昭和3年1月発行〕／法律研究会 著
註釈の市制と町村制 施行令他関連法収録〔昭和4年4月発行〕／法律研究会 著
実例判例 市制町村制釈義 第4版〔昭和4年5月発行〕／梶康郎 著
新旧対照 市制町村制 並 附属法規〔昭和4年7月発行〕／良書普及会 著
改正 市制町村制解説〔昭和5年11月発行〕／挟間茂 校 土谷覺太郎 著
加除自在 参照條文附 市制町村制 附 関係法規〔昭和6年5月発行〕／矢島和三郎 編纂
改正版 市制町村制 並ニ 府県制 及ビ重要関係法令〔昭和8年1月発行〕／法制堂出版 著
改正版 註釈の市制と町村制 最近の改正を含む〔昭和8年1月発行〕／法制堂出版 著
市制町村制 及 関係法令 第3版〔昭和9年5月発行〕／野田千太郎 編輯
実例判例 市制町村制釈義 昭和10年改正版〔昭和10年9月発行〕／梶康郎 著
改訂増補 市制町村制実例総覧 第一分冊〔昭和10年10月発行〕／良書普及会 編纂
改訂増補 市制町村制実例総覧 第二分冊〔昭和10年10月発行〕／良書普及会 編

以下続刊

信山社

日本立法資料全集 別巻

地方自治法研究復刊大系

判例挿入 自治法規全集 全〔明治41年6月発行〕／池田繁太郎 著
市町村執務要覧 全 第一分冊〔明治42年6月発行〕／大成会編輯局 編輯
市町村執務要覧 全 第二分冊〔明治42年6月発行〕／大成会編輯局 編輯比較研究
自治之精髄〔明治43年4月発行〕／水野錬太郎 著
市制町村制講義 全〔明治43年6月発行〕／秋野沆 著
改正 市制町村制講義 第4版〔明治43年6月発行〕／土清水幸一 著
地方自治の手引〔明治44年3月発行〕／前田宇治郎 著
新旧対照 市制町村制 及 理由 第9版〔明治44年4月発行〕／荒川五郎 著
改正 市制町村制 附 改正要義〔明治44年4月発行〕／田山宗堯 編輯
改正 市町村制問答説明 明治44年初版〔明治44年4月発行〕／一木千太郎 編纂
旧制対照 改正市町村制 附 改正理由〔明治44年5月発行〕／博文館編輯局 編
改正 市制町村制〔明治44年5月発行〕／石田忠兵衛 編輯
改正 市制町村制詳解〔明治44年5月発行〕／坪谷善四郎 著
改正 市制町村制正解〔明治44年6月発行〕／武知彌三郎 著
改正 市町村制講義〔明治44年6月発行〕／法典研究会 著
新旧対照 改正 市制町村制新釈 明治44年初版〔明治44年6月発行〕／佐藤貞雄 編纂
改正 町村制詳解〔明治44年8月発行〕／長峰安三郎 三浦通太 野田千太郎 著
新旧対照 市制町村制正文〔明治44年8月発行〕自治館編輯局 編纂
地方革新講話〔明治44年9月発行〕西内天行 著
改正 市制町村制釈義〔明治44年9月発行〕／中川健藏 宮内國太郎 他 著
改正 市制町村制正解 附 施行諸規則〔明治44年10月発行〕／福井淳 著
改正 市制町村制講義 附 施行諸規則 及 市町村事務摘要〔明治44年10月発行〕／樋山廣業 著
新旧比照 改正市制町村制註釈 附 改正北海道二級町村制〔明治44年11月発行〕／植田鹽惠 著
改正 市町村制 並 附属法規〔明治44年11月発行〕／楠綾雄 編輯
改正 市制町村制精義 全〔明治44年12月発行〕／平田東助 題字 梶康郎 著述
改正 市制町村制義解〔明治45年1月発行〕／行政法研究会 講述 藤田謙堂 監修
増訂 地方制度之栞 第13版〔明治45年2月発行〕／警眼社編集部 編纂
地方自治 及 振興策〔明治45年3月発行〕／床次竹二郎 著
改正 市制町村制正解 附 施行諸規則 第7版〔明治45年3月発行〕福井淳 著
自治之開発訓練〔大正元年6月発行〕／井上友一 著
市制町村制逐條示解〔初版〕第一分冊〔大正元年9月発行〕／五十嵐鑛三郎 他 著
市制町村制逐條示解〔初版〕第二分冊〔大正元年9月発行〕／五十嵐鑛三郎 他 著
改正 市町村制問答説明 附 施行細則 訂正増補3版〔大正元年12月発行〕／平井千太郎 編纂
改正 市制町村制註釈 附 施行諸規則〔大正2年3月発行〕／中村文城 註釈
改正 市町村制正文 附 施行法〔大正2年5月発行〕／林甲子太郎 編輯
増訂 地方制度之栞 第18版〔大正2年6月発行〕／警眼社 編集 編纂
改正 市制町村制詳解 附 関係法規 第13版〔大正2年7月発行〕／坪谷善四郎 著
細密調査 市町村便覧 附 分類官公衙公私学校銀行所在地一覧表〔大正2年10月発行〕／白山榮一郎 監修 森田公美 編著
改正 市制 及 町村制 訂正10版〔大正3年7月発行〕／山野金蔵 編輯
市制町村制正義〔第3版〕第一分冊〔大正3年10月発行〕／清水澄 末松偕一郎 他 著
市制町村制正義〔第3版〕第二分冊〔大正3年10月発行〕／清水澄 末松偕一郎 他 著
改正 市制町村制 及 附属法令〔大正3年11月発行〕／市町村雑誌社 編著
以呂波引 町村便覧〔大正4年2月発行〕／田山宗堯 編輯
改正 市制町村制講義 第10版〔大正5年6月発行〕／秋野沆 著
市制町村制実例大全〔第3版〕第一分冊〔大正5年9月発行〕／五十嵐鑛三郎 著
市制町村制実例大全〔第3版〕第二分冊〔大正5年9月発行〕／五十嵐鑛三郎 著
市町村名辞典〔大正5年10月発行〕／杉野耕三郎 編
市町村史員提要 第3版〔大正6年12月発行〕／田邊好一 著
改正 市制町村制と衆議院議員選挙法〔大正6年2月発行〕／服部喜太郎 編輯
新旧対照 改正 市制町村制新釈 附 施行細則 及 執務條規〔大正6年5月発行〕／佐藤貞雄 編纂
増訂 地方制度之栞 大正6年第44版〔大正6年5月発行〕／警眼社編輯部 編纂
実地応用 町村制問答 第2版〔大正6年7月発行〕／市町村雑誌社 編纂
帝国市町村便覧〔大正6年9月発行〕／大西林五郎 編
地方自治講話〔大正7年12月発行〕／田中四郎左右衛門 編輯
最近検定 市町村名鑑 附 官国幣社及諸学校所在地一覧〔大正7年12月発行〕／藤澤衛彦 著

信山社

日本立法資料全集 別巻

地方自治法研究復刊大系

市町村議員必携〔明治22年6月発行〕／川瀬周次 田中迪三 合著
参照比較 市町村制註釈 完 附 問答理由 第2版〔明治22年6月発行〕／山中兵吉 著述
自治新制 市町村会法要談 全〔明治22年11月発行〕／高嶋正載 著述 田中重策 著述
国税 地方税 市町村税 滞納処分法問答〔明治23年5月発行〕／竹尾高堅 著
日本之法律 府県制郡制正解〔明治23年5月発行〕／宮川大壽 編輯
府県制郡制註釈〔明治23年6月発行〕／田島彦四郎 註釈
日本法典全書 第一編 府県制郡制註釈〔明治23年6月発行〕／坪谷善四郎 著
府県制郡制義解 全〔明治23年6月発行〕／北野竹次郎 編著
市町村役場実用 完〔明治23年7月発行〕／福井淳 編纂
市町村制実務要書 上巻 再版〔明治24年1月発行〕／田中知邦 編纂
市町村制実務要書 下巻 再版〔明治24年3月発行〕／田中知邦 編纂
公民必携 市町村制実用 全 増補第3版〔明治25年3月発行〕／進藤彬 著
訂正増補 議制全書 第3版〔明治25年4月発行〕／岩藤良太 編纂
市町村制実務要書続編 全〔明治25年5月発行〕／田中知邦 著
地方學事法規〔明治25年5月発行〕／鶴鳴社 編
増補 町村制執務備考 全〔明治25年10月発行〕／増澤鐵 國吉拓郎 同輯
町村制執務要録 全〔明治25年12月発行〕／鷹巣清二郎 編輯
府県制郡制便覧 明治27年初版〔明治27年3月発行〕／須田健吉 編輯
郡市町村史員 収税実務要書〔明治27年11月発行〕／荻野千之助 編纂
改訂増補鼇頭参照 市町村制講義 第9版〔明治28年5月発行〕／蟻川堅治 講述
改正増補 市町村制実務要書 上巻〔明治29年4月発行〕／田中知邦 編纂
市町村制詳解 附 理由書 改正再版〔明治29年5月発行〕／島村文耕 校閲 福井淳 著述
改正増補 市町村制実務要書 下巻〔明治29年7月発行〕／田中知邦 編纂
府県制 郡制 町村制 新税法 公民之友 完〔明治29年8月発行〕／内田安蔵 五十野譲 著述
市制町村制註釈 附 市制町村制理由 第14版〔明治29年11月発行〕／坪谷善四郎 著
府県制郡制註釈〔明治30年9月発行〕／岸本辰雄 校閲 林信重 註釈
市町村新旧対照一覧〔明治30年9月発行〕／中村芳松 編輯
町村至宝〔明治30年9月発行〕／品川彌二郎 題字 元田肇 序文 桂虎次郎 編纂
市制町村制應用大全 完〔明治31年4月発行〕／島田三郎 序 大西多典 編纂
傍訓註釈 市制町村制 並ニ 理由書〔明治31年12月発行〕／筒井時治 著
改正 府県郡制問答講義〔明治32年4月発行〕／木内英雄 編纂
改正 府県制郡制正文〔明治32年4月発行〕／大塚宇三郎 編纂
府県制郡制〔明治32年4月発行〕／徳田文雄 編輯
参照比較 市町村制註釈 附 問答理由 第10版〔明治32年6月発行〕／山中兵吉 著述
改正 府県制郡制註釈 第2版〔明治32年6月発行〕／福井淳 著
府県制郡制釈義 全 第3版〔明治32年7月発行〕／栗本勇之助 森惣之祐 同著
改正 府県制郡制註釈 第3版〔明治32年8月発行〕／福井淳 著
地方制度通 全〔明治32年9月発行〕／上山満之進 著
市町村新旧対照一覧 訂正第五版〔明治32年9月発行〕／中村芳松 編輯
改正 府県制郡制釈義 第3版〔明治34年2月発行〕／坪谷善四郎 著
再版 市町村制例規〔明治34年11月発行〕／野元友三郎 編纂
地方制度実例総覧〔明治34年12月発行〕／南浦西郷侯爵 題字 自治館編集局 編纂
傍訓 市制町村制註釈〔明治35年3月発行〕／福井淳 著
地方自治提要 全〔明治35年5月発行〕／木村時義 校閲 吉武則久 編纂
市制町村制釈義〔明治35年6月発行〕／坪谷善四郎 著
帝国議会 府県会 郡会 市町村会 議員必携 附 関係法規 第一分冊〔明治36年5月発行〕／小原新三 口述
帝国議会 府県会 郡会 市町村会 議員必携 附 関係法規 第二分冊〔明治36年5月発行〕／小原新三 口述
地方制度実例総覧〔明治36年8月発行〕／芳川顯正 題字 山脇玄 序文 金田謙 著
市町村是〔明治36年11月発行〕／野田千太郎 編纂
市制町村制釈義 明治37年第4版〔明治37年6月発行〕／坪谷善四郎 著
府県郡市町村 模範治績 附 耕地整理法 産業組合法 附属法例〔明治39年2月発行〕／荻野千之助 編輯
自治之模範〔明治39年6月発行〕／江木翼 編
実用 北海道郡区町村案内 全 附 里程表 第7版〔明治40年9月発行〕／廣瀬清澄 著述
自治行政例規 全〔明治40年10月発行〕／市町村雑誌社 編著
改正 府県制郡制要義 第4版〔明治40年12月発行〕／美濃部達吉 著

信山社

日本立法資料全集 別巻

地方自治法研究復刊大系

仏蘭西邑法 和蘭邑法 皇国郡区町村編制法 合巻〔明治11年8月発行〕／箕作麟祥 閲 大井憲太郎 譯／神田孝平 譯
郡区町村編制法 府県会規則 地方税規則 三法綱論〔明治11年9月発行〕／小笠原美治 編輯
郡吏議員必携三新法便覧〔明治12年2月発行〕／太田啓太郎 編輯
郡区町村編制 府県会規則 地方税規則 新法例纂〔明治12年3月発行〕／柳澤武運三 編輯
府県会規則大全 附 裁定録〔明治16年6月発行〕／朝倉達三 閲 若林友之 編輯
区町村会議要覧 全〔明治20年4月発行〕／阪田辨之助 編纂
英国地方制度 及 税法〔明治20年7月発行〕／良保両氏 合著 水野遵 翻訳
英国地方政治論〔明治21年2月発行〕／久米金彌 翻譯
傍訓 市町村制及説明〔明治21年5月発行〕／高木周次 編纂
鼇頭註釈 市町村制俗解 附 理由書 第2版〔明治21年5月発行〕／清水亮三 註解
市制町村制註釈 完 附 市制町村制理由 明治21年初版〔明治21年5月発行〕／山田正賢 著述
市町村制詳解 全 附 市町村制理由〔明治21年5月発行〕／日鼻豊作 著
市制町村制釈義〔明治21年5月発行〕／壁谷可六 上野太一郎 合著
市制町村制詳解 全 附 理由書〔明治21年5月発行〕／杉谷庸 訓點
町村制詳解 附 市制及町村制理由〔明治21年5月発行〕／磯部四郎 校閲 相澤富蔵 編述
市制町村制正解 附 理由〔明治21年6月発行〕／芳川顯正 序文 片貝正晉 註解
市制町村制釈義 附 理由書〔明治21年6月発行〕／清岡公張 題字 樋山廣業 著述
市制町村制釈義 附 理由 第5版〔明治21年6月発行〕／建野郷三 題字 櫻井一久 著
市町村制註解 完〔明治21年6月発行〕／若林市太郎 編輯
市町村制釈義 全 附 市町村制理由〔明治21年7月発行〕／水越成章 著述
傍訓 市制町村制註解 附 理由書〔明治21年8月発行〕／鮟江貞雄 註解
市制町村制註釈 附 市制町村制理由 3版増訂〔明治21年8月発行〕／坪谷善四郎 著
市制町村制註釈 完 附 市制町村制理由 第2版〔明治21年9月発行〕／山田正賢 著述
傍訓註釈 日本市制町村制 及 理由書 第4版〔明治21年9月発行〕／柳澤武運三 註解
鼇頭参照 市町村制註解 完 附 理由書及参考諸令〔明治21年9月発行〕／別所富貴 著述
市町村制問答詳解 附 理由書〔明治21年 9 月発行〕／福井淳 著
市制町村制註釈 附 市制町村制理由 4版増訂〔明治21年9月発行〕／坪谷善四郎 著
市制町村制 並 理由書 附 直接間接税類別 及 実施手続〔明治21年10月発行〕／高崎修助 著述
市町村制釈義 附 理由書 訂正再版〔明治21年10月発行〕／松木堅葉 訂正 福井淳 釈義
増訂 市制町村制註解 全 附 市制町村制理由挿入 第3版〔明治21年10月発行〕／吉井太 註解
鼇頭註釈 市町村制俗解 附 理由書 増補第5版〔明治21年10月発行〕／清水亮三 註解
市町村制施行取扱心得 上巻・下巻 合冊〔明治21年10月・22年2月発行〕／市岡正一 編纂
市制町村制傍訓 完 附 市制町村制理由 第4版〔明治21年10月発行〕／内山正如 著
鼇頭対照 市町村制解釈 附理由書及参考諸布達〔明治21年10月発行〕／伊藤寿 註釈
市制町村制詳解 附 理由 第3版〔明治21年11月発行〕／今村長善 著
町村制実用 完〔明治21年11月発行〕／新田貞橘 鶴田嘉内 合著
町村制精解 完 附 理由書 及 問答録〔明治21年11月発行〕／中目孝太郎 磯谷群爾 註釈
市町村制問答詳解 附 理由 全〔明治22年1月発行〕／福井淳 著述
訂正増補 市町村制問答詳解 附 理由 及 追輯〔明治22年1月発行〕／福井淳 著
市町村制質問録〔明治22年1月発行〕／片貝正晉 編述
鼇頭傍訓 市制町村制註釈 及 理由書〔明治21年1月発行〕／山内正利 註釈
傍訓 市町村制 及 説明 第7版〔明治21年11月発行〕／高木周次 編纂
町村制要覧 全〔明治22年1月発行〕／浅井元 校閲 古谷省三郎 編纂
鼇頭 市制町村制 附 理由書〔明治22年1月発行〕／生稲道蔵 略解
鼇頭註釈 町村制 附 理由 全〔明治22年2月発行〕／八乙女盛次 校閲 片野続 編釈
市町村制実解〔明治22年2月発行〕／山田顕義 題字 石黒磐 著
町村制実用 全〔明治22年3月発行〕／小島鋼次郎 岸野武司 河毛三郎 合述
実用詳解 町村制 全〔明治22年3月発行〕／夏目洗蔵 編集
理由挿入 市町村制俗解 第3版増補訂正〔明治22年4月発行〕／上村秀昇 著
町村制市制全書 完〔明治22年4月発行〕／中嶋廣蔵 著
英国市制実見録 全〔明治22年5月発行〕／高橋達 著
実地応用 町村制質疑録〔明治22年5月発行〕／野田籐吉郎 校閲 國吉拓郎 著
実用 町村制市制事務提要〔明治22年5月発行〕／島村文耕 輯解
市町村条例指鍼 完〔明治22年5月発行〕／坪谷善四郎 著
参照比較 市町村制註釈 完 附 問答理由〔明治22年6月発行〕／山中兵吉 著述

信山社